Biologisch kochen und backen

ECON Ratgeber

Das Buch

Dieses Kochbuch basiert auf der Erkenntnis und dem Ausspruch von Prof. Werner Kollath: »Laßt die Nahrung so natürlich wie möglich!« Das schließt den biologischen Anbau der Lebensmittel ebenso ein wie deren richtige Zubereitung.
Prof. Dr. med. M. O. Bruker sagt dem Verbraucher, worauf es ankommt: »Essen und trinken Sie nichts, wofür Werbung gemacht wird!« Weg von der industriell erzeugten sogenannten Fabriknahrung, hin zu den natürlichen und individuell zubereiteten Lebensmitteln und Speisen! In diesem Kochbuch hat Helma Danner die Erkenntnisse der Wissenschaft in die tägliche Küchenpraxis umgesetzt. 25 Jahre Erfahrung mit vitalstoffreicher Vollwertkost werden in diesem Buch weitergegeben. Alle Rezepte sind vielfach praktisch erprobt und leicht nachvollziehbar, wobei auf den gesundheitlichen Nutzen ebensoviel Wert gelegt wird wie auf den Wohlgeschmack.

Von Helma Danner sind im ECON Verlag und im ECON Taschenbuch Verlag außerdem erschienen:
Bio-Kost für mein Kind (ETB 20050)
Die Bio-Kochschule für unsere Kinder (ECON 3-430-12016-0)
Die Naturküche (ECON 3-430-12019-5)

Helma Danner

Biologisch *kochen und backen*

Das Rezeptbuch der natürlichen Ernährung

ECON Taschenbuch Verlag

Lizenzausgabe

Veröffentlicht im ECON Taschenbuch Verlag GmbH,
Düsseldorf und Wien, 24. Auflage 1995

Umschlaggestaltung: Molesch/Niedertubbesing, Bielefeld
Gesetzt aus der Stone Serif und Syntax
Satz: HEVO GmbH, Dortmund
Druck und Bindearbeiten: Ebner Ulm
Printed in Germany
ISBN 3-612-20516-1

Inhalt

Die angegebenen Rezepte sind für 4–5 Personen
EL = Eßlöffel, TL = Teelöffel, MS = Messerspitze, l = Liter

Vorwort

Durch den vollkommenen Mangel an Vernunft in der Küche ist die Entwicklung des Menschen am längsten aufgehalten und am schlimmsten beeinträchtigt worden.

Friedrich Nietzsche

Die bedrohliche Zunahme der ernährungsbedingten Zivilisationskrankheiten in den letzten Jahrzehnten beruht auf der Unkenntnis breitester Bevölkerungskreise, daß eine große Zahl von Krankheiten, die seuchenartig die zivilisierten Völker heimgesucht haben, durch fehlerhafte Ernährungsweise und Mängel in der Nahrung hervorgerufen werden.

Verantwortliche Wissenschaftler haben erkannt, daß zweierlei geschehen muß, um den unumgänglichen Wandel in den krankheitserzeugenden Eßgewohnheiten der zivilisierten Völker einzuleiten. Als erste Voraussetzung für eine vorbeugende Gesunderhaltung und Eindämmung der ernährungsbedingten Zivilisationskrankheiten ist es notwendig, der Bevölkerung auf wissenschaftlich exakter Grundlage, aber in einer für jeden verständlichen Form das Einzelwissen über die krankmachenden Nahrungsfaktoren zu vermitteln. Diese Voraussetzungen wurden u. a. in meinem Buch »Gesund durch richtiges Essen«, Tomus Verlag, und in ausführli-

cherer Weise in »Unsere Nahrung, unser Schicksal« in meiner im EMU Verlag erschienenen Buchreihe »Aus der Sprechstunde« geschaffen.
Genauso wichtig wie die Aufklärung darüber, daß es vorwiegend die Fabriknahrungsmittel sind, die uns den Herzinfarkt, die Leberschädigungen, die Gelenk- und Wirbelsäulenerkrankungen, die Stoffwechselstörungen wie Zuckerkrankheit, Gicht und Fettsucht, die Anfälligkeit für Infekte, den Gebißverfall u. a. m. beschert haben, ist die Wissensvermittlung darüber, wie diese wissenschaftlichen Erkenntnisse ihren praktischen Niederschlag in der Zubereitung der Speisen finden. Es geht um die Frage, ob es möglich ist, eine gesunderhaltende und heilende Kost in der Küche herzustellen, die einerseits den Forderungen der medizinischen Ernährungswissenschaft entspricht und andererseits auch dem Gaumen gerecht wird. Bei jeder notwendigen Kostumstellung eines Kranken ergibt sich als Haupthindernis seine Befürchtung, nunmehr den gewohnten Genüssen entsagen zu müssen, weil er annimmt, eine »gesunde Kost« müsse schlecht schmecken.
Eine Kost, die nicht gut schmeckt, kann keine Heilkost sein.
Frau Danner zeigt in dem vorliegenden Buch meisterhaft, wie eine vitalstoffreiche Vollwertnahrung, die weitgehendst frei ist von schädlichen Fabriknahrungsmitteln, schmackhafter zubereitet werden kann als die übliche bürgerliche Kost. Sie beweist, daß gesunderhaltende Nahrung kein Verzicht auf köstliche Gebäcke, Torten und Tafelfreuden aller Art bedeutet. Die häufig anzutreffende Vorstellung, daß man aus Vollkornmehlen keine süßen Gebäcke herstellen könne, oder daß ein solches Gebäck weniger genußreich sei als Produkte aus Auszugsmehlen und Fabrikzucker, wird durch dieses

Buch widerlegt. Es zeigt sich, daß es lediglich von der Kochkunst und dem Gewußt-wie abhängt, um eine gesunderhaltende Kost zugleich zu einer Gaumenfreude zu machen.

Der katastrophale Gesundheitszustand der zivilisierten Völker verlangt neue Eßgewohnheiten. Den Weg dazu zeigt dieses Buch in hervorragender Weise. Es stellt die notwendige praktische Ergänzung zur neuen Ernährungslehre dar und wird daher, davon bin ich überzeugt, in hohem Maße dazu beitragen, daß die wissenschaftlichen Erkenntnisse der modernen Ernährungsforschung die notwendige rasche Verbreitung finden.

Prof. Dr. med. M. O. Bruker

Vorwort zur 2. Auflage

Die Ernährung ist nicht das Höchste im Leben,
aber sie ist der Nährboden, auf dem das
Höchste gedeihen oder verderben kann.

Dr. M. O. Bircher-Brenner

Seit dem Erscheinen der 1. Auflage im Frühjahr 1984 hat sich das Angebot an naturbelassenen Lebensmitteln stark ausgeweitet. Die Biolandwirtschaft im In- und Ausland stellte sich auf das Qualitätsbewußtsein von Konsumenten und Verteilern ein. Naturkostläden und Bioläden haben es sich zur Aufgabe gemacht, Lebensmittel in naturbelassenem und frischem Zustand für ernährungsbewußte Menschen bereitzuhalten.

Entsprechend dem erweiterten Lebensmittelangebot wurde die Herstellung von Haushaltsgetreidemühlen intensiviert. Hier liegt der Schwerpunkt auf der Entwicklung von Küchengeräten, die sowohl als universelle Küchengeräte wie auch als Getreidemühlen verwendet werden können. Heute gibt es zu einem angemessenen Preis Küchengeräte, die diese Anforderungen erfüllen. Das war notwendig, um die Ausführung der Vollwerternährung breiteren Bevölkerungskreisen zu ermöglichen. Die in diesem Buch erwähnten Koch- und Backzutaten werden jetzt auch in den Naturkost- und

Bioläden, allerdings unter anderen Handelsbezeichnungen, geführt.
Es ist erfreulich festzustellen, daß das Verständnis für richtige Ernährung als Voraussetzung für die Gesundheit im Bewußtsein der Menschen immer stärker Eingang findet. Neben einem sicheren Grundwissen über die gesunderhaltende Ernährung ist die Durchführung dieser Erkenntnisse in der täglichen Praxis der Nahrungszubereitung erforderlich.
Die 2. Auflage dieses Buches soll ein sicherer Leitfaden für all die Menschen sein, die sich der Vollwerternährung zuwenden. Neu aufgenommen wurden ein alphabetisches Gesamtregister, Begriffserläuterungen für verschiedene Zutaten und eine Einführung in die »Grundprinzipien der vollwertigen Ernährung«. Eine Neubearbeitung der Übersicht der Haushaltsgetreidemühlen wurde durch den heutigen Stand der Technik notwendig.
Schließlich wird durch neue, erprobte Rezepte die Vielgestaltigkeit und der Wohlgeschmack der Vollwerternährung aufgezeigt.

Lauf a. d. Pegnitz, im Juni 1984
Helma Danner

Vorwort zur 15. Auflage

Seit der 1. Auflage des Taschenbuchs im März 1984 sind noch nicht einmal 4 Jahre vergangen, und »Biologisch kochen und backen« geht bereits in die 15. Auflage. Dieser große Erfolg gründet sich auf mehrere Tatsachen. Die ernährungsbedingten Zivilisationskrankheiten breiten sich in der Bevölkerung mit all den negativen Begleiterscheinungen, wie Einschränkung der Leistungsfähigkeit, Krankheit und oft Pflegebedürftigkeit, immer schneller aus. Daraus resultiert die vielgenannte Kostenexplosion im Gesundheitswesen und die kaum mehr finanzierbaren Ausgaben für die Krankheitsfolgelasten. Das wiederum bringt ein stärkeres Nachdenken jedes einzelnen über diese bedrohliche Entwicklung mit sich, denn wer möchte selbst sehenden Auges in die gesundheitliche Katastrophe hineinlaufen. Eigeninitiative ist also wieder gefragt und nicht das Versorgenlassen von Außenstehenden, die den unwissenden Menschen als sichere Einnahmequelle betrachten.

Die Heilwirkung der vitalstoffreichen Vollwerternährung auf die Gesundheit des Menschen ist nicht nur medizinisch und ernährungswissenschaftlich abgesichert, sondern an Zehntausenden von Menschen praktisch nachgewiesen.

Die Aufklärung der Bevölkerung über die Ursachen der

ernährungsbedingten Zivilisationskrankheiten hat sich die von Dr. med. M. O. Bruker, einem erfahrenen Arzt und Ernährungswissenschaftler, gegründete Gesellschaft für Gesundheitsberatung (GGB) e.V., 56112 Lahnstein zum Ziel gesetzt. Im Rahmen dieser Aufklärungsarbeit halten ausgebildete Gesundheitsberater Vorträge und Kochkurse in der BRD, in Österreich und in der Schweiz.

Ich selbst bin Gesundheitsberaterin (GGB) und erfahre bei meiner Tätigkeit in Vorträgen und Kochseminaren, wie sich immer mehr Menschen der Vollwerternährung gegenüber aufgeschlossen zeigen. Meine praktische Arbeit und die vielen Leserzuschriften geben mir Gewißheit, daß die Rezepte mit Begeisterung aufgenommen werden und leicht nachzuvollziehen sind.

So wird auch die 15. Auflage wieder viele neue Interessierte an der Vollwerternährung ansprechen. Der Wohlgeschmack und die Bekömmlichkeit der vitalstoffreichen Vollwerternährung verbindet gesundheitliche Notwendigkeit mit freudigem Eßgenuß.

Ich wünsche Ihnen viel Freude und Erfolg bei der praktischen Arbeit.

Lauf a. d. Pegnitz, im Januar 1988
Helma Danner

Vorwort zur 23. Auflage

Biologisch kochen und backen jetzt im neuen Look – innen wie außen – das war die Aufforderung des Verlages an die Autorin, das so erfolgreiche Werk zu überarbeiten und neueste Erkenntnisse über und mit der vitalstoffreichen Vollwertkost einzubringen.

Seit Erscheinen der Originalausgabe 1979 haben sich die Grundprinzipien der vitalstoffreichen Vollwertkost nicht geändert, sie haben auch künftig Gültigkeit.

Die Rückbesinnung breiter Bevölkerungskreise auf eine gesunde Ernährung haben das Angebot biologischer Lebensmittel, Zutaten und Gewürze stark ausgeweitet, so daß heute Hersteller- und Produktnamen eine Einschränkung der vielen Wahlmöglichkeiten darstellen würden.

Manche Nahrungsmittel kommen in diesem Kochbuch nicht mehr vor. Ernährungswissenschaftler und Ärzte haben bessere Erkenntnisse für eine natürliche Ernährung gewonnen, so daß auch nach eigener Einschätzung diese Ergebnisse Berücksichtigung finden sollten.

Schließlich konnte ich im Laufe meiner Tätigkeit durch immer wieder neue Rezeptvariationen geschmackliche Verbesserungen an bestehenden Rezepten vornehmen. Darüber hinaus stelle ich auch gerne vollkommen neue

Rezepte vor, die erneut Anregungen für die tägliche Küchenpraxis bringen sollen.
Es lohnt sich aus gesundheitlichen und ökologischen Überlegungen, der vitalstoffreichen Vollwertkost den Vorzug zu geben. Dieser Ratgeber im neuen Kleid und mit neuesten Erkenntnissen soll dafür ein zuverlässiger Begleiter sein.

Lauf a. d. Pegnitz, im September 1994
Helma Danner

Was ist Vollwert-ernährung?

Alle Nahrung, wie sie die Natur hervorbringt, ist vollwertig. Erst durch den Eingriff des Menschen in das Naturgeschehen, übermäßige Mineralstoffdüngung und Anwendung von giftigen Pflanzenschutzmitteln einerseits und Extrahieren, Präparieren, Isolieren, Konservieren und Erhitzen andererseits, entstanden die sogenannten denaturierten Nahrungsmittel.

Alle in diesem Buch aufgeführten Rezepte beinhalten zum größten Teil vollwertige Lebensmittel.

An die Stelle von Auszugsmehlen und deren Produkte treten frisch gemahlene Vollkornmehle, Vollkornnudeln, Vollkornbrote und Vollkorngebäck.

Für das tägliche Frischkorngericht wird frisch gemahlenes Getreide mit frischem Obst verwendet, kein Fertigmüsli.

Sämtliche Fabrikzuckerarten und die damit versetzten Produkte entfallen. Zum Süßen werden Honig oder Trockenfrüchte genommen. Auch der für Rohspeisen verwendete Honig sollte unbedingt unerhitzt sein.

Die Salate, das Gemüse und das Obst werden größtenteils roh verwendet und mit kaltgepreßten Ölen oder unpasteurisiertem Rahm zubereitet.

Die Milch wird roh verwendet und Joghurt oder Dickmilch aus Rohmilch zubereitet.

Die verwendeten Getreidesorten, die Milch, die Eier, das Gemüse, die Salate und das Obst sollten biologische, giftfrei gezogene Produkte sein.
Alle dem Leser unbekannten Lebensmittel, Gewürze und sonstige Zutaten erfragt und erhält er im Reformhaus oder in Naturkostläden.
Das vorliegende Buch führt in die Praxis der Vollwerternährung ein. Eine ausführliche Darstellung über die medizinischen Grundlagen der Vollwerternährung bringen die von Dr. med. M. O. Bruker verfaßten Bücher »Gesund durch richtiges Essen«, Tomus Verlag und »Unsere Nahrung, unser Schicksal«, EMU Verlag.

Grundprinzipien der vollwertigen Ernährung

Das Prinzip der vollwertigen Ernährung besteht darin, daß es die Ursachen der Gesundheit als Heilmittel verwendet.

Danach müssen folgende Lebensmittel täglich gegessen werden:

1. Vollkornbrote, und zwar abwechselnd verschiedene Sorten. Das Brot, die Brötchen und andere Backwaren müssen aus frischgemahlenem Vollkornmehl zubereitet sein.
2. Das Frischkorngericht muß aus frischgemahlenem oder gekeimtem Getreide unter Verwendung von frischem Obst zubereitet werden.
3. Die Nahrung muß einen großen Anteil von rohem Gemüse, Salaten und Obst enthalten.
4. Der Verzehr von naturbelassenen Fetten in Form von Butter, kaltgeschlagenem Öl, Nüssen oder Samen (z. B. Leinsamen) ist notwendig.

Folgende Nahrungsmittel sind zu vermeiden:
1. Jeder in der Fabrik hergestellte Zucker: weißer und brauner Zucker, Traubenzucker, Fruchtzucker, Malzzucker, Milchzucker.
2. Alle Auszugsmehlprodukte, wie Weißbrot, Schwarzbrot, Graubrot, weiße Brötchen, Kuchen und süßes Backwerk, Teigwaren, Pudding, geschälter Reis u. ä.
3. Alle Obst- und Gemüsesäfte, gleichgültig, ob selbst frisch gepreßt oder fertig gekauft.
4. Alle denaturierten Fette, wie gewöhnliche Öle und Margarinen.

Neben den Lebensmitteln, die unbedingt gegessen werden müssen, und den Nahrungsmitteln, die zu meiden sind, verbleibt noch eine Gruppe der erlaubten Nahrung. Alles, was nicht als zu meiden genannt wurde, darf und soll verwendet werden, denn die Kost muß, da sie ein ganzes Leben lang gegessen werden soll, abwechslungsreich sein.
Die Befolgung dieser bewährten Ratschläge von Dr. M. O. Bruker birgt keinerlei Risiko, dafür aber die Sicherheit, optimale Gesundheit zu erhalten oder zurückzugewinnen. Wegen der langen Anlaufzeiten der Zivilisationskrankheiten ist es wichtig, möglichst früh mit den Maßnahmen zu beginnen. Damit werden alle ernährungsbedingten Zivilisationskrankheiten verhütet, wie: Gefäß-, Kreislauf- und Herzerkrankungen einschließlich Herzinfarkt und Thrombosen, Leber-, Galle-, Magen- und Darmerkrankungen, Verstopfung, Gebißschäden, Erkrankungen der Bewegungsorgane (Arthrose, Arthritis, Wirbelsäulenschäden), Stoffwechselstörungen der Fettsucht und Zuckerkrankheit sowie die Neigung zu sogenannten Erkältungen und Allergien.
Bei verspäteter Vorbeugung ist im Anfangsstadium einer

Krankheit oft noch Heilung zu erzielen, wenn nicht irreparable Formveränderungen vorliegen. Es besteht die Aussicht, selbst bei fortgeschrittenen Fällen, gestörte Funktionen wiederherzustellen, womit die Beschwerden verschwinden. In jedem Fall ist aber ein Stillstand oder eine Verlangsamung des Krankheitsprozesses zu erreichen.

Weitere Empfehlungen zur Vollwertkost

Der unerhitzte Nahrungsanteil (Frischkorngericht, Gemüsesalate, Obst) soll mindestens ein Drittel der gesamten täglichen Nahrungsmenge ausmachen.
Der Anteil an Frischkost sollte zu zwei Dritteln aus Gemüse (zubereitet als Salate) und zu einem Drittel aus Obst bestehen. Die Frischkost soll bei jeder Mahlzeit zu Beginn gegessen werden.
Der Verzehr von Fleisch und Wurst ist unnötig. Ein mäßiger Verzehr von Käse, Milchprodukten und Eiern ist auf jeden Fall vorteilhaft.
In vielen Krankheitsfällen ist jedoch die völlige Meidung von tierischem Eiweiß notwendig.
Bei dieser Ernährung werden keine Verbote ausgesprochen. Jeder kann die Empfehlungen nach dem Grad seines Gesundheitswunsches streng oder nur teilweise einhalten.

Das Frischkorngericht

Die Verwendung von rohem Getreide und frischem Obst als Frühstück gehen auf die Versuche von Professor Kollath zurück. Er bewies, daß der menschliche und tierische Organismusses zur Regeneration der Zellen, zum normalen Ablauf des Stoffwechsels, zum gesunden Aufbau des kindlichen Organismus und zum Wiederaufbau und Ersatz der verbrauchten und alternden Zellen täglich Wachstums-, Wuchs- und Zellerneuerungsstoffe benötigt.

Diese Zellerneuerungsstoffe mit dem Vitamin-B-Komplex sind in optimaler Form im vollen, unverletzten, rohen Getreidekorn mit lebendem Keim enthalten und sind somit das hochwertigste, zugleich billigste und überall erhältliche Naturprodukt.

Das Frischkorngericht hat nicht nur einen hohen Nähr- und Wirkstoffwert, sondern regt auch die Darmfunktion kräftig und regulierend an.

Weizen, Roggen, Hafer, Gerste, Hirse und Buchweizen sind die Getreidearten, die sich für das Frischkorngericht anbieten.

Man kann Weizen oder auch Hafer (als frisch gequetschte Flocken) für sich allein verwenden oder auch gemischt, z. B. als Fünfkorn.

Rezept

8 EL Weizen, Hafer oder Fünfkorn
Saft von 1 Zitrone, unbehandelt
1 EL Honig oder 1 Banane
2 EL Leinsamen
500 g Äpfel
300–400 g Obst der Jahreszeit
30 g Nüsse
knapp 1/8 l geschlagene Sahne oder Sauerrahm

Das Getreide wird jeden Abend mit einer Getreidemühle, anfangs genügt auch eine handbetriebene Kaffeemühle, frisch geschrotet und mit soviel Wasser verrührt, daß ein dickflüssiger Brei entsteht. Zugedeckt bleibt er über Nacht stehen.
Am Morgen gibt man frisch gepreßten Zitronensaft, Honig oder Banane (je nach Geschmack oder erwünschter Süße), ganzen oder frisch geschroteten Leinsamen hinzu, reibt auf einer feinen Bircherraffel Äpfel und hebt sie darunter. Nun verteilt man das Frischkorngericht in Portionsschälchen und gibt kleingeschnittenes Obst der Jahreszeit darüber, das man mit geriebenen Nüssen bestreut. Nach Belieben kann auch alles Obst, fein oder grob gerieben, daruntergehoben werden. In die Mitte gibt man geschlagene Sahne und serviert sofort.

Das Frischkornfrühstück, liebevoll zubereitet und hübsch garniert, wird so zum täglichen Bedürfnis und zum Eckpfeiler der Gesundheit.
Es sollte immer wieder anders zubereitet werden, statt Honig kann süßes Obst untergerührt werden. Statt frisch gepreßtem Zitronensaft kann auch Grapefruit- oder Orangensaft verwendet werden.
Die frisch geriebenen Äpfel sollte man nach Möglichkeit immer dazunehmen, denn sie lockern das Frischkorngericht auf.
Johannisbeeren werden mit zerdrückter Banane und/ oder Honig angerichtet, da sie meist sehr sauer sind.
Das Obst, das oben aufs Frischkorngericht kommt, sollte immer wieder gewechselt werden. Ebenso kann es einmal klein gewürfelt, einmal geraffelt oder gemixt werden.
Statt Sahne kann auch Sauerrahm Verwendung finden.
Auch bei den Nußsorten kann ein Wechsel erfolgen. Die Nüsse können gerieben, aber auch kleingeschnitten oder als Ganze über das Frischkorngericht gegeben oder auch mit dem Getreide eingeweicht werden.
Das Getreide kann auch morgens geschrotet, eingeweicht und mittags oder abends zubereitet und gegessen werden.

Frischkornfrühstück aus Buchweizen und Hirse

6 EL Buchweizen, ungemahlen
4 EL Hirse, ungemahlen
4 EL Sonnenblumenkerne
ca. 1/4 l Wasser
Saft von 1 Zitrone, unbehandelt
1 Banane
3 Äpfel
1/8 l Sahne
400 g Obst der Jahreszeit

Buchweizen, Hirse (beide ungemahlen) und Sonnenblumenkerne in Wasser über Nacht einweichen. Es wird so viel Wasser verwendet, daß am nächsten Tag nichts weggegossen werden muß.
Nun frischgepreßten Zitronensaft, zerdrückte Banane, geriebene Äpfel und geschlagene Sahne unterziehen.
In Portionsschalen verteilen.
Mit kleingeschnittenem Obst der Jahreszeit garnieren.

Frischkornfrühstück aus Hafer

1. Variante:
10–12 EL Nackthafer oder Sprießkornhafer
800–1 000 g gemischtes Obst der Jahreszeit
Saft von 1 Zitrone, unbehandelt
4 EL grob gehackte Nüsse

Hafer durch die Haferquetsche oder durch die grob eingestellte Getreidemühle lassen und in Portionsschalen verteilen.
Obst klein schneiden oder würfeln und mit Zitronensaft und Nüssen mischen. Obst über die Haferflocken verteilen.

2. Variante:
10–12 EL Haferflocken
gut 1/8 l Wasser
Saft von 1 Zitrone, unbehandelt
750 g Äpfel
1 EL Honig
1/8 l Sahne

Nach Belieben können die Haferflocken auch 1/2–1 Std. in wenig Wasser eingeweicht werden. Danach Zitronensaft, grobgeriebene Äpfel, Honig (nur bei Bedarf) und steifgeschlagene Sahne unterziehen.
In Portionsschalen verteilen.
Mit grobgehackten Nüssen bestreut anrichten.

Frischkornfrühstück mit gekeimtem Weizen oder Roggen nach Dr. Evers

8 EL Weizen
Saft von 1 Zitrone, unbehandelt
1 EL Honig
2 EL Leinsamen
600–800 g gemischtes Obst
knapp 1/8 l geschlagene Sahne
30 g Nüsse

Weizen oder Roggen (unterschiedliche Keimdauer) werden in einer Schüssel mit Wasser bedeckt über Nacht eingeweicht. Am nächsten Morgen gießt man alles in ein Sieb, braust das Getreide mit Wasser ab, läßt es abtropfen und gibt es bis zum Abend wieder in eine Schüssel, die man mit einem Tuch abdeckt. Am Abend gißt man wieder Wasser über die Körner und wiederholt dies, bis sich kleine Keime zeigen. Dies erfolgt bei Weizen am 2. oder 3. Tag, bei Roggen am 3. oder 4. Tag.
Die Keime sind ganz kurz, gerade sichtbar, am wirkungsvollsten. Im Kühlschrank kann man den Keimprozeß stoppen (2–3 Tage), wenn man die Körner nicht gleich verwendet.
Die Körnerfrüchte sind nur durch tüchtiges Kauen gut zu verdauen.
Zu den Körnern gibt man nun Zitronensaft, Honig, frisch gequetschten Leinsamen und gewürfeltes oder geschnittenes Obst und vermischt alles wie einen Obstsalat. Nun verteilt man das Müsli in Portionsschälchen, gibt obendrauf geschlagene Sahne und bestreut es mit gehackten oder geriebenen Nüssen und serviert sofort.

Die Honigmenge kann reduziert werden oder ganz entfallen, soweit reifes, süßes Obst verwendet wird.

Alle zum Frischkorngericht verwendeten Produkte sollten hochwertige, gesunde Lebensmittel sein; das Getreide keimfähig und aus biologischem Anbau, die Zitronen und das Obst unbehandelt, der Leinsamen und die Nüsse ausgesuchte, saubere Qualität. Meist erhält man diese Qualitätsprodukte nur in Reformhäusern oder in Naturkostläden. Das Frischkorngericht ist anhaltend sättigend, so daß man ohne Zwischenmahlzeit bis zum Mittag auskommt. Bei Bedarf kann nach dem Genuß des Frischkorngerichtes noch Vollkornbrot oder Vollkorngebäck gereicht werden.

Salate und Gemüsefrischkost

Mit ihren im natürlichen Verbund enthaltenen Vitalstoffen (Vitamine, Mineralstoffe, Spurenelemente, Enzyme, ungesättigte Fettsäuren, Aromastoffe, Faserstoffe) aktivieren Salate und roh genossenes Gemüse alle Lebensvorgänge und sind für unser Wohlbefinden mitbestimmend und maßgeblich am Verdauungsprozeß beteiligt.

Die Salate und Gemüse sollten aus biologischem, giftfreien Anbau stammen. Wichtig dabei ist auch die frische Zubereitung vor jeder Mahlzeit. Sie werden mit kaltgeschlagenen Ölen, Sauerrahm, Sahne, Obstessig oder Zitrone und mit frischen oder getrockneten Kräutern und Gewürzen angemacht. Für die Zerkleinerung sind Rohkostreibe, Rohkostraffel und eine Rohkostmaschine aus nicht rostendem Stahl unerläßlich.

Diese Frischkost soll täglich genossen werden, jeweils zu Beginn jeder Mahlzeit. Sie wirkt sich sofort günstig auf Appetit und Verdauung aus. Damit werden dem Körper alle wasser- und fettlöslichen Vitamine zugeführt.

Die Frischkost allein reicht jedoch nicht aus, um den gesamten Vitaminhaushalt zu decken. Die wichtige Gruppe der B-Vitamine kann nur durch Vollkornprodukte roh, gebacken und gekocht, zugeführt werden.

Blaukraut-Ananas-Salat

500 g Blaukraut, netto
1/2 TL Vollmeersalz

350 g Ananas, netto
250 g Äpfel
50 g Zwiebeln
Saft von 1 Zitrone, unbehandelt
4 EL Sonnenblumen- oder Walnußöl, kaltgepreßt
4 EL Walnußkerne

Blaukraut sehr fein in eine Schüssel hobeln, mit Salz bestreuen, mischen und 30 Minuten ziehen lassen.
Ananas aufschneiden, schälen und fein stifteln, Äpfel würfeln, Zwiebeln fein schneiden und alles zum Blaukraut geben. Zitronensaft und Öl darübergießen und alles gut mischen.
Auf Salattellern verteilen und mit gehackten Walnußkernen bestreuen.

Blaukrautsalat

300 g Blaukraut, netto
1/2 TL Vollmeersalz

200 g Joghurt
3 EL kaltgeschlagenes Öl
2 EL Obstessig
1/2 TL Salatgewürz
1 TL Honig
1–2 EL frisch geriebener Meerrettich
300 g Äpfel

Das Blaukraut fein hobeln und mit etwas Vollmeersalz bestreuen, gut mischen und kurz mit dem Kartoffelstampfer stoßen. Danach ist das Kraut naß und geschmeidig. Zugedeckt 1 Stunde ziehen lassen.
Joghurt, Öl und Obstessig mit Salatgewürz, Honig und Meerrettich gut mischen.
Die Äpfel fein reiben, unter das Blaukraut geben, die Salatsauce darübergießen und gut vermengen.

Blumenkohl mit Karotten

250 g Blumenkohl, netto
300 g Karotten
2 MS Kräutersalz

1/8 l Buttermilch
2 EL kaltgeschlagenes Sonnenblumenöl
2 MS Curry
1 Bund Schnittlauch

Die Blumenkohlröschen und die Karotten mit der Rohkostmaschine grob raspeln, mit Kräutersalz bestreuen und mischen.
Buttermilch mit Sonnenblumenöl, Curry und Schnittlauch verrühren, über das vorbereite Gemüse geben und vermengen.

Blumenkohl mit Tomaten

200 g Blumenkohl, netto
350 g Tomaten
1/2 TL Vollmeersalz

3 EL Obstessig
3 EL kaltgeschlagenes Öl
1 Zwiebel
1 Bund frischer Dill

Die Blumenkohlröschen mit der Rohkostmaschine fein raffeln, die Tomaten würfeln, mit Salz bestreuen und mischen.
Obstessig und Öl cremig rühren, die feingeschnittene Zwiebel und den feingehackten Dill dazugeben. Salatsauce über das vorbereitete Gemüse geben und mischen.

Broccoli Venezia

350 g Broccoli
500 g Tomaten

1/8 l Sahne
1/8 l Sauerrahm
2 EL Kräutersenf
2 MS Kräutersalz
1 TL getrocknete Salatkräuter
2 Knoblauchzehen
1 Bund Schnittlauch
1 Bund Dill

Broccoli waschen, in kleine Röschen teilen und die Tomaten achteln.
Unter die steifgeschlagene Sahne Sauerrahm, Senf, Kräutersalz und Salatkräuter rühren. Knoblauch, Schnittlauch und Dill fein schneiden und unterziehen.
Broccoli und Tomaten werden abwechselnd im Kreis auf Salatteller gelegt. In die freigebliebene Tellermitte die Salatcreme gießen. Broccoli und Tomaten beim Essen in die Salatcreme stippen.

Bunter Champignonsalat

6 EL kaltgeschlagenes Öl
3 EL Zitronensaft
1 TL Kräutersenf
1 MS Cayennepfeffer
2 MS Kräutersalz
1 EL gehackte Petersilie

250 g frische Champignons
1 grüne Paprikaschote
1 rote Paprikaschote

Das Öl mit Zitronensaft cremig rühren und mit Kräutersenf, Cayennepfeffer und Kräutersalz würzen.
Die rohen, frischen Champignons sorgfältig waschen, putzen und abtropfen lassen. In dünne Blättchen schneiden.
Die Paprikaschoten entkernen, fein würfeln und beides unter die Salatsauce heben. Etwa 15 Minuten ziehen lassen.
Mit gehackter Petersilie bestreuen.
Für die festliche Tafel kann man den Salat in einer mit grünen Salatblättern ausgelegten Schüssel servieren.

Bunter Salatteller

Salate und Gemüse der Jahreszeit
Apfel, Orange, Ananas, Zwiebel
Kräuselpetersilie

200–400 g Joghurt
3 EL kaltgeschlagenes Sonnenblumenöl
2 EL Obstessig (Apfel)
1 EL Kräutersenf
1 TL Honig
1 TL Salatkräuter, getrocknet
1 EL frische Salatkräuter
2 MS Vollmeersalz
1 kleingeschnittene Knoblauchzehe

Salat und Gemüse fein schneiden, hobeln oder stifteln und für jede Person auf einem flachen Eßteller mit Farbkontrasten anordnen.
Auf grüne Salate wie Endivie, Chinakohl, Chicorée o. ä. einige feingewürfelte Apfel- oder Orangenstückchen legen, auf Feldsalat einige Ananasstückchen, auf Tomaten feingeschnittene Zwiebel streuen.
Mit Kräuselpetersilie verzieren.
Die Salatsauce, aus Joghurt mit allen angegebenen Zutaten verrührt, wird erst bei Tisch über den Salat gegossen.

Cattaloniasalat

200 g Joghurt
2 EL Sauerrahm
1 EL kaltgeschlagenes Öl
1 TL Kräutersenf
1 TL Honig
1/2 TL Salatgewürz
1 EL Obstessig
1 MS Vollmeersalz

1 Apfel
1 Orange
1 Staude Cattalonia
1 EL Petersilie

Cattalonia ist ein griechischer Salat, der einer sehr üppigen Löwenzahnpflanze im Aussehen ähnelt. Auch sein Geschmack ist leicht bitter, ähnlich unserem Löwenzahn.
Joghurt mit Sauerrahm, Öl und den angegebenen Gewürzen gut verrühren, Apfel und Orange würfeln und die Cattalonia-Staude in 1/2 cm breite Streifen schneiden. Mit der Salatsauce übergießen, mischen und mit gehackter Petersilie bestreuen.

Champignonsalat mit Mayonnaise

1 Eidotter
5 EL kaltgeschlagenes Sonnenblumenöl
3 EL Zitronensaft
1 MS Vollmeersalz
1 TL Sojasauce

250 g frische Champignons
4 Blatt Kopfsalat
2 rote Paprikaschoten
1 EL gehackter Kerbel oder Petersilie

Eidotter glattrühren und tropfenweise das Öl dazugeben. Mit Zitronensaft, Vollmeersalz und Sojasauce würzen.
Die Champignons sorgfältig waschen, putzen und feinblättrig in die Mayonnaise schneiden. Vorsichtig mischen.
Die Salatblätter auf Salatteller legen, die Paprikaschoten der Länge nach halbieren, mit Champignonsalat füllen, auf das Salatblatt legen und mit etwas Kerbel bestreuen.

Chicoréesalat

100 g Sauerrahm
100 g Joghurt
1/2 TL Vollmeersalz
1 TL Honig
1 TL Senf
Saft von 1 Zitrone, unbehandelt
1 TL Salatkräuter, getrocknet
1 TL frischer Dill

400 g Chicorée
1 mittelgroßer Apfel
1 Orange
1 Banane

Sauerrahm und Joghurt mit dem Schneebesen verquirlen und sämtliche Zutaten unterrühren. Chicorée der Länge nach halbieren, in 1/2 cm breite Streifen schneiden. Apfel und Banane würfeln. Alles unter die Salatsauce mengen. Orange in Querrichtung aufschneiden und den Salat damit verzieren.
Den Chicoréestrunk nur dann herausschneiden, wenn er sehr bitter ist. Gerade das leicht Bittere schmeckt pikant in Verbindung mit Apfel und Banane.

Chicoréesalat mit Äpfeln

100 g Sauerrahm
100 g Joghurt
1 TL Honig
1 TL körniger Senf
2 TL frische Kräuter (Dill, Schnittlauch oder Petersilie)
1/2 TL Vollmeersalz
Saft von 1 Zitrone, unbehandelt

300 g Chicorée
300 g Äpfel
16 Cashewnüsse

Joghurt und Sauerrahm verrühren und mit den angegebenen Zutaten eine Salatsauce bereiten.
Chicorée in 1/2 cm breite Streifen schneiden, Äpfel (möglichst rotbackig) mit der Schale fein würfeln und alles unter die Salatsauce heben. In Portionsschälchen verteilen und mit fein geschnittenen Cashewnüssen bestreuen.

Chicoréesalat mit Birnen

4 EL kaltgeschlagenes Sonnenblumenöl
2 EL Obstessig
1 TL Honig
1/2 TL Salatgewürz

250 g Chicorée
250 g Birnen
1 EL gehackter Kerbel oder Petersilie

Das Öl mit dem Obstessig zu einer cremigen Sauce verrühren, Honig und Salatgewürz dazugeben.
Chicorée halbieren und in 1/2 cm breite Streifen schneiden, Birne würfeln und beides unter die Salatsauce heben.
Mit gehacktem Kerbel (Anisgeschmack) oder Petersilie bestreuen.

Chicoréesalat Cannes

200 g Joghurt
4 EL kaltgeschlagenes Öl
1 TL Kräutersenf
1 TL Honig
Saft von 1 Zitrone, unbehandelt
2 MS Vollmeersalz
2 MS Salatgewürz
100 g Sellerie
1 Apfel

300 g Chicorée
1/4 frische Ananas
Schnittlauch

Salatsauce aus Joghurt, Öl und den angegebenen Gewürzzutaten mischen. Den Sellerie und den Apfel in die Salatsauce hineinreiben.
Chicorée halbieren und in 1 cm dicke Streifen schneiden, Ananas würfeln.
Beides unter die Salatsauce mengen und mit Schnittlauch bestreut servieren.

Chicoréesalat mit Grapefruit

200 g Joghurt
1 Banane
4 EL kaltgeschlagenes Öl
2 EL Obstessig
1/2 TL Vollmeersalz
1 TL Salatgewürz
1 TL körniger Senf

300 g Chicorée
1 Apfel
1 rote Grapefruit
1 Bund Schnittlauch

Aus Joghurt, Banane und den angegebenen Zutaten die Salatsauce im Mixer pürieren.
Chicorée in 1/2 cm breite Ringe schneiden, Apfel fein würfeln, Grapefruit schälen und klein zerschneiden. Mischen und auf Salattellern verteilen.
Mit der Salatsauce übergießen und mit Schnittlauch bestreut anrichten.

Chicoréesalat mit Mayonnaise

1 Eidotter
5 EL kaltgeschlagenes Olivenöl
1 EL Obstessig
2 EL Tomatenwürzsauce

250 g Chicorée
200 g Äpfel
Schnittlauch

Das Ei cremig rühren und das Öl tropfenweise dazurühren. Die fertige Mayonnaise mit Obstessig und Tomatenwürzsauce würzen.
Chicorée halbieren und in 1/2 cm breite Streifen schneiden, Äpfel würfeln und beides unter die Salatsauce heben.
Mit feingeschnittenem Schnittlauch bestreut servieren.

Chicoréesalat Korinth

1 gehäufter EL Korinthen
250 g Chicorée
250 g Äpfel
2 Mandarinen

125 g Ziegenkäse

200 g Joghurt
1 TL körniger Senf
1 TL Honig
Saft von 1/2 Zitrone, unbehandelt
Saft von 1/2 Orange, unbehandelt

Die Korinthen 1 Stunde lang in etwas warmem Wasser quellen lassen. Den Chicorée in feine Scheiben schneiden, die Äpfel vierteln oder achteln und in dünne Scheiben schneiden, die Mandarinen schälen und würfeln, den Käse in feine Streifen schneiden.
Joghurt mit Senf, Honig und Zitronen- und Orangensaft verrühren und über die vorbereiteten Zutaten gießen und vorsichtig mischen.

Chinakohl mit Orangen

200 g Joghurt
3 EL kaltgeschlagenes Sonnenblumenöl
2 EL Obstessig
1 TL körniger Senf
1 MS Vollmeersalz
1 TL Honig
1 TL frischer Dill
1 TL Salatgewürz

1 Staude Chinakohl, 500 g
2 Orangen

Den Joghurt mit allen angegebenen Zutaten gut verrühren. Den gewaschenen Chinakohl fein aufschneiden, wie Endiviensalat, die Orangen schälen und fein würfeln.
Mit der Salatsauce gut vermengen.

Chinakohl mit Meerrettich

200 g Joghurt
2 EL Sauerrahm
2 EL Obstessig
2 MS Vollmeersalz
1 TL Honig
1 TL Salatgewürz
1 EL gehackte Petersilie
1 EL Meerrettich

1 Staude Chinakohl, 500 g
2 Äpfel

Die Salatsauce aus Joghurt und den angegebenen Zutaten bereiten, den Meerrettich frisch hineinreiben.
Den gewaschenen Chinakohl fein aufschneiden, wie Endiviensalat, die Äpfel klein würfeln. Gut mit der Salatsauce vermengen.
Statt Chinakohl kann auch Zuckerhut oder Eissalat verwendet werden.

Coleslaw

350 g Weißkraut
1/2 TL Vollmeersalz
350 g Karotten

250 g Sauerrahm
2 EL Obstessig
50 g Zwiebeln
2 MS Paprika
Pfeffer aus der Mühle
2 EL Tomatenwürzsauce
1 EL geriebener Meerrettich oder 1 EL körniger Senf

1 EL gehackte Petersilie oder fein geschnittener Schnittlauch

Weißkraut fein hobeln, Karotten grob raspeln, mit Salz bestreuen und ca. 1 Stunde ziehen lassen.
Sauerrahm mit Essig verrühren. Klein gewürfelte Zwiebeln, Paprika, Pfeffer, Tomatenwürzsauce und frisch und fein geriebenen Meerrettich unterziehen.
Salatsauce über das Gemüse geben und mischen.
Mit Petersilie bestreut anrichten.

Endivie mit Champignons

5 EL kaltgeschlagenes Olivenöl
2 1/2 EL Obstessig
2 MS Vollmeersalz
1 TL Honig
1 TL Kräutersenf

1 kleine Staude Endivie
250 g frische Champignons
2 Tomaten

Das Olivenöl mit Essig cremig rühren und mit Vollmeersalz, Honig und Kräutersenf würzen. Die Endivie gut waschen, abtropfen lassen und sehr fein schneiden.
Die Champignons putzen, waschen und feinblättrig schneiden. Beides unter die Salatsauce heben und vorsichtig mischen.
Mit Tomatenscheiben verziert anrichten.

Endiviensalat mit Radieschen

200 g Joghurt
3 EL kaltgeschlagenes Öl
2 EL Obstessig (Apfel)
1/4 TL Vollmeersalz
1/2 TL Salatgewürz
1 TL Honig
1 EL gehackter Dill

1 Kopf Endivie
1 Apfel
1 Bund Radieschen

Joghurt, Öl und Essig verrühren und die angegebenen Gewürze dazugeben.
Den gut gewaschenen Endiviensalat halbieren und fein aufschneiden, den Apfel würfeln, die Radieschen in Scheiben schneiden.
Alles unter die Salatsauce heben und gut vermengen.

Endiviensalat mit Tomaten

4 EL kaltgeschlagenes Sonnenblumenöl
2 EL Obstessig
2 MS Vollmeersalz
2 MS Salatgewürz
1 kleine Zwiebel

1 Kopf Endivie
500 g Tomaten
1 Bund Schnittlauch

Öl mit Essig cremig rühren, Vollmeersalz, Salatgewürz und die feingeschnittene Zwiebel dazugeben.
Den gut gewaschenen, abgetropften Salat feinschneiden, Tomaten in Scheiben oder Würfel schneiden und mit dem feingeschnittenen Schnittlauch unter die Salatsauce heben.

Feldsalat Brüssel

5 EL Olivenöl, kaltgeschlagen
3 EL Obstessig
1/2 TL Vollmeersalz
1 MS Cayennepfeffer
1 TL Honig
1 kleine Zwiebel

150 g Feldsalat (Rapunzel)
250 g Chicorée
2 reife Birnen (400 g)
1/2 frische Ananas (400 g)
100 g eingelegte Silberzwiebeln

1 hartgekochtes Ei

Das Olivenöl mit dem Obstessig cremig rühren, mit Vollmeersalz, Cayennepfeffer, Honig und einer feingeschnittenen Zwiebel würzen.
Den gut gewaschenen und geputzten Feldsalat abtropfen lassen, den Chicorée in 1/2 cm breite Ringe schneiden, die Birnen vierteln und blättrig schneiden, die Ananas vierteln, abschälen und stifteln.
Alles unter die Salatsauce heben und sorgfältig mischen. Mit Eischeiben verzieren.

Fenchel-Kraut-Salat

400 g Fenchel
300 g Weißkraut
2 Orangen
2 Birnen
1 Apfel
4 EL Kürbiskerne
2 EL Petersilie

3 EL Obstessig
4 EL Olivenöl, kaltgepreßt
50 g Zwiebeln
1 TL körniger Senf
2 MS Vollmeersalz

Fenchel und Weißkraut fein hobeln, Orangen, Birnen und Apfel würfeln und in einer Schüssel mit Kürbiskernen und grob geschnittener Petersilie mischen.
Essig und Öl cremig rühren, klein gewürfelte Zwiebeln, Senf und Salz dazurühren. Über das vorbereitete Gemüse gießen und unterziehen.

Fenchel-Orangen-Salat

500 g Fenchelknollen
400 g Äpfel
500 g Orangen, unbehandelt
4–8 Radicchioblätter

250 g Sauerrahm
Saft von 1/2 Zitrone, unbehandelt
2 MS Vollmeersalz
Pfeffer aus der Mühle
1/2 TL Akazienhonig

Fenchelknollen waschen, vierteln und mit den Strünken in feine Scheiben schneiden oder hobeln. Äpfel fein würfeln, Orangen schälen, vierteln und in feine Scheiben schneiden.
Sauerrahm mit Zitronensaft, Salz, Pfeffer und Honig cremig rühren, über das vorbereitete Gemüse und Obst gießen und vorsichtig mischen. Radicchioblätter auf Salattellern oder in einer Schüssel ausbreiten, Salat daraufgeben und mit fein geschnittenem Fenchelgrün bestreuen.

Fenchelsalat mit Karotten

250 g Fenchel, netto
300 g Karotten, netto
1 Apfel
Fenchelgrün

200 g Joghurt
3 EL kaltgeschlagenes Öl
2 EL Obstessig
1 TL Kräutersenf
1 TL Honig
1/4 TL Vollmeersalz
1/2 TL Salatgewürz

Die Strünke des Fenchels abschneiden, den Fenchel halbieren oder vierteln, gut waschen und in feine Scheiben schneiden. Die Karotten grob raspeln, den Apfel würfeln, das Fenchelgrün fein hacken.
Joghurt mit Öl und Obstessig und allen angegebenen Zutaten gut mischen. Fenchel, Karotten und Apfel unterheben, mit Fenchelgrün bestreuen.

Gemischter Lauchsalat

150 g Lauch, netto
150 g Feldsalat (Rapunzel)
300 g Tomaten

1/4 l Buttermilch
2 EL kaltgeschlagenes Öl
1 TL Honig
1 TL Kräutersenf
2 TL Sojasauce
1/2 TL Salatgewürz
1/4 TL Vollmeersalz

Vom Lauch werden nur die hellen, zarten Teile für die Rohkost verwendet. Die Stengel halbieren, sauber waschen und sehr fein schneiden. Den Feldsalat gründlich waschen und in einem Sieb abtropfen lassen, die Tomaten achteln.
Die Buttermilch mit allen angegebenen Zutaten gut verrühren, Lauch, Feldsalat und Tomaten unterheben.

Grapefruit Cardinal

2 rote Grapefruits
300 g rote Rüben
1 Birne
2 EL kaltgeschlagenes Öl
2 MS Vollmeersalz
einige Cashewkerne

Die Grapefruits gut waschen, halbieren, ringsherum mit dem Messer einschneiden und mit dem Löffel das Innere herausnehmen.
Das Fleisch der Grapefruits würfeln, die roten Rüben schälen, mit der Birne raffeln und alles mit Öl und Salz vermengen.
In die ausgehöhlten Grapefruits füllen und mit Cashewkernen garnieren

Griechischer Tomatensalat

500 g Tomaten
350 g grüne Paprikaschoten
350 g Zucchini

5 EL kaltgeschlagenes Olivenöl
3 EL Obstessig
2 MS Vollmeersalz
1 Prise Pfeffer
1 TL Dill
1 TL Borretsch
1 kleine Zwiebel

zum Überstreuen:
125 g Ziegenkäse

Die Tomaten quer in Scheiben aufschneiden, die ausgehöhlten Paprikaschoten fein hobeln, ebenso die Zucchini.
Olivenöl und Obstessig cremig rühren und mit den übrigen Zutaten, Zwiebel und Kräuter geschnitten, vermengen.
Das vorbereitete Gemüse unterheben, 30 Minuten ziehen lassen. Den Ziegenkäse fein würfeln und über den angerichteten Salat streuen.

Grünkohlsalat

250 g Grünkohl, netto
1/2 TL Vollmeersalz

50 g Walnüsse
400 g Birnen

3 EL Obstessig
3 EL Walnußöl, kaltgepreßt

Grünkohl gut waschen und mit der Küchenmaschine grob raspeln oder per Hand fein schneiden. Stiele werden nicht verwendet, deshalb wegschneiden. Mit Salz bestreut einige Stunden ziehen lassen.
Gehackte Walnüsse und gewürfelte Birnen unterheben. Essig und Öl cremig rühren, darübergießen und gut mischen.

Gurkensalat in Dillsauce

1 Schlangengurke
200 g Joghurt
2 EL kaltgeschlagenes Öl
1 EL Sojasauce
1 MS Kräutersalz
1 Spur Pfeffer
1 Bund frischer Dill
2 Blätter Borretsch

Joghurt, Öl und Sojasauce verrühren, mit Kräutersalz und Pfeffer abschmecken. Die Gurke, wenn sie frisch und zart ist, mit der Schale hobeln und mit dem feingehackten Dill und Borretsch unter die Salatsauce heben.

Gurken-Tomaten-Salat

200 g Sauerrahm
1 MS Kräutersalz
1 Spur Pfeffer
1 TL Salatgewürz
1 Zwiebel
1 Bund frischer Dill

1 Schlangengurke
400 g Tomaten

Den Sauerrahm mit den angegebenen Gewürzzutaten verrühren, Zwiebel und Dill fein geschnitten.
Die Gurke möglichst mit der Schale hobeln, die Tomaten achteln und beides unter die Salatsauce heben.

Karotten-Rohkost

400 g Karotten
2 EL kaltgeschlagenes Öl
2 EL Gomasio (Sesam mit Vollmeersalz) oder
50 g Cashewnüsse

Die Karotten gut bürsten oder schälen, fein reiben und mit dem Öl vermengen.
Anrichten und mit Gomasio oder gehackten Cashewnüssen bestreuen.

Karotten-Rohkost, pikant

200 g Joghurt
1 EL Obstessig
1 TL Honig
1 MS Vollmeersalz
1 EL frischer Dill, gehackt

500 g Karotten
300 g Äpfel
40 g geriebene Haselnüsse

Den Joghurt mit allen Zutaten verrühren.
Die Karotten und Äpfel grob raffeln, unterheben und mit geriebenen Haselnüssen bestreut reichen.

Karotten mit Feldsalat

5 EL kaltgeschlagenes Öl
2 EL Obstessig
1 EL frisch geriebener Meerrettich

500 g Karotten
100 g Feldsalat (Rapunzel)

Öl mit Essig cremig rühren und mit dem frisch geriebenen Meerrettich vermengen.
Die Karotten mit der Rohkostmaschine fein stifteln und mit dem gut gewaschenen, abgetropften Feldsalat in der Salatsauce gut mischen.

Kohlrabi mit Karotten

3 EL Obstessig
3 EL kaltgeschlagenes Öl
1 EL Tomatenwürzsauce
2 MS Kräutersalz

2 mittelgroße, zarte Kohlrabi
250 g Karotten
1 rote Paprikaschote
1 Bund Schnittlauch

Obstessig mit Öl cremig rühren, mit Tomatenwürzsauce und Kräutersalz würzen.
In die Salatsauce die geschälten Kohlrabi fein reiben, die Karotten grob raspeln und mit der feingewürfelten Paprikaschote mischen.
Mit Schnittlauch bestreut gleich servieren.

Kohlrabi, pikant

1/8 l Buttermilch
1 EL Obstessig
2 EL kaltgeschlagenes Sonnenblumenöl
2 MS Vollmeersalz
1 kleine Zwiebel
1 Bund frischer Dill
1 TL Kapern
1 milchsaure Gurke

2 mittelgroße, zarte Kohlrabi
400 g Tomaten

Die Buttermilch mit Essig, Sonnenblumenöl und Vollmeersalz verrühren. Die Zwiebel, den Dill, die Kapern sowie die Gurke fein geschnitten dazugeben.
Die Kohlrabi raspeln, die Tomaten würfeln und unter die Salatsauce heben.

Kohlrabi mit Tomaten

200 g Joghurt
2 EL kaltgeschlagenes Öl
1 EL Obstessig
1 TL Sojasauce
1/2 TL Kräutersalz
1/2 TL Salatgewürz
1 kleine Zwiebel

500 g Kohlrabi, netto
500 g Tomaten
1 Bund Schnittlauch

Den Joghurt mit Öl, Obstessig und Sojasauce verrühren, Kräutersalz, Salatgewürz und die kleingeschnittene Zwiebel dazugeben.
Die Kohlrabi raspeln, die Tomaten würfeln und unter die Salatsauce heben.
Mit feingeschnittenem Schnittlauch bestreuen.

Bunter Kopfsalat

1 Kopfsalat (oder auch Endivie, Eissalat, Chinakohl)
400 g Tomaten
1/2 bis 1 Gurke (300 g)

5 EL kaltgeschlagenes Öl
3 EL Obstessig
2 MS Vollmeersalz
1 TL Kräutersenf
1/2 TL Salatgewürz
1 Zwiebel

10 Blättchen Borretsch

Den Kopfsalat sorgfältig waschen, in mundgerechte Stücke reißen und in einem Sieb abtropfen lassen.
Die Tomaten achteln und die Gurke (wenn sie frisch ist, mit der Schale) hobeln.
Öl und Obstessig cremig rühren, mit Vollmeersalz, Kräutersenf, Salatgewürz und der kleingeschnittenen Zwiebel vermengt über den vorbereiteten Salat geben und sorgsam mischen.
Mit dem feingeschnittenen Borretsch garnieren.

Kopfsalat Frühling

1 Kopfsalat
4 junge zarte Zwiebelschlotten
1–2 Bund Radieschen (je nach Größe)

1/4 l Buttermilch
2 EL kaltgeschlagenes Öl
1/2 TL Kräutersalz
1 TL Salatgewürz
1 TL Kräutersenf

Den Salat sorgfältig waschen, in mundgerechte Stücke reißen und in einem Sieb abtropfen lassen. Die Zwiebelschlotten in feine Scheiben schneiden, die Radieschen vierteln oder achteln.
Die Buttermilch mit Öl und den angegebenen Gewürzzutaten vermengen und den vorbereiteten Salat, die Schlotten und Radieschen locker in die Sauce mengen.

Kopfsalat in Dillsauce

1 großer Kopfsalat

200 g Sauerrahm
2 EL Obstessig
1 TL Kräutersenf
1 TL Honig
1/2 TL Kräutersalz
1 kleine Zwiebel
2 EL gehackter Dill

1–2 Bund Radieschen

Den Kopfsalat gut waschen, in mundgerechte Stücke reißen und in einem Sieb abtropfen lassen.
Den Sauerrahm mit den angegebenen Zutaten verrühren und den Salat unterheben.
Mit fein gescheibelten Radieschen garnieren.

Kopfsalat Lorraine

3 EL Obstessig
3 EL kaltgeschlagenes Öl
2 MS Vollmeersalz
1 MS Cayennepfeffer
1 TL Honig
1 Zwiebel

1 Kopfsalat
200 g frische Champignons
300 g Tomaten
1 Bund Schnittlauch

Obstessig und Öl cremig rühren, Vollmeersalz, Cayennepfeffer, Honig und die in dünne Ringe geschnittene Zwiebel dazugeben.
Den Kopfsalat gut waschen, in mundgerechte Stücke reißen und in einem Sieb abtropfen lassen. Die Champignons waschen und fein scheibeln, die Tomaten achteln.
Alles unter die Salatsauce heben und mit feingeschnittenem Schnittlauch bestreuen.

Kopfsalat Maikönig

1 Kopfsalat
125 g junger Spinat
125 g zarter Spargel, netto
1 Bund Radieschen

200 g Joghurt
2 EL kaltgeschlagenes Öl
2 EL Obstessig
1/2 TL Vollmeersalz
1 TL Honig
1 TL Senf
1 Bund Schnittlauch
1 Bund Dill

Den Kopfsalat waschen, in mundgerechte Stücke reißen und abtropfen lassen.
Den Spinat waschen, Stiele abschneiden und abtropfen lassen. Den Spargel sorgfältig schälen und in kleine Stücke schneiden, die Radieschen fein scheibeln.
Den Joghurt mit den angegebenen Zutaten verrühren, Schnittlauch und Dill, feingeschnitten, dazugeben.
Den Salat, den in feine Streifen geschnittenen Spinat, den Spargel und die Radieschen unter die Salatsauce heben.

Kopfsalat San Remo

1 Kopfsalat
500 g Orangen
100 g gefüllte Oliven

200 g Joghurt
3 EL kaltgeschlagenes Öl
2 EL Obstessig
1 EL Sojasauce
1 TL Honig
1 TL Kräutersenf
1 kleine Zwiebel
1 EL gehackte Petersilie

40 g Walnußkerne

Den Kopfsalat sorgfältig waschen, in mundgerechte Stücke reißen und in einem Sieb abtropfen lassen.
Die Orangen schälen, quer in Scheiben schneiden, dann würfeln. 4 Scheiben zum Verzieren zurücklassen. Die Oliven fein scheibeln.
Joghurt, Öl und Obstessig gut mit dem Schneebesen schlagen und mit den angegebenen Zutaten verrühren. Die Zwiebel wird in feine Ringe geschnitten. Salat, Orangen und Oliven unter die Sauce heben, mit Orangenscheiben verzieren und mit gehackten Walnüssen bestreuen.

Kopfsalat mit Spargel

1 großer Kopfsalat
300 g Spargel
1 Bund Radieschen

200 g Sauerrahm
3 EL Obstessig
2 EL Tomatenwürzsauce
1 TL Salatgewürz
1 Bund Schnittlauch

Den Kopfsalat sorgfältig waschen, in mundgerechte Stücke reißen und in einem Sieb abtropfen lassen.
Den frischen, zarten Spargel schälen und in 1/2 cm dicke Stückchen schneiden. Die Radieschen fein scheibeln. Mit einem Schneebesen den Sauerrahm mit Obstessig, Tomatenwürzsauce, Salatgewürz und dem feingeschnittenen Schnittlauch verrühren.
Den geschnittenen Spargel dazugeben und 1 Stunde ziehen lassen.
Den Kopfsalat unterheben und mit den fein geschnittenen Radieschen garnieren.

Kopfsalat Taiwan

1 Kopfsalat
400 g Birnen
40 g Sojabohnen gekeimt (s. S. 423)

5 EL kaltgeschlagenes Öl
3 EL Obstessig
2 MS Vollmeersalz
2 MS Ingwer
1/2 TL Salatgewürz
1 TL Sanddornsaft, honiggesüßt
1 Spur Cayennepfeffer

40 g gehackte Cashewnüsse

Den Salat sorgfältig waschen, in mundgerechte Stücke reißen und in einem Sieb abtropfen lassen.
Öl und Obstessig cremig rühren und mit den angegebenen Zutaten würzen. Die gekeimten Sojabohnen hineingeben und 1 Stunde ziehen lassen.
Die Birnen vierteln und fein scheibeln und mit dem Salat unter die Sauce heben.
Mit gehackten Cashewnüssen bestreuen.

Krautsalat

200 g Joghurt
2 EL Sauerrahm
2 EL kaltgeschlagenes Öl
1 EL körniger Senf
1 TL Honig
1 MS Kräutersalz

350 g Weißkraut
1 Apfel
1 Orange
1 TL Kümmel

Salatsauce aus Joghurt, Sauerrahm, kaltgeschlagenem Öl und allen angegebenen Gewürzzutaten zubereiten.
Apfel fein würfeln, Orange kleinschneiden und das Weißkraut mit der Rohkostreibe zerkleinern oder hobeln.
Alles gut mischen und durchziehen lassen.
Mit wenig Kümmel bestreuen.

Krautsalat Max und Moritz

1 kleiner Kopf Weißkraut
1 kleiner Kopf Blaukraut
5 EL Obstessig
1 1/2 l Wasser

6 EL kaltgeschlagenes Öl
4 EL Obstessig
1 TL Honig
2 MS Vollmeersalz
1 MS Pfeffer

1 Bund Kräuselpetersilie

1. Füllung:
400 g Äpfel
3 EL frisch geriebener Meerrettich
Saft von 1 Zitrone, unbehandelt

2. Füllung:
1/2 Rezept Sauerkrautsalat Hawaii
oder Sauerkrautsalat Krim
oder Sauerkrautsalat
(s. S. 56)

Um von einem festen Kraut die Blätter lösen zu können, legt man den ganzen Kopf für etwa 5 Minuten in kochendes Essigwasser. Man löst von jedem Kopf etwa 7–8 Blätter und gibt die Blätter nochmals für etwa 10 Minuten ins kochende Wasser.

Die Blätter müssen sich gut rollen lassen, dürfen aber nicht zerfallen.

Wenn sie etwas abgekühlt sind, schneidet man die Krautblätter so zu, daß man sie gerollt auf eine große, runde, etwas vertiefte Platte legen kann. Die Blaukrautblätter füllt man mit geriebenen Äpfeln, die mit Zitronensaft und frisch geriebenem Meerrettich vermischt sind.

Die Weißkrautblätter füllt man mit einem Sauerkrautsalat.

Nun legt man die Krautrollen sternförmig auf die Platte, abwechselnd eine blaue und eine weiße Rolle. Dazwischen mit etwas Kräuselpetersilie verzieren.

Das Öl rührt man mit dem Obstessig cremig, würzt mit Honig, Vollmeersalz und Pfeffer und gießt die Salatsauce über die Röllchen.

Im Kühlschrank einige Stunden ziehen lassen. Dieser Salat sieht sehr dekorativ aus und eignet sich gut für ein kaltes Büffet.

Maissalat Kentucky

1 Eidotter
5 EL kaltgeschlagenes Öl
1 EL Obstessig
1 TL Kräutersenf
1 MS Vollmeersalz
1/2 TL Honig

250 g Maiskörner, frisch oder tiefgekühlt
200 g rote Paprikaschoten
1 Kopfsalat

2 EL kaltgeschlagenes Öl
2 EL Obstessig
2 MS Vollmeersalz
1/2 TL Salatgewürz
1 Bund Schnittlauch

Den Eidotter cremig rühren und langsam das Öl dazugeben. Zu der fertigen Mayonnaise den Obstessig, Kräutersenf, Vollmeersalz und Honig rühren.
Die Paprikaschoten fein würfeln und mit den frischen oder aufgetauten zarten Maiskörnern unter die Mayonnaise heben, 1 Stunde kühl stellen.
Den Kopfsalat sorgfältig waschen, in mundgerechte Stücke reißen und in einem Sieb abtropfen lassen.
Das Öl und den Obstessig cremig rühren und Vollmeersalz, Salatgewürz sowie feingeschnittenen Schnittlauch dazugeben. Den grünen Salat unterheben.
Nun den grünen Salat auf Salatteller verteilen und in die Mitte gehäuft den Maissalat geben.

Paprikasalat Alexandria

300 g grüne Paprikaschoten
300 g Tomaten
60 g Zwiebeln
4 EL kaltgeschlagenes Öl
3 EL Obstessig
1/4 TL Vollmeersalz
1 MS Cayennepfeffer

4 EL gekeimte Weizenkörner (s. S. 423)

einige Salatblätter
1 EL gehackte Petersilie

Die Paprikaschoten hobeln, die Tomaten würfeln und die Zwiebeln in Ringe schneiden.

Das Öl mit dem Obstessig cremig rühren und mit den angegebenen Zutaten verrühren.

Den gekeimten Weizen, Paprikaschoten, Tomaten und Zwiebelringe (einige große zum Verzieren zurücklassen) unter die Salatsauce heben und 1 Stunde kühl stellen.

In einer mit Salatblättern ausgelegten Schüssel anrichten, mit Zwiebelringen und gehackter Petersilie verzieren.

Prinzeß-Tomate

8 Salatblätter
4 große Tomaten (ca. 500 g)
1/2 Schlangengurke
(ca. 300 g)

Dottersauce:
2–3 Eidotter (hartgekocht)
4 EL kaltgeschlagenes
Sonnenblumenöl
1 EL Obstessig
1 EL Sauerrahm
1 TL Senf
1/2 TL Honig
1/2 TL Hefepaste
1 MS Kräutersalz
2 MS Paprika, süß

Eiweißsauce:
2–3 Eiweiß (hartgekocht)
1 EL Obstessig
1 EL kaltgeschlagenes
Sonnenblumenöl
1 MS Kräutersalz

Die gewaschenen, gut abgetropften Salatblätter auf 4 Salatteller legen.
Die Tomaten von oben in 8 Teile schneiden, die unten noch zusammenhängen, und auf den Salat legen.
In jeden Schnitt eine 3–4 mm dicke Gurkenscheibe, mit Schale, stecken.
Die Eidotter mit der Gabel zerdrücken, mit Öl, Obstessig und den angegebenen Zutaten verrühren.
Das Eiweiß ganz fein hacken und in verrührtem Obstessig, Öl und Kräutersalz wenden.
Die Dottersauce in die Mitte der Tomate geben, die Eiweißsauce über den grünen Salat verteilen.
Dazu dünne Vollkornroggenscheiben reichen.

Rapunzel-Fenchel-Salat

200 g Sauerrahm
2 EL Obstessig
1 TL Honig
1 TL Senf
1 MS Vollmeersalz
1 TL Sojasoße

250 g Fenchel
150 g Rapunzel (Feldsalat)
1 großer Apfel
gehacktes Fenchelgrün

Salatsauce aus Rahm, Obstessig und den angegebenen Gewürzzutaten mit dem Schneebesen zusammenrühren.
Fenchel waschen, Strünke abschneiden, halbieren und in feine Scheiben schneiden.
Rapunzel gut waschen, Apfel würfeln. Alles unter die Salatsauce heben und mit gehacktem Fenchelgrün überstreuen.

Rettichsalat mit Kresse

125 g Kresse
2 große Rettiche
2 EL kaltgeschlagenes Öl
etwas Kräutersalz

Die Kresse fein schneiden, die Rettiche schälen (die roten Mairettiche nicht), grob raspeln, mit Öl und Kräutersalz mischen und gleich servieren.

Rosenkohlsalat

250 g Rosenkohl
100 g Karotten
75 g Zwiebeln
500 g Tomaten

4 EL Obstessig
1/2 TL Vollmeersalz
3 EL Sonnenblumenöl, kaltgepreßt

Rosenkohlröschen vierteln, Karotten grob raspeln, Zwiebeln fein schneiden und Tomaten klein würfeln.
Obstessig mit Salz und Öl verrühren, über das vorbereitete Gemüse gießen, mischen und einige Minuten durchziehen lassen.

Rote-Rüben-Rohkost

250 g rote Rüben
250 g Äpfel
2 EL kaltgeschlagenes Öl
2 EL Obstessig
2 MS Vollmeersalz
4 EL Kokosflocken, frisch gerieben

Die geschälten Rüben und die Äpfel raffeln. Öl, Essig und Salz darübergeben und mischen. Frische Kokosnuß fein reiben und über den Salat streuen.

Rote Rüben mit Sauerrahm

250 g rote Rüben
200 g Äpfel
4 EL Sauerrahm
2 MS Kräutersalz
1/2 TL Kümmel
2 EL gehackte Cashewnüsse

Rote Rüben schälen, und die Äpfel mit der Schale fein reiben; mit Sauerrahm, Kräutersalz und Kümmel vermengen. Mit gehackten Cashewnüssen bestreuen.

Sauerkrautsalat

500 g rohes Sauerkraut, unpasteurisiert
2 rotbackige Äpfel
2 milchsaure Gurken

3 EL kaltgeschlagenes Sonnenblumenöl
2 EL Zitronensaft
1 TL Honig
1 kleine Zwiebel
1 MS Basilikum
1 TL Kümmel
1 TL gehackte Petersilie

Das Sauerkraut schneiden, die Äpfel und Gurken würfeln.
Das Sonnenblumenöl mit Zitronensaft und Honig verrühren, die feingeschnittene Zwiebel, Basilikum und Kümmel dazugeben.
Das Sauerkraut, Äpfel und Gurken unterheben und 30 Minuten ziehen lassen. Mit gehackter Petersilie bestreut anrichten.

Sauerkrautsalat Hawaii

500 g rohes Sauerkraut, unpasteurisiert
2 mittelgroße Äpfel

1/4–1/2 Ananas, je nach Größe
1 große Zwiebel
4 EL kaltgeschlagenes Sonnenblumenöl
Saft von 1 Zitrone, unbehandelt
1 gehäufter EL gehackte Petersilie

Sauerkraut kleinschneiden, Äpfel mit der Schale hineinreiben und gleich daruntermischen, so daß sie nicht braun werden.
Ananas wie einen Apfel vierteln, mittleren Strunk und Schale wegschneiden, fein würfeln, Zwiebel fein schneiden. Mit Öl und Zitrone unter das Sauerkraut mengen, 30 Minuten ziehen lassen.
Mit Petersilie bestreut anrichten.

Sauerkrautsalat Krim

250 g rohes Sauerkraut, unpasteurisiert
200 g rote Rüben, netto
200 g Äpfel
1 kleine Zwiebel
4 EL kaltgeschlagenes Olivenöl

1/2 Kopf grüner Salat
2 EL Kokosflocken

Sauerkraut schneiden, rote Rüben und Äpfel (mit der Schale) hineinreiben, Zwiebel fein schneiden und mit dem Öl alles gut vermengen.
Eine Schüssel mit grünen Salatblättern ausschlagen und Salat hineingeben.
Frische Kokosnuß fein reiben und über den Salat streuen.

Sauerkrautsalat, römisch

100 g Weizenkörner
1/2 l Wasser

400 g rohes Sauerkraut, unpasteurisiert
2 Äpfel
1 Zwiebel
1 milchsaure Gurke
Saft von 1 Zitrone, unbehandelt
4 EL kaltgeschlagenes Sonnenblumenöl
1/2 TL Basilikum
1 TL Kümmel

Den Weizen über Nacht einweichen und dann ca. 45 Minuten leicht kochen lassen. Abseihen und abkühlen lassen.
Das Sauerkraut grob schneiden, Zwiebel fein schneiden, Gurke und Äpfel würfeln. Mit Zitronensaft, Öl, Basilikum und Kümmel gut würzen und die Körner untermengen.
Salat 1 Stunde ziehen lassen.

Schwarzwurzel-Rohkost mit Mayonnaise

1 Eidotter
4 EL kaltgeschlagenes Sonnenblumenöl
1 EL Joghurt
1 EL Obstessig
1 TL Meerrettich
1 MS Vollmeersalz

300 g Schwarzwurzeln
1 große Paprikaschote, rot
Schnittlauch

Den Eidotter gut verrühren, tropfenweise das Öl dazugeben. Joghurt und Obstessig unterrühren und mit Meerrettich (möglichst frisch gerieben) und Vollmeersalz würzen.
Die Schwarzwurzeln bürsten, schälen und gleich in die Mayonnaise reiben, sofort unterheben.
Die Paprikaschote der Länge nach in 4 Teile schneiden, entkernen und die Schwarzwurzeln hineinfüllen.
Mit ein wenig feingeschnittenem Schnittlauch bestreuen.

Schwarzwurzelsalat, pikant

3 EL kaltgeschlagenes Sonnenblumenöl
1 EL Obstessig
1 MS Vollmeersalz
Pfeffer aus der Mühle

300 g Schwarzwurzeln
4 kleine Tomaten
2 EL gehackte Mandeln

Das Öl mit dem Obstessig cremig rühren, Vollmeersalz und Pfeffer dazugeben.
Die Schwarzwurzeln gut bürsten, mit dem Kartoffelschäler schälen und sofort in die Salatsauce reiben und unterheben.
Tomaten aushöhlen, etwas würzen, die Schwarzwurzeln hineinfüllen und mit abgezogenen, gehackten Mandeln bestreuen.

Selleriesalat Astor

gut 1/8 l Sahne
1/2 TL Vollmeersalz
1 TL Honig
Saft von 1 Zitrone, unbehandelt
1/2 TL Salatgewürz
1 EL gehackter Dill oder Petersilie

300 g Sellerie, netto
300 g Äpfel
1/2 Ananas (ca. 175 g netto)

1/2 Kopf grüner Salat
16 halbe Walnußkerne

Für die Salatsauce die ungeschlagene Sahne mit den angegebenen Gewürzzutaten verrühren.
Den Sellerie in die Sauce reiben, die eine Hälfte grob raffeln, die andere Hälfte fein reiben. Äpfel mit der Schale würfeln. Die frische Ananas wie einen Apfel teilen, den mittleren Strunk und die Schale entfernen und kleinschneiden. Alles unterheben.
Den grünen Salat auf Salattellern ausbreiten und den Selleriesalat daraufgeben. Mit halben Walnußkernen verzieren.

Selleriesalat Bombay

1 Eidotter
5 EL kaltgeschlagenes Sonnenblumenöl
2 EL Zitronensaft
2 EL Joghurt
1 TL Curry

350 g Sellerie
200 g Äpfel
4 Salatblätter
1 Tomate
1/2 Bund Schnittlauch

Den Eidotter cremig rühren und tropfenweise das Öl dazurühren. Die fertige Mayonnaise mit Zitronensaft, Joghurt und Curry würzen. Den geschälten Sellerie und den Apfel fein reiben und unter die Salatsauce heben.
Auf Salatblättern verteilen und mit Tomatenscheiben verzieren, mit Schnittlauch bestreuen.

Selleriesalat Richelieu

400 g Sellerie, netto
Saft von 1 Zitrone, unbehandelt

2 Eidotter
1/8 l kaltgeschlagenes Olivenöl
1 TL Kräutersenf
1 MS Vollmeersalz
1 Prise Pfeffer
1 EL Obstessig
1/2 TL Hefepaste

1/2 Kopfsalat
1 EL gehackte Petersilie
2 hartgekochte Eier

Den geschälten Sellerie mit einer Rohkostmaschine fein stifteln, mit Zitronensaft beträufeln.
Die Eidotter cremig rühren, dann unter ständigem Rühren tropfenweise das Öl dazugeben. Wenn die Mayonnaise dick und cremig ist, mit Vollmeersalz, Pfeffer, Senf, Obstessig und Hefepaste abschmecken. Den gestiftelten Sellerie unterheben und gut mischen.
Auf Salatblättern verteilen, mit gehackter Petersilie bestreuen und mit Eischeiben verzieren.

Spanischer Salat

1 reife Avocado
1 EL Olivenöl, kaltgepreßt
1 EL Obstessig
1 TL Vollmeersalz
Pfeffer aus der Mühle
1 EL Oregano, frisch
1/2 TL Thymian, getrocknet
1 EL Salatkräuter, getrocknet
1 EL Kapern

300 g grüne Paprikaschoten
300 g Tomaten
400 g Zucchini
200 g lila Zwiebeln

Reife Avocado mit einer Gabel zerdrücken, mit Öl, Essig, Salz und allen angegebenen Gewürzen verrühren.
Paprikaschoten in kleine Streifen schneiden, Tomaten würfeln, Zucchini fein scheibeln und Zwiebeln in halbe Ringe schneiden.
Gemüse mit der Salatsauce übergießen und vorsichtig mischen.

Spargelsalat mit Champignons

100 g Frischkäse
3 EL kaltgeschlagenes Öl
2 EL Zitronensaft
1 EL frischer Dill oder Kerbel

125 g Spargel, netto
125 g Champignons
4 Salatblätter

Rosenpaprika

Den Frischkäse cremig rühren und langsam das Öl, dann den Zitronensaft dazurühren und mit feingeschnittenem Dill oder Kerbel würzen.
Den Spargel sorgfältig von oben nach unten schälen und in 1 cm kleine Stücke schneiden, die Champignons fein scheibeln und beides unter die Salatcreme heben. Für einige Zeit kühl stellen.
Auf Salatblättern anrichten, hauchdünn mit Rosenpaprika bestreut.

Spargelcocktail

2 EL Frischkäse
3 EL kaltgeschlagenes Sonnenblumenöl
2 EL Zitronensaft
1/2 TL Hefepaste
1/2 TL Kräutersenf

250 g zarter, dicker Spargel, netto

4 Salatblätter
1/2 Bund Schnittlauch

Den Frischkäse mit Sonnenblumenöl und Zitronensaft cremig rühren, mit Hefepaste und Kräutersenf würzen.
Den rohen, geschälten Spargel auf einer feinen Bircherraffel reiben und unter die Salatcreme rühren.
In breite Kelchgläser je ein Salatblatt breiten, Salat darauf verteilen und mit Schnittlauch bestreut servieren.

Spargel in Cumberlandsauce

200 g roher Spargel, netto

2 EL Kräutersenf
3 EL kaltgeschlagenes Olivenöl
3 EL Marmelade aus frischen Johannisbeeren (s. S. 404)
1 MS Vollmeersalz
Schale von 1/2 Zitrone, unbehandelt

4 Blätter grüner Salat
1 hartgekochtes Ei

Den zarten Spargel sorgfältig von oben nach unten schälen und in 1/2 cm kleine Stücke schneiden.
Das kaltgeschlagene Olivenöl tropfenweise in den Kräutersenf rühren und, ständig weiterrührend, die Marmelade dazugeben. Mit Vollmeersalz und abgeriebener Zitronenschale abschmecken.
Den Spargel unterheben und auf einem Salatblatt, mit 1/4 hartgekochtem Ei verziert, servieren.

Spinatsalat mit Äpfeln

250 g Spinat
250 g Karotten
250 g Äpfel

200 g Joghurt
2 EL Obstessig
2 EL kaltgeschlagenes Öl
1 TL Honig
1/2 TL Vollmeersalz
1 TL Thymian (frisch oder getrocknet)

Den jungen, zarten Spinat gut waschen und abtropfen lassen, eventuell harte Stengel abschneiden.
Joghurt mit Obstessig und Öl, Honig, Vollmeersalz und Thymian verrühren.
Den Spinat in 1 cm breite Streifen schneiden, die Karotten grob raspeln und die Äpfel würfeln, dann unter die Salatsauce heben und gleich auftragen.

Spinatsalat in Rahm

250 g Spinat
1 rote Paprikaschote
200 g Karotten
3 Zwiebelschlotten

200 g Sauerrahm
3 EL Obstessig
2 EL Tomatenwürzsauce
1 TL Sojasauce

Den ganz frischen, jungen Spinat gut waschen, abtropfen lassen und eventuell harte Stiele abschneiden.
Den Sauerrahm mit Obstessig, Tomatenwürzsauce und Sojasauce verrühren.
Die in feine Rädchen geschnittenen Zwiebelschlotten, die grobgeraspelten Karotten, die feingewürfelte Paprikaschote und den in 1 cm breite Streifen geschnittenen Spinat unter die Salatsauce heben.

Spinatsalat mit Tomaten

250 g Spinat
1 Bund Radieschen
1 grüne Paprikaschote
350 g Tomaten

2 EL Obstessig
3 EL kaltgeschlagenes Öl
2 MS Vollmeersalz
2 MS Ingwer, gemahlen
2 MS Thymian, gemahlen
1 TL Senf
1/2 TL Honig
1 Zwiebel

1 hartgekochtes Ei

Den ganz frischen, jungen Spinat gut waschen, abtropfen lassen und eventuell harte Stiele abschneiden.
Die Radieschen fein scheibeln, die Paprikaschote und die Tomaten fein würfeln. Öl und Obstessig cremig rühren und mit allen angegebenen Gewürzzutaten und der feingeschnittenen Zwiebel vermengen.
Den Spinat, in 1 cm breite Streifen geschnitten, mit den Radieschen, Tomaten und der Paprikaschote unter die Salatsauce heben.
Mit Eischeiben garnieren.

Spinatsalat Regina

250 g Spinat

1/8 l Sahne
250 g Tomaten
1 grüne Paprikaschote
1 Knoblauchzehe
2 MS Vollmeersalz
1 Bund Schnittlauch

Den ganz frischen, jungen Spinat gut waschen, eventuell harte Stiele abschneiden, etwas zerschneiden und gut abtropfen lassen.
Die Sahne steif schlagen. Tomaten und Paprikaschote zerschneiden und mixen, Knoblauchzehe fein schneiden oder pressen, Schnittlauch fein schneiden und alles mit dem Vollmeersalz unter die geschlagene Sahne heben.
Den Spinat auf Salattellern verteilen und bei Tisch mit der Sahne-Tomaten-Creme übergießen.

Staudensellerie

400 g Staudensellerie, netto
2 Äpfel

2 EL Sauerrahm
200 g Joghurt
1 Banane
4 EL kaltgeschlagenes Öl
2 EL Obstessig
1/2 TL Vollmeersalz
1/2 TL Salatgewürz

1 Bund Schnittlauch

Staudensellerie gut waschen, die Blätter und die Stengel fein aufschneiden. Die Äpfel würfeln.
Im Mixgerät Sauerrahm, Joghurt und Banane mit den angegebenen Zutaten mixen und über den geschnittenen Salat gießen.
Mit Schnittlauch bestreut anrichten.

Staudensellerie mit Frischkäse

350 g Staudensellerie, netto

100 g Frischkäse
2 Eidotter
1/2 TL Paprika
1 MS Vollmeersalz

40 g gehackte Erdnüsse

Den Frischkäse mit den Eidottern verrühren, mit Paprika und Vollmeersalz abschmecken.
Staudensellerie gut waschen, Blätter und Stengel fein schneiden.
Mit der Salatcreme übergießen und mit gehackten Erdnüssen bestreut servieren.

Staudensellerie mit Schafskäse

600 g Staudensellerie, netto
1 Zitrone, unbehandelt
75 g Erdnüsse

Salatsauce:
75 g Schafskäse
125 g Sauerrahm
1 Zehe Knoblauch
1/2 Bund Schnittlauch
1 MS Kräutersalz

Staudensellerie gut waschen, Blätter und Stengel in 1/2 cm breite Stücke schneiden. Mit Zitronensaft beträufeln und auf Salattellern verteilen.
Erdnüsse aus der Schale nehmen und ohne Fett in einer Pfanne unter Rühren kurz und leicht rösten.
Für die Salatsauce den Schafskäse mit einer Gabel fein zerdrücken, Sauerrahm, fein geschnittenen Knoblauch und Schnittlauch dazurühren. Nach Bedarf noch etwas Kräutersalz dazugeben, je nach Salzgehalt des Schafskäses.
Die Sauce auf dem vorbereiteten Sellerie verteilen und frisch geröstete Erdnüsse darüberstreuen.

Tomaten gefüllt mit Kohlrabi (oder Rettich)

8 Tomaten (ca. 500 g)

2–3 kleine Kohlrabi (oder 1 Rettich)
1 EL kaltgeschlagenes Öl
1 TL gehackter frischer Dill (oder Schnittlauch)
1 MS Kräutersalz

Von den Tomaten die Kappe abschneiden, sie mit einem Teelöffel aushöhlen und leicht mit Kräutersalz würzen.
Kohlrabi schälen, fein reiben (den Rettich schälen und raspeln), mit Öl, feingeschnittenem Dill und wenig Kräutersalz mischen und in die Tomaten füllen.

Tomatensalat Athen

1000 g Tomaten

4 EL Obstessig
4 EL Olivenöl, kaltgepreßt
100 g lila Zwiebeln
2 Zwiebelschlotten
1/2 TL Vollmeersalz
1 TL Basilikum, frisch oder getrocknet
2 EL Kapern
50 g schwarze Oliven

Tomaten quer in Scheiben schneiden.
Essig und Öl cremig rühren. Zwiebeln und Zwiebelschlotten fein schneiden, mit Salz bestreuen und einige Minuten durchziehen lassen. Dann zur Salatsauce geben. Basilikum, Kapern und Oliven dazugeben und alles über die Tomaten gießen. Vorsichtig vermengen.

Tomatensalat mit Kresse

3 EL Obstessig
3 EL kaltgeschlagenes Öl
1 kleine Zwiebel
1/2 TL Kräutersalz
Pfeffer aus der Mühle

500 g Tomaten
125 g Kresse

Essig und Öl cremig rühren, die feingeschnittene Zwiebel, Kräutersalz und Pfeffer dazugeben.
Die Tomaten quer in Scheiben aufschneiden, unter die Salatsauce heben und 30 Minuten ziehen lassen.
Vor dem Servieren mit feingeschnittener Kresse vermengen.

Topinambursalat Brasilia

3 EL Obstessig
5 EL kaltgeschlagenes Olivenöl
1 EL Kräutersenf
2 MS Vollmeersalz
50 g Zwiebeln
40 g grüne Sojabohnen, gekeimt (s. S. 423)

500 g Topinambur
8 Salatblätter
1 Bund Schnittlauch

Obstessig, Öl, Senf und Vollmeersalz cremig rühren, die feingeschnittenen Zwiebeln und die gekeimten Sojabohnen dazugeben.
Die Topinambur gut waschen und bürsten, mit der Schale grob raspeln und sofort unter die Salatsauce heben.
Den grünen Salat auf Salatteller ausbreiten und den Topinambursalat daraufgeben. Mit feingeschnittenem Schnittlauch bestreuen.

Waldorfsalat

150 g Schichtkäse
4 EL Sahne
2 EL Sauerrahm
Saft von 1 Zitrone, unbehandelt
1 gehäufter TL Honig
3 EL kaltgeschlagenes Sonnenblumenöl

300 g Sellerie, netto
250 g Äpfel
1 Orange
1/4 frische Ananas

50 g Walnußkerne

Schichtkäse, Sahne, Sauerrahm, Zitrone, Honig und Öl nacheinander zu einer Mayonnaise zusammenrühren.
Sellerie schälen, probieren, ob er nicht bitter schmeckt, und die eine Hälfte fein reiben, die andere Hälfte grob raspeln. Sofort unter die Mayonnaise heben, Äpfel schälen und fein würfeln, Orange schälen, quer in Scheiben schneiden und würfeln.
Ananas wie einen Apfel vierteln, den mittleren Strunk und die Schale herausschneiden und in feine Streifen schneiden. Walnüsse grob hacken, alles untermengen und mit Vollkorn-Toastbrot reichen.
Bei festlichen Anlässen in einer Schüssel, ausgelegt mit grünen Salatblättern, servieren.

Weißkrautsalat

500 g Weißkraut, netto
1/2 TL Vollmeersalz

3 EL Olivenöl, kaltgeschlagen
2 EL Zitronensaft
1/2 TL Kümmel, gemahlen
1/4 TL Kümmel
1 kleine Zwiebel
200 g Äpfel

1 Bund Schnittlauch

Das Weißkraut fein hobeln, mit etwas Vollmeersalz überstreuen, gut mischen und kurz mit dem Kartoffelstampfer stoßen. Zugedeckt 1 Stunde ziehen lassen, das Kraut wird dadurch saftig und etwas weich.
Das Öl mit dem Zitronensaft cremig rühren, Kümmel und die sehr fein geschnittene Zwiebel dazugeben und den Apfel fein in die Salatsauce reiben.
Die Salatsauce über das Weißkraut gießen und gut mischen. Mit feingeschnittenem Schnittlauch überstreut anrichten.

Weißkrautsalat Regent

3 EL Obstessig
5 EL kaltgeschlagenes Olivenöl
2 MS Vollmeersalz
1 Bund Petersilie
1 kleine Zwiebel

300 g Weißkraut, netto
1/4–1/2 Ananas, je nach Größe
2 Äpfel
2 Orangen

Obstessig, Öl und Vollmeersalz cremig rühren, die Petersilie fein gehackt, die Zwiebel fein geschnitten dazugeben.
Das Weißkraut fein hobeln, die Ananas stifteln, die Äpfel und eine Orange in Würfel schneiden. Alles zur Salatsauce geben und gut mischen.
Die zweite Orange in Scheiben schneiden und zur Verzierung auf den Salat geben.

Wildkräutersalat

2–3 Tassen verschiedene Wildkräuter oder Gartenkräuter wie z. B. Comfrey, Giersch, Kerbel, Scharbockskraut, Knoblauchsmelde, Löwenzahn, Spitzwegerich, Labkraut

50 g Zwiebeln
1/2 TL Kräutersalz
4 EL Obstessig
4 EL Olivenöl, kaltgepreßt
4 EL schwarze Oliven

500 g Karotten
250 g Äpfel

Wildkräuter waschen und klein schneiden. Mit Zwiebeln, Salz, Essig, Öl und Oliven mischen. Karotten grob raspeln, Äpfel würfeln und dazugeben.

Wirsingsalat mit Radieschen

5 EL kaltgeschlagenes Sonnenblumenöl
3 EL Obstessig
1 EL Sojasauce
1 TL Honig
1 Zwiebel
1 Bund Schnittlauch

400 g Wirsing, netto
2 Bund Radieschen

Sonnenblumenöl mit Obstessig cremig rühren, Sojasauce, Honig, feingeschnittene Zwiebel und Schnittlauch unterrühren.
Den Wirsing putzen und den zarten, hellen Kopf mit der Rohkostmaschine zerkleinern.
Die Radieschen scheibeln und beides mit der Salatsauce gut vermengen.

Wirsingsalat mit Tomaten

3 EL Obstessig
5 EL kaltgeschlagenes Olivenöl
1 EL Kräutersenf
1/2 TL Vollmeersalz
2 MS Pfeffer
1 Bund Borretsch
1 Bund Dill
1 große Zwiebel

400 g Wirsing
500 g Tomaten

Obstessig, Öl, Senf, Vollmeersalz und Pfeffer cremig rühren. Borretsch und Dill fein hacken, die Zwiebel fein schneiden und zur Salatsauce geben. Zur Wirsing-Rohkost nicht die dunklen äußeren Blätter, sondern nur den hellen inneren Kopf verwenden.
Den gewaschenen Wirsing mit der Rohkostmaschine zerkleinern, die Tomaten klein würfeln, zur Salatsauce geben und alles gut mischen.

Wirsing-Rohkost

200 g Sauerrahm
1 TL Honig
1 TL Kräutersenf
2 EL Obstessig
1 TL Salatkräuter, getrocknet
1 MS Kräutersalz
1 TL süßer Paprika

250 g Wirsing
1 großer Apfel
1 EL Kräuter

zum Verzieren:
4 TL rohes Preiselbeerkompott (s. S. 360)

Salatsauce aus Sauerrahm und sämtlichen angegebenen Zutaten zubereiten.
Wirsing fein schneiden, Apfel klein würfeln und unterheben, mit frischen Kräutern, Dill oder Petersilie bestreuen.
In Portionsschälchen verteilen und rohes Preiselbeerkompott in die Mitte geben.

Dressing

Cumberlandsauce

2 EL Kräutersenf
3 EL kaltgeschlagenes Olivenöl
3 EL Marmelade aus frischen Johannisbeeren (Seite 404)
1 MS Vollmeersalz
Schale von 1/2 Zitrone, unbehandelt

Das kaltgeschlagene Olivenöl tropfenweise in den Kräutersenf rühren und ständig weiterrührend die Marmelade dazugeben. Mit Vollmeersalz und abgeriebener Zitronenschale abschmecken.
Cumberlandsauce paßt gut als Dressing zu rohem Spargel, rohem Blumenkohl oder hartgekochten Eiern.

Grüne Sauce

1 großer Bund mit 7 Kräutern z. B. Borretsch, Petersilie, Dill, Schnittlauch, Kerbel, Pimpinelle, Kresse
500 g Sauerrahm
3 EL Sonnenblumenöl, kaltgepreßt
Saft von 1 Zitrone, unbehandelt
2 TL körniger Senf
1 TL Kräutersalz
Pfeffer aus der Mühle

Kräuter gut waschen und sehr fein schneiden.
Sauerrahm mit Öl, Zitronensaft, Senf, Salz und Pfeffer gut verrühren und Kräuter unterheben.
Diese Sauce paßt zu neuen Kartoffeln, hartgekochten Eiern, grünen Salaten und zu bunten Salatplatten.

Gurken-Salatsauce

150 g Gurken
250 g Dickmilch (möglichst aus Rohmilch hergestellt)
2 EL Olivenöl, kaltgepreßt
1/2 TL Kräutersalz
1 Knoblauchzehe
2 EL Dill

Gurken in die Dickmilch reiben, mit Öl, Salz und frisch gepreßter Knoblauchzehe verrühren. Dill fein geschnitten unterziehen.
Gekühlt zu Salaten reichen.

Joghurt-Mandel-Salatcreme

250 g Joghurt oder Dickmilch (möglichst aus Rohmilch)
2 EL Olivenöl, kaltgepreßt
2 EL Obstessig
30 g Mandeln
1 Knoblauchzehe
1/2 TL Vollmeersalz
2 EL Petersilie

Joghurt mit Öl und Obstessig cremig rühren.
Mandeln fein reiben und hinzufügen, Knoblauch pressen und mit Salz und gehackter Petersilie unterziehen.
Gekühlt zu frischen Salaten reichen.

Kräuter-Salatcreme

1/8 l Sahne
1/8 l Sauerrahm
2 MS Kräutersalz
2 EL Kräutersenf
1 kleine Zwiebel
3–4 Bund verschiedene frische Kräuter, z. B. Estragon, Kresse, Melisse, Comfrey, Dill, Petersilie, Schnittlauch, Kerbel

Die Sahne steif schlagen und Sauerrahm, Salz, Senf, die feingeschnittene Zwiebel und die feingewiegten Kräuter unterziehen.
Verschiedene Salate der Jahreszeit werden zerschnitten, gehobelt oder geraspelt, auf Salatteller gegeben und bei Tisch mit dieser Creme übergossen.
Diese Creme eignet sich auch sehr gut zu Kartoffeln, in der Schale gebacken.

Kräuterremoulade

1 Eidotter
1/8 l kaltgeschlagenes Sonnenblumenöl
1 TL Senf
1 EL Obstessig
1 TL Sojasauce
Pfeffer aus der Mühle

2 TL Kapern
1 kleine milchsaure Gurke
1 hartes Ei
1 Büschel frische Kräuter (2/3 Schnittlauch, 1/3 Dill, Petersilie, Kerbel, Borretsch, Estragon)

Den Eidotter cremig rühren und das kaltgeschlagene Sonnenblumenöl tropfenweise dazurühren. Dann fügt man unter ständigem Rühren, Senf, Obstessig, Sojasauce und eine Spur Pfeffer hinzu. Zum Schluß kommen Kapern, Gewürzgurke, Ei und Kräuter, fein gewiegt, unter die Creme.
Diese Sauce paßt sehr gut zu Gemüse-Aspik, ist aber auch alleine (dann das doppelte Rezept) mit neuen Kartoffeln ein Gaumenschmaus.

Quark-Nuß-Salatcreme

150 g Sahnequark
Saft von 1 Zitrone, unbehandelt
1 gestrichener TL Honig
2 MS Vollmeersalz
2 EL Walnußöl
2 EL Walnußkerne
1 TL Petersilie

Sahnequark mit Zitrone, Honig, Salz und Öl verrühren. Walnußkerne fein hacken, Petersilie fein schneiden und unterziehen.
Gekühlt zu frischen Salaten reichen.

Roquefort-Salatsauce

60 g Roquefort
Saft von 1 Zitrone, unbehandelt
4 EL Olivenöl, kaltgepreßt
1–2 Knoblauchzehen

Roquefort mit einer Gabel zerdrücken, mit Zitronensaft und Öl cremig rühren. Knoblauchzehen dazupressen.
Diese Sauce paßt sehr gut zu grünen Blatt- oder Schnittsalaten.

Tomaten-Salatcreme

200 g Sahne
400 g Tomaten
1 EL Meerrettich
1 Bund Schnittlauch oder Petersilie
1 EL Kräutersenf
2 MS Kräutersalz

Die Sahne steif schlagen, die Tomaten mixen, den Meerrettich fein reiben und den Schnittlauch fein schneiden. Alles mit Senf und Salz unter die Sahne heben.
Diese Creme eignet sich als Dressing bei Tisch für alle Salate der Jahreszeit.

Tomaten-Salatsauce

250 g Tomaten
250 g Sauerrahm
1/2 TL Vollmeersalz
1 TL körniger Senf
1 Knoblauchzehe
2 EL Basilikum, frisch oder tiefgekühlt
50 g grüne Oliven

Tomaten mixen, mit Sauerrahm, Salz und Senf verrühren. Knoblauch und Basilikum fein schneiden, Oliven scheibeln und unter die Sauce rühren.
In einer Sauciere zu Salaten reichen.

Zitronen-Honigsauce

Saft von 2 Zitronen, unbehandelt
6 EL Olivenöl, kaltgepreßt
1 TL Honig
1 TL körniger Senf
2 MS Vollmeersalz
2 EL Petersilie

Frischgepreßten Zitronensaft mit Öl, Honig, Senf und Salz cremig rühren. Petersilie fein hacken und unterziehen.
In einer Sauciere zu Salaten reichen.

Vollkornbackwaren

Wenn man das Frischkorngericht noch ohne Getreidemühle zubereiten konnte, ist diese bei den Backwaren unerläßlich. Eine Übersicht der derzeit gebräuchlichsten Mühlen finden Sie auf Seite 76 ff.
Vollkornbackwaren werden frisch gemahlen aus dem ganzen Getreidekorn, ohne Entfernung einzelner Teile, gebacken. Es ist wichtig, daß das Getreide erst vor dem Backen gemahlen wird, da schon kurz nach dem Mahlen durch den Luftsauerstoff ein Wirkstoffverlust eintritt, der sowohl den gesundheitlichen Wert als auch Geschmack und Aroma mindert. Deshalb wird in allen Rezepten von frisch gemahlenem Weizen-, Dinkel- oder Roggenvollkornmehl geschrieben.
Dieses Vollkornmehl enthält außer dem hochwertigen Eiweiß den hohen Fettgehalt des Keims, den kohlenhydratreichen Mehlkern und die rohfaserreichen Randschichten. Dazu kommen die fettlöslichen Vitamine A und E, der Vitamin-B-Komplex und lebenswichtige Vitalstoffe.
Mit den Vollkornbackwaren schließt sich der Kreis der vollwertigen Ernährung, die alle wasserlöslichen Vitamine in der Frischkost, den Vitamin-B-Komplex in Frischkorngerichten und Vollkornbackwaren und alle fettlöslichen Vitamine in kaltgeschlagenen Ölen, Rahm, Nüssen und Getreide enthält.

Getreidemühlen

Das Angebot an Haushaltsgetreidemühlen wurde in jüngster Zeit stark erweitert. Am Markt sind heute zwei Arten von Getreidemühlen:

1. Spezial-Getreidemühlen, die nur zum Mahlen von Getreide geeignet sind,
2. Haushaltsgetreidemühlen, die schon vorhandene Marken-Küchengeräte zu universellen Küchengeräten aufwerten.

Das Mahlwerk als wichtigster Teil der Mühle wird in verschiedenen Materialien angeboten. Vier Hauptgruppen können nach heutigem Stand unterschieden werden:

1. Das Stahlkegel-Mahlwerk
2. Das Keramik-Mahlwerk
3. Das kombinierte Naturstein-Kunststein-Mahlwerk
4. Das echte Naturstein-Mahlwerk

In den folgenden Erläuterungen sollen die wichtigsten Merkmale dieser Mühlen aufgezeigt werden:
Das *Stahlkegel-Mahlwerk* ist aus gehärtetem Stahl hergestellt und arbeitet schneidend-reibend. Die damit ausgestatteten Getreidemühlen gibt es als Spezial-Mühlen oder als Haushaltsmühlen. Letztere können problemlos und ohne Aufwand an Küchenmaschinen vieler namhafter Elektrogerätehersteller angeschlossen werden und sind in ihrer Eigenschaft als Zusatzgeräte verhältnismäßig preisgünstig.
Außer Getreide können auch ölhaltige Samen und getrocknete Gewürze gemahlen werden.

Das *Keramik-Mahlwerk* ist eine Neuentwicklung. Es wird aus hochverschleißfester Keramik hergestellt. Damit können außer Getreide ölhaltige Samen und getrocknete Gewürze gemahlen werden.

Das kombinierte *Naturstein-Kunststein-Mahlwerk* enthält Natursteine bestimmter Korngröße, die in eine industriell hergestellte Einbettmasse – gegossen oder gepreßt – eingelegt sind. Das Mahlgut wird zwischen den Mahlsteinen zerrieben. Spezial-Getreidemühlen und Haushaltsgetreidemühlen sind damit ausgestattet.
Das echte Naturstein-Mahlwerk enthält als Mahlsteine aus dem Fels geschlagenen Granit mit speziell geschärften Mahlflächen. Durch sein Naturmaterial unterscheidet es sich von allen anderen Mahlwerken. Es wird nur in Spezial-Getreidemühlen verwendet.

Mit Getreidemühlen aller Art kann das Frischmahlen von Getreide problemlos erfolgen. Mit welchem Mahlwerk das geschieht, ist von untergeordneter Bedeutung. Diese Meinung vertritt auch Dr. M. O. Bruker. Wichtig vom gesundheitlichen Standpunkt aus ist das Frischmahlen.
Meine Empfehlung zur Anschaffung einer Getreidemühle:
Zunächst kann zur Herstellung von grob gemahlenem Getreide für das Frischkorngericht eine alte, handbetriebene Kaffeemühle Verwendung finden. Das frisch gemahlene Vollkornmehl zum Backen von Kuchen und Brot kann zu Beginn der Vollwerternährung aus dem Naturkost- oder Bioladen und dem Reformhaus geholt werden.
Beim späteren Kauf einer eigenen Getreidemühle sind die Häufigkeit der Anwendung und die Größe der Familie wichtige Entscheidungsmerkmale. Bei gleichem

Mahlwerkmaterial und annähernd gleicher Mahlleistung sind erhebliche Preisunterschiede bei den einzelnen Mühlen zu beachten. Auch die preiswerte Umstellung von Elektro- auf Handbetrieb sollte berücksichtigt werden. Letzten Endes ist die Anschaffung einer Getreidemühle auch eine Frage des Geldbeutels.

Tips für »Eigenbrötler«

Für die Brotbereitung benötigt man außer Mehl und Wasser ein Teiglockerungsmittel, das den Teig aufgehen läßt. Hefe und Sauerteig sind allgemein bekannt. Das neueste vollwertige Teiglockerungsmittel ist ein Spezialbackferment nach Hugo Erbe, das auf der Basis von Honig und unter Zusatz von Cerealien zubereitet wird.
Hefe eignet sich ausschließlich für die Vearbeitung von Weizen, die Teiglockerung geschieht in kürzester Zeit, deshalb können sich wenig Aromastoffe bilden, und Hefebrote haben einen milden, weniger herzhaften Geschmack. Brote mit Hefe sind am leichtesten ohne besondere Backerfahrung zu backen.
Sauerteig ist das älteste Triebmittel, das wir kennen. Es wird vornehmlich mit Roggen verarbeitet. Die Brotherstellung damit erfordert etwas Fertigkeit, und man sollte bereits einige Male Brot mit Hefe oder Spezialbackferment gebacken haben. Mit Sauerteig gebackene Brote sind kräftig im Geschmack und sollten einige Tage alt sein, bevor sie gegessen werden.
Spezial-Backferment bietet die Möglichkeit, Brote aus jeder Getreideart und -mischung herzustellen. Auch hohe Anteile an Hafer, Gerste oder Maisschrot lassen sich gut verarbeiten. Die Teigansätze sind unempfindlicher, und es ist denkbar einfach, sich den Grundansatz aus dem

trockenen Granulat selbst herzustellen. Die Zeit der Teigausreifung kann um viele Stunden ohne Schaden hinausgeschoben werden, so daß das Brotbacken ohne Streß zum echten Hobby werden kann.
Die Brote sind schnittfest und selbst für Magenleidende, die Sauerteig und Hefe nicht vertragen, leicht bekömmlich. Durch den langandauernden Gärprozeß ist die volle Ausreifung des Aromas gewährleistet.
Brote mit Spezial-Backferment sind auch für Backanfänger leicht herzustellen.
Hefe und Sauerteig können zusammen in einem Brot verbacken werden. Sie schmecken so kräftig wie reine Sauerteigbrote, sind aber lockerer. Sie sind auch einfacher und schneller zu backen als reine Sauerteigbrote, da die Hefe die Garzeiten verkürzt.

Bereitung des Grundansatzes aus dem Spezial-Backferment

Der Grundansatz ist ein gärender Teig, der aus dem trockenen Granulat bereitet wird.
20 g Spezial-Backferment werden mit ca 120 ccm Wasser (warm, ca 40° C) klümpchenfrei aufgelöst. Dazu gibt man 100 g frisch- und feingemahlenes Weizenvollkornmehl. Alles gut vermengen, der Teig soll weich sein, aber es soll sich kein Wasser absetzen.
Den Teig bei einer Temperatur von 28–35° C für 24 Stunden bedeckt stehenlassen. Nach dieser Zeit ist eine Bläschenbildung zu beobachten. Zu diesem Teig werden dann ca. 180 ccm Wasser (ca. 40° C warm) gegeben und untermengt. Dazu 300 g frisch- und feingemahlenes Weizenvollkornmehl einrühren. Der Teig soll eine mittlere Festigkeit aufweisen. Weitere 24 Stunden bei 28–35° C stehenlassen.
Der Teig ist durch Gärung auf mehr als das Doppelte seines anfänglichen Volumens angewachsen. Der Gä-

rungsvorgang ist damit abgeschlossen und der Teig gebrauchsfertig.
In einem Schraubglas (nicht mehr als 3/4 gefüllt) wird er im Kühlschrank aufbewahrt, wo er sich über ein halbes Jahr hält. Ein frisch angesetzter oder wenige Wochen alter Grundansatz läßt die Brote höher und lockerer werden. Eine sich an der Oberfläche zeigende graue Verfärbung hat nichts zu sagen, da es sich um arteigene Hefen handelt, die von Natur aus grau sind.

Weitere Ratschläge

Die Backzutaten sollen alle lauwarm sein. Das frisch gemahlene Vollkornmehl hat gerade die richtige »Backwärme«.
Der Teig muß an einem warmen, zugfreien Platz gehen und verarbeitet werden. Hefeteige verdoppeln sich etwa, Sauerteige und Teige mit Backferment nehmen etwa um die Hälfte zu.
Geht der Teig beim ersten Mal bei zu großer Wärme, verhärtet sich seine Struktur.
Beim zweiten Gehen vor dem Backen nimmt er dann nur noch minimal zu oder geht überhaupt nicht mehr. Das so gebackene Brot bleibt sitzen und ist innen speckig und fest.
Sollte ein Teig wie oben beschrieben einmal nicht gelingen, können jedoch daraus noch Fladen ausgewalkt und gebacken werden.
Hefeteig ist im allgemeinen fertig gegangen, wenn sich das Teigvolumen etwa verdoppelt hat (nach ca. 30–45 Minuten). Das kann bei erhöhter Wärmeeinwirkung aber auch schon nach 15 Minuten sein. In diesem Fall oder auch wenn zur Weiterverarbeitung des Teiges gerade keine Zeit ist, kann der Teig einfach niedergedrückt werden. Nach einiger Zeit geht er dann abermals hoch,

seine Struktur hat sich verfeinert, die Brotkrume nach dem Backen wird stabiler.

Beim Kneten die Hände ab und zu in lauwarmes Wasser tauchen.

Die angegebenen Wassermengen für bestimmte Mehlmengen sind abhängig von der Mehlfeinheit, die wiederum von der Getreidemühle bestimmt wird. Je feiner das Mehl, desto mehr Wasser nimmt es auf.

Wird das Mehl zum Brotbacken gröber gemahlen (das richtet sich nach dem Geschmack jedes einzelnen), muß auch die Wassermenge reduziert werden.

Eine besonders schöne Form bekommt das Brot, wenn man es in einem Backkörbchen gehen läßt und danach auf das Blech stürzt.

Große Brote (ab 1 500 g) werden bei sinkender Temperatur gebacken. Die Röhre muß so lange vorgeheizt werden, damit die angegebene Backtemperatur erreicht wird.

Damit das Brot gut aufgeht, stellt man eine Tasse mit kochendem Wasser auf das Backblech neben das Brot, oder man stellt ein Gefäß mit kochendem Wasser einige Minuten vor dem Einschieben des Brotes in die Röhre.

Wenn das Brot beim Anklopfen auf der Unterseite hohl klingt, ist es gar. Bei Kastenbroten Probe mit einem Holzstäbchen.

Wird das Brot gleich nach dem Herausziehen mit kaltem Wasser bestrichen, bekommt es eine glänzende Kruste.

Ein wohlgelungenes Brot zeigt auf der schön gewölbten Oberfläche Einrisse. Ein flachgelaufenes Brot ist meistens zu lange gegangen, oder die Ofentemperatur war zu niedrig. Ein sehr hohes Brot mit einem Rundumriß über dem Boden ist zu kurz gegangen.

In allen Fällen sind dies nur Schönheitsfehler, die die Brotqualität nicht beeinflussen.

Die besten Backergebnisse bei Kastenbroten und Kuchen erzielt man mit dunklen Stahlblechformen, wie sie die Bäcker verwenden.
Der Vergleich von selbstgebackenen Kuchen, Broten und sonstigem Gebäck mit den herkömmlichen Erzeugnissen von Bäckereien und Backfabriken bringt deutliche Vorteile für Selbstgebackenes hinsichtlich gesundheitlichen Nutzens, Bekömmlichkeit und Wohlgeschmack. Die tonnenweise verwendeten Fertigmischungen und Backhilfsmittel in Großbäckereien lassen wohl in Form und Aussehen der Erzeugnisse manchmal Hobbybäcker an ihrer Kunst zweifeln. Im Bemühen um echte Handarbeit ohne Hilfsmittel und damit Handwerkskunst braucht sich ein Hobbybäcker vor dem modernen Fachmann nicht zu verstecken. Letzterer muß auch erst lernen mit natürlichen Zutaten Brot und Gebäck herzustellen.

Aufbewahrung von Sauerteig für den nächsten Backtag

Aus der Mitte des Vorteiges entnimmt man für das nächste Brot 2–3 Eßlöffel Sauerteig und verknetet diesen mit Roggenvollkornmehl zu einem festen Teig. Diesen Teig kann man

a) in ein Glas geben und zugedeckt im Kühlschrank aufbewahren (ca. 8 Tage verwendungsfähig),
b) ca. 2 mm dick auswalken, in eine Gefriertüte geben, verschließen und einfrieren. Bei Verwendung gleich in warmes Wasser geben, verrühren und über Nacht warm stellen (siehe Rezept Seite 84/85),
c) ca. 1 cm dick auswalken und auf einer Platte auf der Heizung trocknen. Wenn der Teig leicht angetrocknet ist, in möglichst kleine Stücke brechen und weitertrocknen lassen. Bei der Verwendung in warmes Wasser geben, Mehl dazurühren und über Nacht

warm stellen (siehe Rezept Seite 84/85). Ca. 1 Jahr verwendungsfähig.

Brote, Brötchen, Toast

Amerikanisches Maisbrot

200 g Weizenvollkornmehl
50 g Buchweizen
500 g Maisgrieß (Polenta)
1 TL Vollmeersalz
4 TL Backpulver

1/2 l Milch
40 g Butter
2 Eier
80 g Honig

In einer Schüssel mischt man das frisch gemahlene Weizenvollkornmehl, das Buchweizenmehl mit dem Maisgrieß, Vollmeersalz und Backpulver.
In der lauwarmen Milch läßt man die Butter zerlaufen, rührt die Eier und den Honig dazu. Dies gießt man in das Mehlgemisch und rührt alles gut durch.
In eine gefettete, bemehlte Kastenform gibt man den sehr flüssigen Teig und bäckt ihn im vorgeheizten Ofen bei 200° C, unterste Schiene, ca. 35 Minuten. Auf ein Gitter stürzen und auskühlen lassen. Mit Nußmus oder Butter bestrichen sehr gut zum Frühstück.

Bauern-Vollkornbrot (Sauerteig)

Vorteig:
125 g Sauerteig *
1/2 l warmes Wasser
400 g Roggenvollkornmehl

Hauptteig:
800 g Roggenvollkornmehl
400 g Weizenvollkornmehl
3 gehäufte TL Vollmeersalz
2 EL Kümmel, ganz
1 EL Koriander, ganz
1 TL Anis, ganz
1 TL Fenchel, ganz
1/2 TL Cardamom, gemahlen

3/4 l lauwarmes Wasser
ca. 100 g Streumehl (Weizenvollkornmehl)

* Wer vom Bäcker keinen fertigen Sauerteig bekommen kann, nimmt statt der 125 g Sauerteig 50 g Backhefe und verfährt genau nach Rezept. Von diesem Vorteig kann ebenso für das nächste Brot wieder 125 g weggenommen werden.

Den Sauerteig in 1/2 l lauwarmem Wasser auflösen und das frisch gemahlene Roggenvollkornmehl dazurühren. Zugedeckt bei 30–35° C ca. 12 Stunden gären lassen. Beim Aufreißen des Teiges muß sich eine starke Bläschenbildung zeigen.

125 g dieses Vorteiges für das nächste Brot wegnehmen, mit etwas Roggenvollkornmehl verkneten und in einem Glas kühl aufbewahren (siehe S. 82).

Das frisch gemahlene Roggen- und Weizenvollkornmehl mischt man in einer Backschüssel mit Vollmeersalz und den angegebenen Gewürzen, drückt in die Mitte eine Vertiefung und gibt den Vorteig hinein. Von der Mitte aus mit dem Vollkornmehl vermengen. Das lauwarme Wasser unter ständigem Kneten zugießen und den Teig gut und kräftig durcharbeiten, bis er sich von der Schüssel löst.

Den Teig herausnehmen, die Schüssel mit Vollkornmehl ausstreuen, den Teig hineinlegen, mit Vollkornmehl bestäuben und zugedeckt an einem warmen Ort 1–3 Stunden gehen lassen (die Zeit hängt von der Wärme ab).

Hat sich das Teigvolumen ungefähr verdoppelt und sind kleine Risse an der Oberfläche zu sehen, knetet man

den Teig auf einer bemehlten Arbeitsfläche nochmals gut durch, formt einen Kloß und legt ihn mit dem Teigschluß nach oben in ein gewärmtes, gut bemehltes Brotkörbchen. Zugedeckt und warm gestellt 45–60 Minuten ruhen lassen. Zeigen sich auf der Oberfläche kleine Risse, ist es Zeit, das Brot einzuschieben.
Auf ein bemehltes Backblech kippen, schnell mit Wasser bestreichen, mit Kümmel bestreuen und mit der Gabel ringsherum einige Male einstechen. In den auf 250° C vorgeheizten Ofen das Brot auf die unterste Schiene einschieben. 20 Minuten bei 250° C, 1 Stunde bei 190° C und 10 Minuten bei Nachhitze backen.
Herausnehmen, schnell mit kaltem Wasser abpinseln und auf einem Gitter 1 Tag auskühlen lassen. Frühestens nach 2 Tagen das Brot anschneiden.
Die angegebene Menge ergibt ein ca. 2 1/4 kg schweres Brot.

Buttermilchbrot (Hefebrot)

Vorteig:
500 g Weizenvollkornmehl
1/8 l Buttermilch
30 g Hefe

Hauptteig:
1/4 l Buttermilch
1 gehäufter TL Vollmeersalz

Streumehl

1 EL Buttermilch
1 EL Sesam

Das frisch gemahlene Weizenvollkornmehl in eine Schüssel geben, eine Vertiefung drücken und die in lauwarmer Buttermilch aufgelöste Hefe mit etwas Vollkornmehl zu einem dicklichen Brei verrühren. Mit etwas Mehl bestäuben und 15 Minuten gehen lassen.
Dann die leicht erwärmte Buttermilch und das Vollmeersalz dazugeben, zu einem Teig verarbeiten und gut durchkneten oder schlagen.
Mit feuchten Händen einen Kloß formen, die Schüssel mit etwas Mehl ausstreuen und den Teig hineinlegen. Mit Vollkornmehl bestäuben und zugedeckt ca. 45 Minuten gehen lassen.
Wenn sich das Teigvolumen verdoppelt hat, den Teig auf einer bemehlten Arbeitsfläche nochmals durchkneten, eine Rolle formen und in eine gefettete, bemehlte Kastenform (30 cm) legen. Mit Buttermilch bestreichen und mit Sesam bestreuen.
Zugedeckt nochmals angehen lassen.
In den vorgeheizten Ofen bei 220° C (2. Schiene von unten) geben und 35–40 Minuten backen.
Gleich aus der Form nehmen und auf einem Gitter auskühlen lassen. Wenn das Brot beim Anklopfen auf der Unterseite hohl klingt, ist es gar.

Erst am nächsten Tag anschneiden.

Dinkelbrötchen mit Zwiebeln

250 g Zwiebeln
4 EL Sonnenblumenöl, kaltgepreßt

Vorteig:
650 g Dinkelvollkornmehl
3/8 l Wasser
40 g Hefe

Hauptteig:
2 TL Kräutersalz
2 TL Kümmel

zum Bestreichen:
1 Ei

Zwiebeln grob würfeln, in Öl glasig dünsten und abkühlen lassen.

Frischgemahlenes Dinkelvollkornmehl in eine Schüssel geben, eine Vertiefung drücken und darin die in lauwarmem Wasser aufgelöste Hefe mit einem Teil des Mehls zu einem dicklichen Brei rühren.

Mit Mehl bestäubt 15 Minuten gehen lassen.

Zum gegangenen Teig das Salz, Kümmel und die abgekühlten Zwiebeln geben. Alles zu einem glatten Teig 5–10 Minuten kneten, mit Mehl bestäuben und ca. 30 Minuten gehen lassen.

Gegangenen Teig kurz durchkneten, in 16 Stücke teilen. Jedes Stück zu einem Brötchen formen und auf ein gefettetes, bemehltes Backblech legen.

Ei mit einer Gabel gut durchschlagen. Die leicht angegangenen Brötchen damit bestreichen.

Im vorgeheizten Ofen bei 250° C, mittlere Schiene, 15–20 Minuten backen.

Dreikornbrot (mit Spezial-Backferment)

300 g Hafer, ganz
1/2 l Wasser

Vorteig:
400 g Weizenvollkornmehl
1 gehäufter EL Grundansatz
1 gehäufter TL Backferment
1/2 l lauwarmes Wasser

Hauptteig:
600 g Weizenvollkornmehl
500 g Roggenvollkornmehl
300 g Leinsamen
2 gestrichene EL Vollmeersalz
3/8 l lauwarmes Wasser

Streumehl
Haferflocken

Die Arbeitsweise und die Backzeiten sind genau wie beim Weizenvollkornbrot (Seite 103).

Der Hafer wird mit 1/2 l kochendem Wasser überbrüht und muß ca. 12 Stunden quellen.

Dann wird der ungeschrotete Leinsamen in das restliche Einweichwasser gerührt. Nach kurzer Quellzeit Leinsamen und Hafer in den Hauptteig kneten.

Das Brotkörbchen, in das man das Brot zum letzten Gehen legt, wird statt mit Mehl mit Haferflocken ausgestreut.

Aufs Blech gestürzt, bleiben die Haferflocken auf dem Brot.

Es wird nur mit der Gabel einige Male ringsherum eingestochen und dann eingeschoben. Das Brot erst nach 2 Tagen anschneiden.

Ingwerbrot

100 g kaltgeschlagenes Sonnenblumenöl
200 g Honig
1/8 l saure Milch oder Joghurt
2 Eidotter
300 g Weizenvollkornmehl
2 EL Ingwer, gemahlen
1/2 gestrichener TL Cayennepfeffer
1 gestrichener TL Vollmeersalz

1 gehäufter TL doppelt kohlensaures Natron
3 EL Wasser

2 MS Vollmeersalz
2 Eiweiß

Öl, Honig, Sauermilch und Eidotter gut verrühren. Das frisch gemahlene Weizenvollkornmehl mit Ingwer, Cayennepfeffer und Vollmeersalz mischen und dazurühren. Das Natron in 3 EL Wasser auflösen und unter den Teig rühren. Mit Salz geschlagenen Eischnee unterheben.
In eine geölte, mit Bröseln versehene Kastenform (30 cm) füllen und bei 175° C 50–55 Minuten, 2. Schiene von unten, backen.
Erst etwas abkühlen lassen und dann aus der Form nehmen. 2 Tage durchziehen lassen.

Käsebrötchen

Zutaten und Teigzubereitung wie bei Käsesnacks (s. S. 110).

Den gegangenen Teig in 16 gleichgroße Teile schneiden, zu Brötchen wirken und auf ein gefettetes, bemehltes Backblech legen. Leicht angehen lassen, mit Milch bestreichen und mit Käse bestreuen.
Im vorgeheizten Ofen bei 225° C, mittlere Schiene, ca. 20 Minuten backen.

Kräuterbrot (Hefebrot)

Vorteig:
600 g Weizenvollkornmehl
1/4 l lauwarmes Wasser
30 g Hefe

Hauptteig:
50 g Butter
je 1 EL Petersilie, Dill, Schnittlauch
100 g Zwiebeln
1 Knoblauchzehe
1 TL Selleriesalz
1/8 l lauwarmes Wasser
200 g Schichtkäse

etwas Streumehl (Weizenvollkornmehl)

Das frisch gemahlene Weizenvollkornmehl in eine Schüssel geben, eine Vertiefung eindrücken und darin die in lauwarmem Wasser aufgelöste Hefe mit dem Mehl zu einem dicklichen Brei rühren. Mit Mehl bestäubt ca. 15 Minuten gehen lassen.
In der Butter die feingehackten Kräuter, Zwiebeln und Knoblauch andünsten und abkühlen lassen. Mit Selleriesalz, Wasser und Schichtkäse zum Vorteig geben. Den Teig gut durchschlagen und in der bemehlten Schüssel, mit etwas Mehl bestäubt, ca. 1 Stunde gehen lassen.
Auf einer bemehlten Arbeitsfläche nochmals kurz durchkneten, eine Rolle formen und in eine gefettete, bemehlte Kastenform legen und ca. 15 Minuten gehen lassen.
In den auf 220° C vorgeheizten Ofen auf die unterste Schiene einschieben, ca. 40 Minuten bei 220° C, 20 Minuten bei 180° C, 10 Minuten bei Nachhitze backen.
Zu Suppen oder Salaten mit Butter bestrichen sehr pikant.

Kümmel-Vollkornbrot (Sauerteig und Hefe)

Vorteig:
125 g Sauerteig (s. S. 84/85)
1/2 l lauwarmes Wasser
400 g Roggenvollkornmehl

Hauptteig:
800 g Roggenvollkornmehl
200 g Weizenvollkornmehl
4 EL Kümmel
3 TL Vollmeersalz
1/8 l Wasser + 40 g Hefe
1/2 l lauwarmes Wasser

ca. 100 g Streumehl (Weizenvollkornmehl)

Den Sauerteig in lauwarmem Wasser aufrühren und das frisch gemahlene Roggenvollkornmehl dazugeben. Zugedeckt bei 30–35° C ca. 12 Stunden gären lassen. Nach dieser Zeit ist eine starke Bläschenbildung zu sehen, wenn man den Teig etwas aufreißt.

125 g dieses Vorteigs wegnehmen, mit etwas Roggenvollkornmehl verkneten und für das nächste Brot in einem Glas kühl aufbewahren (ca. 8 Tage verwendungsfähig, siehe S. 82 f.).

Das frisch gemahlene Roggen- und Weizenvollkornmehl in einer Schüssel mit Kümmel und Vollmeersalz mischen, eine Vertiefung eindrücken und den Vorteig und die in 1/8 l lauwarmem Wasser angerührte Hefe dazugeben, von der Mitte aus mit dem Vollkornmehl vermengen.

Nach und nach das lauwarme Wasser zugeben und den Teig gut und kräftig mit den Händen kneten (10–15 Minuten), bis er geschmeidig ist und sich von der Schüssel löst.

Wenn er sich ganz von der Schüssel gelöst hat, herausnehmen, die Schüssel gut mit Vollkornmehl bestäuben, den Teig hineinlegen, mit Vollkornmehl bestäuben und zugedeckt an einem warmen Ort 1 1/2 bis 2 Stunden gehen lassen.

Wenn sich das Teigvolumen knapp verdoppelt hat, knetet man ihn auf einer bemehlten Arbeitsfläche nochmals durch, formt eine Kugel und legt sie mit dem Teigschluß nach oben in ein gut bemehltes gewärmtes Brotkörbchen. Noch einmal 30–60 Minuten zugedeckt an einem warmen Ort gehen lassen.
Den gegangenen Teig auf ein bemehltes Blech stürzen und mit dem Messer rautenförmig einritzen. In den auf 250° C vorgeheizten Ofen das Brot auf der untersten Schiene einschieben. 20 Minuten bei 250° C, 60 Minuten bei 190° C und 10 Minuten bei Nachhitze backen.
Auf einem Gitter 1 Tag auskühlen lassen, nach 2 Tagen anschneiden.
Die angegebene Menge ergibt ein ca. 2 kg schweres Brot.

Leinsamenbrötchen

50 g Leinsamen
1/8 l lauwarmes Wasser

Vorteig:
650 g Weizenvollkornmehl
1/4 l lauwarmes Wasser
40 g Hefe

Hauptteig:
100 g Butter
1 TL Vollmeersalz

Den ganzen Leinsamen in lauwarmem Wasser einweichen und ca. 15 Minuten quellen lassen. Das frisch gemahlene Weizenvollkornmehl in eine Schüssel geben, eine Vertiefung eindrücken und darin die in lauwarmem Wasser aufgelöste Hefe mit dem Mehl zu einem dicklichen Brei rühren. Mit Mehl bestäubt ca. 15 Minuten gehen lassen.

Die zerlassene, abgekühlte Butter, das Salz und den gequollenen Leinsamen dazugeben und den Teig gut durchkneten. Den fettglänzenden Teig ohne Mehl zugedeckt ca. 1 Stunde an einem warmen Ort gehen lassen. Den Teig auf einer Arbeitsfläche nochmals kurz durchkneten, eine Rolle formen und in 16 Teile schneiden.

Die Teiglinge rund formen und auf ein gefettetes Blech legen, mit dem Teigschluß nach unten. Mit einem Tuch bedeckt ca. 15 Minuten gehen lassen. In den auf 220° C vorgeheizten Ofen auf die mittlere Schiene einschieben. Etwa 35–40 Minuten backen.

Leinsamenbrot (Hefebrot)

100 g Leinsamen, im ganzen
1/8 l Wasser

Vorteig:
500 g frisch gemahlenes Weizenvollkornmehl
30 g Hefe
1/8 l Wasser

Hauptteig:
1/4 l Joghurt
1 gehäufter TL Vollmeersalz

Streumehl

Den Leinsamen in warmem Wasser 15 Minuten einweichen.
Das Weizenvollkornmehl in eine Schüssel geben, eine Vertiefung drükken und darin die mit lauwarmem Wasser verrührte Hefe zu einem dicklichen Brei verrühren. Mit etwas Vollkornmehl überstäuben und ca. 10 Minuten gehen lassen.
Dann das leicht erwärmte Joghurt, den gequollenen Leinsamen und das Vollmeersalz dazugeben und den Teig schlagen, bis er Blasen wirft. Mit feuchten Händen eine Kugel formen, die Schüssel mit etwas Vollkornmehl ausstreuen und den Teig wieder hineingeben. Leicht mit Vollkornmehl bestäuben und zugedeckt 45 Minuten gehen lassen.
Wenn er sich verdoppelt hat, auf einer bemehlten Arbeitsfläche nochmals durchkneten. Eine Rolle formen und in eine gefettete, bemehlte Kastenform (30 cm) legen. Mit einem scharfen Messer rautenförmig einschneiden und nochmals zugedeckt 15 Minuten gehen lassen.
In die vorgeheizte Röhre schieben (2. Schiene von unten) und bei 220° C ca. 35–40 Minuten backen. Herausnehmen, mit kaltem Wasser bepinseln und auf einem Gitter 1 Tag auskühlen lassen.

Wenn das Brot beim Anklopfen auf der Unterseite hohl klingt, ist es gar.

Milchsemmeln express

Vorteig:
600 g Weizenvollkornmehl
1/4 l Milch
40 g Hefe

Hauptteig:
1/4 l Milch
1 TL Vollmeersalz

Frischgemahlenes Weizenvollkornmehl in eine Schüssel geben, eine Vertiefung drücken und darin die in lauwarmer Milch aufgelöste Hefe mit einem Teil des Mehls zu einem dicklichen Brei verrühren. Mit Mehl bestäubt ca. 10 Minuten gehen lassen.
Salz in Milch verrührt zum gegangenen Vorteig geben und diesen 5–10 Minuten durchkneten. Mit Mehl bestäubt und zugedeckt 30 Minuten gehen lassen.
Auf bemehlter Arbeitsfläche aus dem Teig eine Rolle wirken. Diese in 16 Teile schneiden und Teiglinge auf ein gefettetes, bemehltes Backblech legen.
Kurz angehen lassen.
Im vorgeheizten Ofen bei 250° C, mittlere Schiene, 15 Minuten backen.

Quark-Gewürzbrot (Hefe)

Vorteig:
1 400 g Weizenvollkornmehl
1/4 l Wasser
120 g Hefe

Hauptteig:
1/2 l Wasser
2 EL Vollmeersalz
2 EL Koriander, ganz
oder:
1 EL Kümmel, ganz
1 TL Anis, ganz
1 TL Fenchel, ganz
500 g Schichtkäse

100 g Streumehl (Weizenvollkornmehl)

Das frisch gemahlene Weizenvollkornmehl in eine Schüssel geben, eine Vertiefung drücken und darin die in warmem Wasser aufgelöste Hefe mit dem Mehl zu einem dicklichen Brei verrühren. Mit Mehl bestäubt ca. 15 Minuten gehen lassen.
Nun das Vollmeersalz in lauwarmem Wasser auflösen und mit den Gewürzen und dem Schichtkäse zum gegangenen Vorteig geben. Alles gut verrühren und ca. 10 Minuten durchkneten. In der bemehlten Schüssel mit einem Tuch bedeckt ca. 45 Minuten gehen lassen.
Den Teig nochmals durchkneten und in ein bemehltes, leicht gewärmtes Brotkörbchen legen, den Teigschluß nach oben. Mit einem Tuch bedeckt nochmals 15 Minuten gehen lassen.
Auf ein bemehltes Blech stürzen, kreuzweise leicht einschneiden oder mit der Gabel ringsherum einige Male einstechen und in den auf 250° C vorgeheizten Backofen, unterste Schiene, einschieben.
20 Minuten bei 250° C, 60 Minuten bei 190° C und 20 Minuten bei Nachhitze backen.
Das Brot auf einem Gitter auskühlen lassen und erst nach 2 Tagen anschneiden.

Quarkvollkornbrot (mit Spezial-Backferment)

Vorteig:
400 g Weizenvollkornmehl
1 gehäufter EL Grundansatz (50 g)
1 gehäufter TL Backferment (6 g)
1/2 l lauwarmes Wasser

Hauptteig:
900 g Weizenvollkornmehl
knapp 1/4 l lauwarmes Wasser
500 g Schichtkäse
2 EL Vollmeersalz
2 gehäufte EL Koriander

ca. 100 g Streumehl (Weizenvollkornmehl)

Die Arbeitsweise und die Backzeiten sind genau wie beim Weizenvollkornbrot (Seite 103).
Der Schichtkäse wird gut eingeknetet. Das Quarkbrot stürzt man vom Korb auf das Blech. Die bemehlte Oberfläche ritzt man kreuzweise mit einem scharfen Messer ein.
Das fertige Brot wiegt ca. 2 1/4 kg.

Roggenvollkornbrot (mit Spezial-Backferment)

Vorteig:
400 g Roggenvollkornmehl
1/2 l lauwarmes Wasser
1 gehäufter EL Grundansatz (50 g)
1 gehäufter TL Backferment (6 g)

Hauptteig:
600 g Roggenvollkornmehl
400 g Weizenvollkornmehl
4 leicht gehäufte TL Vollmeersalz
5/8 l lauwarmes Wasser

nach Belieben:
2 TL Anis, ganz
2 TL Fenchel, ganz
2 TL Cardamom, gemahlen
2 TL Kümmel, ganz
2 TL Koriander, ganz

ca. 100 g Weizenvollkornmehl als Streumehl

Die Arbeitsweise und die Backzeiten sind genau wie beim Weizenvollkornbrot (Seite 103). Das Roggenbrot ist etwas dunkler und fester, jedoch im Geschmack noch herzhafter.
Ergibt ca. 2 kg Brot.

Sonnenblumenbrot (mit Spezial-Backferment)

Vorteig:
400 g Roggenvollkornmehl
1/2 l lauwarmes Wasser
1 gehäufter EL Grundansatz (50 g)
1 gehäufter TL Backferment (6 g)

Hauptteig:
1 000 g Weizenvollkornmehl
gut 1/2 l lauwarmes Wasser
2 EL Vollmehrsalz
250 g Sonnenblumenkerne (enthülst)

Die Arbeitsweise und die Backzeiten sind genau wie beim Weizenvollkornbrot mit Spezial-Backferment (Seite 103).

Die Sonnenblumenkerne werden eingeknetet.

Das Brot wird mit bemehlter Oberfläche, nur mit der Gabel eingestochen, gebacken und nach dem Backen auch nicht mit Wasser bestrichen.

Vollkornbrötchen

Vorteig:
600 g Weizenvollkornmehl
3/8 l Wasser
40 g Hefe

Hauptteig:
3 EL Sonnenblumenöl, kaltgepreßt
1 TL Vollmeersalz

zum Verzieren:
1 Ei
1 EL Mohn
1 EL Sesam
1 EL Kümmel

Das frischgemahlene Weizenvollkornmehl in eine Schüssel geben, eine Vertiefung drücken und darin die in lauwarmem Wasser aufgelöste Hefe mit etwas Mehl zu einem dicklichen Brei verrühren. Mit Mehl bestäubt ca. 15 Minuten gehen lassen.
Öl und Salz zum gegangenen Vorteig geben. Teig nun 5–10 Minuten gut durchkneten, bis er nicht mehr klebt und sich gut von der Schüssel löst. Zugedeckt ca. 30 Minuten gehen lassen.
Wenn sich das Teigvolumen verdoppelt hat, Teig nochmals kurz durchkneten und in 20 möglichst gleichgroße Stücke teilen.
Die Teigstücke rundformen und mit dem Teigschluß nach unten auf ein leicht gefettetes Backblech setzen.
Ei mit einer Gabel gut durchschlagen und mit einem Pinsel die Brötchen bestreichen. Mit Mohn, Sesam und Kümmel abwechselnd bestreuen. Noch einige Minuten angehen lassen.
Im vorgeheizten Ofen bei 250° C, mittlere Schiene, 10–15 Minuten backen. Herd dann ausschalten und noch einige Minuten im heißen Ofen weiterbacken. Auf einem Gitter auskühlen lassen.

Vollkorn-Toastbrot (Hefe)

Vorteig:
450 g Weizenvollkornmehl
30 g Hefe
1/8 l Milch

Hauptteig:
1/8 l Milch
30 g Butter
1 gestrichener EL Honig
1 gestrichener TL Vollmeersalz
1 Ei

etwas Streumehl

Das frisch gemahlene Weizenvollkornmehl in eine Schüssel geben, eine Vertiefung drücken und die mit lauwarmer Milch angerührte Hefe darin zu einem dicklichen Brei rühren. Mit etwas Mehl bestäuben und ca. 10 Minuten gehen lassen.
In der lauwarmen Milch die Butter, Honig und Vollmeersalz verrühren und zum gegangenen Vorteig rühren. Das Ei mit der Gabel schlagen (1/3 zum Bestreichen zurücklassen) und ebenfalls dazugeben. Alles gut vermengen und den Teig ca. 5–10 Minuten mit feuchten Händen kneten.
Den sehr lockeren Teig mit feuchten Händen zu einer Kugel formen. Die Schüssel mit Mehl bestreuen und den Teig wieder hineinlegen, ebenfalls mit Mehl bestäuben und 30–45 Minuten zugedeckt gehen lassen.
Wenn sich das Teigvolumen verdoppelt hat, auf einer bemehlten Arbeitsfläche gut durchkneten, zu einer Rolle formen und in eine gefettete und bemehlte Kastenform (30 cm) geben. Nochmals zugedeckt 15 Minuten gehen lassen. Mit dem restlichen Ei bestreichen.
Bei 220° C (unterste Schiene) 25 Minuten backen.
Gleich aus der Form nehmen und auf einem Gitter auskühlen lassen.

Wenn das Brot beim Anklopfen auf der Unterseite hohl klingt, ist es gar. Das Brot erst am nächsten Tag aufschneiden.

Walliser Nußbrot (mit Spezial-Backferment)

Vorteig:
400 g Roggenvollkornmehl
1/2 l lauwarmes Wasser
1 gehäufter EL Grundansatz (50 g)
1 gehäufter TL Backferment (6 g)

Hauptteig:
400 g Roggenvollkornmehl
800 g Weizenvollkornmehl
2 gestrichene EL Vollmeersalz
200 g Walnußkerne
3/4 l lauwarmes Wasser

ca. 100 g Weizenvollkornmehl als Streumehl

Die Arbeitsweise und die Backzeiten sind genau wie beim Weizenvollkornbrot mit Spezial-Backferment (Seite 103).

Die Walnußkerne werden grob zerkleinert eingeknetet. Das Brot wird vor dem Einschieben in den Ofen mit einem scharfen Messer ca. 1/2 cm tief kreuzweise eingeschnitten. Es wird mit bemehlter Oberfläche gebacken und auch nach dem Backen nicht mit Wasser bestrichen.

Weizenvollkornbrot (mit Spezial-Backferment)

Vorteig:
400 g Weizenvollkornmehl
1/2 l Wasser
1 gehäufter EL Grundansatz (50 g)
1 gehäufter TL Backferment (6 g)

Hauptteig:
1 000 g Weizenvollkornmehl
1/2 l Wasser
4 leicht gehäufte TL Vollmeersalz

nach Belieben:
2 TL Anis, gemahlen
2 TL Fenchel, gemahlen
1 TL Cardamom, gemahlen
2 TL Kümmel, ganz
2 TL Koriander, ganz

ca. 100 g Weizenvollkornmehl als Streumehl

Der Grundansatz und das Ferment werden mit dem lauwarmen Wasser klümpchenfrei verrührt. Dann fügt man das frisch gemahlene Weizenvollkornmehl dazu und vermengt alles gut.

Diesen Teigansatz läßt man in einer ausreichend großen Schüssel bei ca. 20° C Raumtemperatur stehen. Er muß so abgedeckt werden, daß die Oberfläche nicht abtrocknet.

Der Teig muß mindestens 12 Stunden stehen, und es schadet nichts, wenn er 20 Stunden und mehr steht. In diesem Fall muß man mit einer stärkeren Säuerung rechnen.

Nun wird der Hauptteig bereitet. In eine große Schüssel gibt man das frisch gemahlene Weizenvollkornmehl, vermengt es mit Gewürzen und Salz (Fenchel, Anis und Cardamon können unter den Weizen gemischt in der Mühle mitgemahlen werden) und drückt eine Vertiefung in die Mitte. Dahin gibt man den Vorteig und vermengt diesen von der Mitte aus mit Weizenvollkornmehl. Das Wasser wird nach und nach zugegeben. Der Teig wird nun ca. 10 Minuten lang mit den Händen kräftig geknetet.

In die Schüssel etwas Mehl streuen, den Teig hineingeben, mit etwas

Mehl bestäuben und abgedeckt 1-1 1/2 Stunden warm (30–35° C) stellen. Es muß sich eine gute Lockerung des Teiges zeigen, das Teigvolumen nimmt ca. um die Hälfte zu.

Nun wird der Teig nochmals kurz durchgeknetet. In einem gut bemehlten Brotkörbchen oder in einer anderen Form mit dem Teigschluß nach oben nochmals ca. 30–50 Minuten gehen lassen, mit Mehl bestäubt und mit einem Tuch abgedeckt. Zeigen sich kleine Risse an der Oberfläche, ist das Brot gerade richtig zum Einschieben.

Brote mit richtiger Gare sind leicht gewölbt, übergare fallen an der Oberfläche leicht ein.

Nun stürzt man das Brot auf das leicht gefettete Blech und schiebt es mit bemehlter Oberfläche ein. Man kann es mit lauwarmem Wasser abstreichen und mit Kümmel, den man leicht andrückt, bestreuen. In beiden Fällen sticht man ringsherum mit der Gabel etwas ein. In den auf 250° C vorgeheizten Ofen schiebt man das Brot auf der untersten Schiene ein.

Man backt 20 Minuten bei 250° C Hitze, 60 Minuten bei 190° C und 10 Minuten bei Nachhitze.

Das Brot herausnehmen und, wenn Glanz erwünscht ist, mit kaltem Wasser abstreichen. Auf einem Gitter 24

Stunden auskühlen lassen. In einem Leinensäckchen oder Leinengeschirrtuch einige Tage kühl lagern.

Zwiebelbrot

Vorteig:
800 g Weizenvollkornmehl
1/4 l lauwarmes Wasser
40 g Hefe

Hauptteig:
300 g Zwiebeln
20 g Butter
3 gehäufte TL Vollmeersalz
1/4 l lauwarmes Wasser
1 Ei

etwas Streumehl

Das frisch gemahlene Weizenvollkornmehl in eine Schüssel geben, eine Vertiefung eindrücken und die in lauwarmem Wasser aufgelöste Hefe mit etwas Mehl zu einem dicklichen Brei verrühren. Mit Mehl bestäuben und ca. 15 Minuten gehen lassen.

Inzwischen die Zwiebeln grobwürflig schneiden (1/2 cm breit) und in Butter glasig dünsten. Etwas abkühlen lassen.

Zu dem gegangenen Vorteig das lauwarme Wasser, in dem das Vollmeersalz aufgelöst wurde, langsam einrühren, die Zwiebeln dazugeben und den Teig glattkneten. In der bemehlten Schüssel den Teig 30–45 Minuten gehen lassen.

Wenn sich das Teigvolumen verdoppelt hat, knetet man ihn auf einer bemehlten Arbeitsfläche nochmals durch, schneidet ihn in 3 Teile und wirkt aus jedem Teil eine Rolle, die man mit gutem Abstand aufs gefettete, bemehlte Blech legt. Mit einer Schere schneidet man das Brot beidseitig alle 5 cm ca. 2 cm tief schräg ein und läßt es zugedeckt ca. 15 Minuten

gehen. Mit verquirltem Ei bestreichen und bei 220° C ca. 40 Minuten, mittlere Schiene, backen.
Das Brot ist gar, wenn es beim Anklopfen der Unterseite hohl klingt. Es schmeckt herrlich zu Suppe, Abendbrot oder Imbiß.

Gebäck

Aniszopf

Vorteig:
900 g Weizenvollkornmehl
1/4 l Milch
50 g Hefe

Hauptteig:
1/4 l Milch
3 gestrichene EL Honig
1 gestrichener EL Vollmeersalz
3 gehäufte EL Anis, im ganzen

ca. 100 g Streumehl
1/2 Ei
1 EL Mohn

Das frisch gemahlene Weizenvollkornmehl in eine Schüssel geben, eine Vertiefung drücken und die mit lauwarmer Milch verrührte Hefe darin mit etwas Weizenvollkornmehl zu einem dicklichen Brei rühren. Mit etwas Weizenvollkornmehl bedecken und 10 Minuten gehen lassen.
In der lauwarmen Milch den Honig und das Vollmeersalz verrühren und mit dem Anis zum Vorteig geben, zu einem glatten Teig verarbeiten. Gut durchkneten, mit Weizenvollkornmehl bestäubt 30–45 Minuten gehen lassen. Wenn sich der Teig verdoppelt hat, auf einer bemehlten Arbeitsfläche durchkneten, in 3 Teile teilen und aus jedem Teil eine ca. 50 cm lange Rolle wirken.
Auf dem gefetteten Blech einen Zopf flechten, die Enden mit etwas Wasser zusammenkleben und 10 Minuten

gehen lassen. Mit verquirltem Ei bestreichen und mit Mohn bestreuen. Mit 1 Tasse kochendem Wasser für 15 Minuten in den vorgeheizten Backofen schieben. Bei 220° C auf der untersten Schiene ca. 30–35 Minuten backen.
Mit Butter köstlich zum Frühstück.

Baguette Normandie

Vorteig:
650 g Weizenvollkornmehl
1/8 l lauwarmes Wasser
30 g Hefe

Hauptteig:
3/8 l lauwarmes Wasser
oder Milch oder Buttermilch
1 gestrichener EL Vollmeersalz

Streumehl

Das frischgemahlene Weizenvollkornmehl in eine Schüssel geben, eine Vertiefung drücken und darin die im lauwarmen Wasser verrührte Hefe mit einem Teil des Mehles zu einem dicklichen Brei verrühren. Mit Mehl bestäubt 15 Minuten gehen lassen.
Das Vollmeersalz in Wasser oder Milch oder Buttermilch auflösen und zum gegangenen Teig geben. Alles verrühren und den Teig 10 Minuten gut kneten. Wenn der Teig an den Händen klebt, diese öfters in lauwarmes Wasser tauchen und weiterkneten. Den lockeren Teig ringsherum mit Mehl bestäubt 30–45 Minuten gehen lassen. Danach Teig nochmals zusammenkneten und abermals gehen lassen.
Den gegangenen Teig erneut durchkneten, in drei Stücke schneiden und aus jedem Stück eine backblechlange Rolle auswirken. Diese Rollen, mit ei-

nem Tuch bedeckt, 15 Minuten gehen lassen. Danach die Rollen wenden und auf ein gefettetes, bemehltes Backblech heben.
Jede Rolle mit einem scharfen Messer 5–6mal 1/2 cm tief schräg einschneiden. In dem auf 220° C vorgeheizten Ofen 25 Minuten auf der untersten Schiene backen.
Frisch gebacken, leicht abgekühlt, schmecken Baguettes am besten.

Bayerische Bierstangen

500 g Weizenvollkornmehl
2 TL Vollmeersalz
2 TL Backpulver
60 g Hefe
3/8 l lauwarmes Wasser
1 Ei
Salz
Kümmel

Das frisch gemahlene Weizenvollkornmehl in einer Schüssel mit Vollmeersalz und Backpulver mischen, in die Mitte eine Vertiefung drücken und die in etwas Wasser aufgelöste Hefe hineingießen. Mit etwas Weizenvollkornmehl verrühren und leicht abdecken, 10 Minuten gehen lassen. Nach und nach das Wasser dazugeben und gut unterarbeiten.
Wenn sich der Teig von der Schüssel löst, auf eine mit Weizenvollkornmehl bestäubte Arbeitsfläche geben und eine Rolle formen. Die eine Hälfte des Teigs in 10 Stücke schneiden, 10 Minuten gehen lassen. Von jedem Stücke eine ca. 30 cm lange Stange rollen, nebeneinander hinlegen und mit dem Pinsel das verquirlte Ei aufstreichen, mit Salz und Kümmel be-

streuen. Auf das gefettete Blech legen, in den vorgeheizten Ofen, mittlere Schiene, schieben und bei 225° C ca. 25 Minuten backen; auf einem Gitter auskühlen lassen. Mit der 2. Hälfte verfährt man ebenso.
Ergibt 2 Bleche mit je 10 Bierstangen. Zu Bier, Wein oder auch zum Salatteller schmecken sie vorzüglich.

Käsegebäck

200 g Emmentaler oder Gouda, mittelalt
200 g Butter
250 g Weizenvollkornmehl
1/2 TL Vollmeersalz

ca. 30 g Streumehl
2 Eidotter
2 TL Milch
Kümmel
Paprika
halbe abgeschälte Mandeln

Über das frisch gemahlene Weizenvollkornmehl streut man den geriebenen Käse und das Vollmeersalz und schneidet die kalte Butter darüber. Alles rasch zusammenkneten und 30 Minuten kühl stellen.
Auf einer bemehlten Arbeitsfläche walkt man den Teig aus, am besten in kleinen Partien.
Mit dem Rädchen in kleine Rauten teilen, Eidotter und Milch verrühren, die Rauten damit bestreichen, mit Kümmel oder Paprika bestreuen und auf das Backblech legen.
Aus den Teigrändern macht man kleine Kugeln, drückt sie etwas flach, bestreicht sie mit Eidotter und legt eine Mandel in die Mitte.
Bei 180° C, mittlere Schiene, 15–20 Minuten backen; auf dem Blech auskühlen lassen, da sie sehr zerbrechlich sind.
Die Menge ergibt 2 Bleche Gebäck.

Frisch gebacken schmeckt es sehr gut zu Bier und Wein.
Es läßt sich sehr gut einfrieren und ist bei Bedarf in der Röhre schnell aufgetaut.

Käsesnacks

Vorteig:
500 g Weizenvollkornmehl
1/8 l Wasser
30 g Hefe

Hauptteig:
1/4 l Milch
30 g Butter
2 TL Vollmeersalz
150 g Emmentaler

2 EL Milch
50 g Emmentaler

Das frisch gemahlene Weizenvollkornmehl in eine Schüssel geben, eine Vertiefung drücken und darin die in lauwarmem Wasser aufgelöste Hefe mit etwas Weizenvollkornmehl zu einem dicklichen Brei verrühren. Mit etwas Weizenvollkornmehl bedecken und 10 Minuten gehen lassen.
In der lauwarmen Milch die Butter zergehen lassen. Vollmeersalz dazugeben und an den Vorteig rühren. Den geriebenen Emmentaler darüberstreuen und alles zu einem glatten Teig kneten. In der bemehlten Schüssel ca. 30–45 Minuten gehen lassen.
Wenn sich der Teig verdoppelt hat, auf einer bemehlten Arbeitsfläche kurz durchkneten, in 3 Teile schneiden und davon 3 backblechlange Rollen wirken. Auf das gefettete bemehlte Blech legen und zugedeckt 10 Minuten gehen lassen.
Mit Milch bestreichen, mit geriebenem Käse bestreuen und schräg einschneiden, jede Rolle ca. 10mal. Die

Schnitte ziemlich tief machen, so daß die fertigen Snacks stückweise abgebrochen werden können.
Bei 225° C ca. 25 Minuten auf der untersten Schiene backen.
Die Snacks sind mit und ohne Butter, zur Suppe oder zum Salatteller gereicht, eine feine Zugabe.
Sie können eingefroren werden und sind in der Röhre gleich wieder aufgetaut und frisch.

Roggenvollkornsticks

300 g Roggenvollkornmehl
1 TL Vollmeersalz
1/8 l Wasser
125 g Butter

1 Eidotter
1 TL Milch
Sesam
Kümmel
Mohn

Das frisch gemahlene Roggenvollkornmehl mit dem Vollmeersalz mischen, das Wasser von der Mitte aus einrühren, die kalte Butter darüberschneiden und alles gut zusammenkneten. 1 Stunde ruhen lassen.
Eine lange Rolle formen und mit dem Messer in ca. 50 Teile schneiden. Von jedem Teil eine kleine Kugel drehen und dann zwischen den Händen in kleine Rollen formen, in der Mitte dicker, am Rand dünner werdend, ca. 10–12 cm lang. Alle eng aneinander auf die Arbeitsplatte legen.
1 Eidotter und 1 TL Milch verrühren und mit dem Pinsel über die Röllchen streichen. Nun je 1/3 mit Sesam, Kümmel und Mohn bestreuen.
Auf das gefettete Blech legen. Sie dürfen eng gelegt werden, da sie nicht

aufgehen; sie passen alle auf ein Blech.
In den vorgeheizten Ofen, mittlere Schiene, schieben und bei 200° C ca. 25 Minuten backen. Wenn die Spitzen braun werden, herausnehmen.
Sie schmecken zu Bier und Wein sehr gut, lassen sich auch gut einfrieren und sind bei Bedarf in der Röhre sofort wieder frisch.
Ergibt ca. 50 Stück.

Schusterbuben und Kümmelringe

Vorteig:
300 g Weizenvollkornmehl
250 g Roggenvollkornmehl
1/8 l lauwarmes Wasser
40 g Hefe

Hauptteig:
1/4 l lauwarmes Wasser
1 TL Vollmeersalz

etwas Streumehl (Weizenvollkornmehl)

zum Bestreuen:
Vollmeersalz
Kümmel

Das frisch gemahlene Weizen- und Roggenvollkornmehl in einer Schüssel mischen, eine Vertiefung drücken und darin die in lauwarmem Wasser aufgelöste Hefe mit etwas Mehl zu einem dicklichen Brei rühren. Mit Mehl bestäubt ca. 15 Minuten gehen lassen.
Das Vollmeersalz im lauwarmen Wasser auflösen und zu dem gegangenen Vorteig rühren. Den Teig 5–10 Minuten gut durchkneten, bis er sich gut von der Schüssel löst. In einer bemehlten Schüssel zugedeckt 30–45 Minuten an einem warmen Ort gehen lassen.
Wenn sich das Teigvolumen ungefähr verdoppelt hat, knetet man den Teig auf einer bemehlten Arbeitsfläche kurz durch, formt eine Rolle und schneidet diese in 15 Teile.

Die Teigstücke wirkt man rund und legt sie mit dem Teigschluß nach unten auf ein gefettetes Backblech.
Für die Kümmelringe legt man die rund geformten Teigstücke auf eine leicht bemehlte Arbeitsfläche, läßt sie 5 Minuten angehen und drückt sie mit der Hand wieder leicht flach.
Mit einem dicken, bemehlten Kochlöffel drückt man in die Mitte ein Loch und weitet dieses durch leichtes Rotieren auf ca. 3 cm aus. Die Ringe auch auf das Backblech legen und mit einem angewärmten Tuch bedeckt ca. 20 Minuten gehen lassen.
Die gut gegangenen Wecken und Ringe mit lauwarmem Wasser bestreichen und mit Vollmeersalz und Kümmel bestreuen.
In den auf 225° C vorgeheizten Backofen, mittlere Schiene, schieben.
Nach ca. 30 Minuten sind die Brötchen gar.

Sesamringe

Vorteig:
500 g Weizenvollkornmehl
1/4 l Wasser
60 g Hefe

Hauptteig:
1/8 l Milch
4 EL Olivenöl, kaltgepreßt
2 TL Vollmeersalz

zum Verzieren:
4 EL Milch
6 EL Sesam

Das frischgemahlene Weizenvollkornmehl in eine Schüssel geben, eine Vertiefung drücken und darin die in lauwarmem Wasser aufgelöste Hefe mit Mehl zu einem dicklichen Brei rühren. Mit etwas Mehl bedeckt ca. 15 Minuten gehen lassen.
Milch mit Öl und Salz verrühren, zum gegangenen Vorteig geben und alles 5–10 Minuten zu einem glatten Teig kneten. Den lockeren Teig bemehlen und 45 Minuten gehen lassen.
Wenn sich der Teig verdoppelt hat, auf einer bemehlten Arbeitsfläche kurz durchkneten und in 12 Teile schneiden. Aus jedem Teigstück eine Rolle wirken und zu einem Ring zusammenfügen. 6 Ringe passen auf ein gefettetes, bemehltes Backblech.
Ringe mit Milch bestreichen und dicht mit Sesam bestreuen.
Im vorgeheizten Ofen bei 250° C, unterste Schiene, 12–15 Minuten backen.

Tiroler Ostergebäck

Vorteig:
900 g Weizenvollkornmehl
1/4 l Milch
60 g Hefe

Hauptteig:
1/4 l Milch
90 g Butter
120 g Honig
1 TL Vollmeersalz
200 g Rosinen, ungeschwefelt

1 Ei

etwas Streumehl (Weizenvollkornmehl)

In das frisch gemahlene Weizenvollkornmehl eine Vertiefung drücken und die mit lauwarmer Milch angerührte Hefe zu einem dicklichen Brei verrühren, mit etwas Mehl abdecken und ca. 10 Minuten gehen lassen.
In der warmen Milch die Butter, den Honig und das Vollmeersalz verrühren und langsam zu dem gegangenen Vorteig rühren, die Rosinen dazugeben, gut schlagen oder kneten.
Der Teig muß noch sehr locker sein, da er noch anzieht. Die Schüssel und den Teig mit Vollkornmehl bestäuben und 30–40 Minuten gehen lassen. Das Teigvolumen hat sich ungefähr verdoppelt.
Den Teig auf einer leicht bemehlten Arbeitsfläche nochmals kurz durchkneten, zu einer Rolle formen und in ca. 30 Teigstücke teilen. Aus den Teigstücken formt man nun verschiedene Gebäcke, läßt sie 10 Minuten gehen, legt sie auf ein gefettetes Blech und bestreicht sie mit verquirltem Ei und bäckt sie bei 225° C ca. 20 Minuten im vorgeheizten Ofen, mittlere Schiene.
Die ca. 30 Teigstücke passen auf 2 Backbleche.
Rosenbrötchen: Von den Teigstücken formt man eine Kugel, drückt sie mit der Hand flach, schlägt die Ränder ro-

senblütenartig ein und läßt sie umgedreht gehen. Danach dreht man sie nach oben und bestreicht sie mit Ei.

Rosinenstängchen: Die Teigstücke in ca. 15 cm lange Stangen rollen, gehen lassen und mit einem scharfen Messer einmal der Länge nach aufschneiden. Aufs Blech legen und mit Ei bestreichen.

Schneckenhäuschen: Die Teigstücke zu ca. 40 cm langen Rollen auslängen, locker zu einer Schnecke aufrollen und in der Mitte von unten etwas hochdrücken. Gehen lassen, aufs Blech legen und mit Ei bestreichen.

Rosinenhörnchen: Die Teigstücke zu ca. 15 cm langen Rollen auslängen, in der Mitte dicker, an den Enden dünner werdend und halbmondförmig einlegen, gehen lassen, aufs Blech legen und mit Ei bestreichen.

Rosinenzöpfchen: Die Teigstücke zu ca. 30 cm langen Rollen auslängen, in der Mitte knicken und spiralenförmig umeinanderdrehen. Gehen lassen, aufs Blech legen und mit Ei bestreichen.

Das Gebäck wird nicht nur zur Osterzeit von den Kindern gern gegessen, sondern schmeckt auch gut zum Frühstück und in der Pause.

Es läßt sich, leicht abgekühlt, gut einfrieren.

Variation:
Hefezopf
Bei 190° C, unterste Schiene, 35–40 Minuten backen.

Statt Kleingebäck zu formen, kann man aus dem ganzen Teig auch einen Zopf drehen oder flechten. Mit Ei bestreichen und gehackten Mandeln bestreuen.

Vollkornallerlei für den Brotkorb

Vorteig:
1 000 g Weizenvollkornmehl
1/8 l lauwarme Milch
60 g Hefe

Hauptteig:
1/2 l lauwarme Milch
1 gehäufter TL Vollmeersalz

1 Ei
Kümmel, Sesam, Mohn, Anis

etwas Streumehl (Weizenvollkornmehl)

Das frisch gemahlene Weizenvollkornmehl in eine große Schüssel geben, in die Mitte eine Vertiefung drücken und die in 1/8 l lauwarme Milch aufgelöste Hefe hineingeben. Mit etwas Weizenvollkornmehl zu einem dicklichen Brei verrühren und leicht mit Vollkornmehl bedecken.
Nach 10 Minuten ist die Hefe gegangen. Nun das Vollmeersalz darüberstreuen und langsam unter Rühren die übrige lauwarme Milch dazugießen. Alles gut zusammenkneten, bis sich der Teig von der Schüssel löst. Der Teig soll eher zu locker als zu fest sein, da das Vollkornmehl noch anzieht. In die leicht bemehlte Schüssel legen und 1/2 Stunde gehen lassen.
Der Teig hat sich nun verdoppelt und wird nochmals fest durchgeknetet, zu einer Rolle geformt und in kleine Teigstücke geschnitten, ca. 28 Stück.
Aus den Teigstücken formt man nun verschiedene Gebäcke, legt sie auf ein leicht gefettetes Blech, läßt sie 10 Minuten gehen und bäckt sie bei

225° C, mittlere Schiene, 20–25 Minuten.
Kronensemmeln: Die Teigstücke werden zu runden Brötchen geformt, mit dem Teigschluß nach unten auf ein leicht gefettetes Blech gelegt, mit verquirltem Ei bestrichen und mit einer Schere sternförmig eingeschnitten. Die Sternecken in der Mitte etwas hochziehen.
Kümmelstangen: Die Teigstücke auswalken, zu Quadraten schneiden und übereck zusammenrollen. Mit verquirltem Ei bestreichen und mit Kümmel bestreuen.
Mohnzöpfle: Die Teigstücke zu ca. 30 cm langen Rollen auslängen, in der Mitte knicken und spiralenförmig umeinanderdrehen. Mit verquirltem Ei bestreichen und mit Mohn bestreuen.
Mohnkränzchen: Die Teigstücke zu ca. 50 cm langen Rollen auslängen, in 3 Teile schneiden, einen Zopf flechten, ringförmig zusammenfügen, mit Ei bestreichen und mit Mohn bestreuen.
Anishörnchen: Die Teigstücke auswalken, zu Quadraten schneiden, übereck zusammenrollen und zu Hörnchen biegen. Mit verquirltem Ei bestreichen und mit zerstoßenem Anis bestreuen.
Sesamschnecken: Die Teigstücke zu ca.

30 cm langen Rollen auslängen, nebeneinanderlegen, mit verquirltem Ei bestreichen und mit Sesam bestreuen. Zu Schnecken aufrollen und in der Mitte von unten etwas hochdrücken.
Die Brötchen können leicht abgekühlt eingefroren werden und sind bei Bedarf im Backofen bei 150° C gleich aufgetaut.

Windbeutel (Brandteig)

1/4 l Wasser
2 MS Vollmeersalz
70 g Butter
150 g Weizenvollkornmehl

3 große oder 4 kleine Eier
1 gestrichener TL Backpulver

Das Wasser mit Butter und Salz aufkochen, von der Kochstelle nehmen und das frisch gemahlene Weizenvollkornmehl auf einmal in die Flüssigkeit schütten. Nun alles rasch zusammenrühren, bis die Masse sich als Kloß geformt hat.
Nun wieder auf die Kochstelle und den Kloß noch 1 Minute rühren, bis der Topfboden mit einer dünnen Teigschicht bedeckt ist. Den Teig etwas abkühlen lassen und ein Ei nach dem anderen sehr gut unter den Teig rühren, bis er stark glänzt. Gibt man zuviel Eier an den Teig, zerlaufen die Windbeutel.
Zum Schluß gibt man das Backpulver dazu.
Mit zwei Teelöffeln auf ein gefettetes, bemehltes Blech walnußgroße Häufchen setzen. Die Menge ergibt 28–30 Stück, die auf ein normales Backblech passen.

Für festliche Anlässe kann der Teig auch in den Spritzbeutel gefüllt und in verschiedene Größen auf das Blech gespritzt werden.
In den gut vorgeheizten Backofen geben und bei 200° C ca. 25–30 Minuten backen (2. Schiene von unten).
Die ersten 15 Minuten das Rohr nicht öffnen!
Die fertigen Windbeutel herausnehmen, auskühlen lassen, aufschneiden und füllen. Die Windbeutel kann man pikant und süß füllen, siehe Rezepte Seite 395 und Seite 365.
Die Windbeutel lassen sich ungefüllt gut einfrieren und sind im Nu in der warmen Röhre aufgetaut.

Zwiebelfladen

Vorteig:
550 g Weizenvollkornmehl
1/4 l lauwarmes Wasser
30 g Hefe

Hauptteig:
250 g Zwiebeln
20 g Butter
1/4 l Buttermilch
1 gehäufter TL Kräutersalz

Streumehl

Die Arbeitsweise und die Backzeiten sind genau wie beim Zwiebelbrot (Seite 105).
Den gegangenen Teig auf einer bemehlten Arbeitsfläche nochmals kneten und in 4 Teile schneiden. Aus jedem Teil eine Kugel formen, diese mit einem Nudelholz ca. 2 cm dick rund auswalken und auf ein gefettetes, bemehltes Backblech legen. Nochmals 15 Minuten gehen lassen, mit lauwarmem Wasser bestreichen, dann mit einer Schere ringsherum den Rand ca. 2 cm tief 10–12mal einschneiden und in den Ofen einschieben.

Bei 220° C, mittlere Schiene, 30–40 Minuten backen.

Kuchen

Apfelkuchen, fränkisch

Teig:
350 g Weizenvollkornmehl
1 gehäufter TL Backpulver
1 MS Vollmeersalz
2 gestrichene TL Zimt
100 g Honig
2 Eier
100 g Butter

Apfelmus:
1 500 g Äpfel
1 Tasse Wasser
1–3 EL Honig
2 MS Zimt

In einer Schüssel das frisch gemahlene Weizenvollkornmehl mit Backpulver, Vollmeersalz und Zimt mischen, in der Mitte den Honig und die Eier (1/2 Dotter zum Bestreichen zurückbehalten) mit etwas Weizenvollkornmehl verrühren, die kalte Butter darüberschneiden und alles rasch zusammenkneten. Den Teig 30 Minuten ruhen lassen.
Die Äpfel vierteln, schälen und mit wenig Wasser weich kochen, das Apfelmus muß dickflüssig werden. Abkühlen lassen, mixen, mit Honig süßen (die Menge hängt von der Apfelsorte ab) und mit Zimt würzen.
Mit 2/3 des Teigs eine Springform auslegen, 2 cm Rand hochziehen und abrädeln. Das dicke, abgekühlte Apfelmus auf den Teig streichen. Den restlichen Teig auswalken und in 12 etwa 1 cm dünne Streifen rädeln.
Den Kuchen gitterförmig belegen (6 Streifen in einer Richtung, die restlichen Streifen so legen, daß ein Rautenmuster entsteht.) Das 1/2 Eigelb mit einigen Tropfen Wasser verdünnt auf das Gitter streichen.

Bei 200° C auf mittlerer Schiene ca. 30–35 Minuten backen.
Den Kuchen, erst wenn er ganz abgekühlt ist, mit Hilfe eines Kuchenretters vom Springformboden nehmen.

Apfelkuchen, gedeckt

Teig:
400 g Weizenvollkornmehl
1 MS Vollmeersalz
1 TL Backpulver
1 MS Vanille
Schale von 1/2 Zitrone, unbehandelt
2 Eier
100 g Honig
150 g Butter

Füllung:
2 EL Zitronensaft
2 EL Rum, 40%ig
50 g Honig
50 g Korinthen
750 g mürbe Äpfel, netto

zum Bestreichen:
1 Eidotter und 1 TL Milch

Das frisch gemahlene Weizenvollkornmehl in einer Schüssel mit Vollmeersalz, Backpulver, Vanille und der abgeriebenen Zitronenschale mischen. Eine Vertiefung drücken, Eier und Honig darin verrühren, die kalte Butter fein darüberschneiden und alles rasch zusammenkneten, 30 Minuten kühl stellen.
Zitronensaft, Rum und Honig verrühren, die Korinthen und die feingeschnittenen Äpfel dazugeben, gut mischen und durchziehen lassen. (Eine festere Apfelsorte muß etwa 5 Minuten gedünstet werden, sonst bleiben die Äpfel hart.)
Die Hälfte des Teigs auswalken, mit der Springform einen Kreis für die Decke abstechen. Mit dem restlichen Teig den Boden der Springform belegen, den Rand 3 cm hochziehen und gerade abrädeln. Die vorbereiteten Äpfel hineinfüllen und mit Hilfe eines Kuchenretters die Teigdecke daraufgleiten lassen. Leicht an die Ränder drücken. Einige Male mit der Gabel einstechen, mit verdünntem Ei-

dotter bestreichen und im vorgeheizten Ofen bei 175 ° C ca. 35 Minuten, unterste Schiene, backen.
Springformrand entfernen, auf einem Gitter auskühlen lassen und erst dann mit Hilfe eines Kuchenretters vom Boden nehmen.

Apfelkuchen mit Rahmguß

Teig:
250 g Weizenvollkornmehl
80 g Honig
1 Ei
1 MS Vollmeersalz
2 MS Zimt
1 MS Vanille
1 TL Backpulver
70 g Butter

600 g Apfelschnitze, netto

Zimt

Rahmguß:
2 Eidotter
100 g Honig
1/8 l Sauerrahm
1 EL Rum
2 Eiweiß

In das frisch gemahlene Weizenvollkornmehl eine Vertiefung drücken und darin das Ei, Honig, Backpulver, Vollmeersalz, Zimt und Vanille mit dem Weizenvollkornmehl verrühren. Die kalte Butter darüberschneiden und alles rasch zusammenkneten, Teig 30 Minuten ruhen lassen.
Eine Springform mit dem Teig belegen, einen ca. 3 cm hohen Rand hochziehen und abrädeln. Den Boden mit den feingeschnittenen Äpfeln belegen und bei 200° C auf der 2. Schiene von unten 20 Minuten vorbacken.
Die Eidotter mit Honig, Sauerrahm, Eischnee und Rum verrühren. Den halbgebackenen Kuchen aus der Backröhre nehmen, die Äpfel mit Zimt bestreuen und den Guß gleichmäßig darüber verteilen. Den Kuchen noch 25–30 Minuten bei 175° C weiterbacken. In der Form auskühlen lassen.
Dieser Apfelkuchen schmeckt frisch gebacken am besten.

Apfelkuchen, versenkt

Teig:
125 g Butter
150 Honig
2 Eier
100 g Schichtkäse
Schale von 1 Zitrone, unbehandelt
12 geriebene bittere Mandeln
4 EL Milch
250 g Weizenvollkornmehl
2 TL Backpulver

Belag:
1 000 g große Äpfel, weiche Sorte
Saft von 1 Zitrone, unbehandelt

Butter, Honig und Eier schaumig rühren, Schichtkäse, abgeriebene Zitronenschale, die geriebenen bitteren Mandeln und die Milch dazugeben. Das frisch gemahlene Weizenvollkornmehl mit Backpulver vermischt darunterheben.

In einer gefetteten, gebröselten Springform den Teig glattstreichen.

Die Äpfel schälen, halbieren und das Kernhaus ausschneiden. Die Außenseite der Äpfel mit einer Gabel einritzen, mit Zitronensaft beträufeln und auf den Teig legen, die eingeritzte Seite nach oben.

Bei 180° C, unterste Schiene, im vorgeheizten Backofen ca. 45 Minuten backen.

Barbarakuchen

Teig:
200 g Butter
Schale von 1 Zitrone, unbehandelt
200 g Honig, hell
4 Eier, mittelgroß
250 g sehr fein gemahlenes Weizenvollkornmehl
1 TL Backpulver

Guß:
Saft von 1 Zitrone, unbehandelt
50 g Honig (flüssig)

Butter schaumig rühren, abgeriebene Zitronenschale dazugeben. Nach und nach Honig, Eier und das frisch gemahlene Weizenvollkornmehl mit Backpulver gemischt darunterrühren.
Teig in eine mit gefettetem Butterbrotpapier ausgelegte Kastenform (25 cm) füllen und auf der 2. Schiene von unten bei 160° C bis 165° C 50 Minuten im vorgeheizten Backofen backen. Mit Holzstäbchen prüfen!
Kuchen in der Form lassen, mit einem Messer Papier vom Rand lösen, Guß über den heißen Kuchen streichen und einziehen lassen. Nach dem Erkalten Kuchen aus der Form nehmen, Papier vorsichtig abziehen und den Kuchen vor dem Anschneiden einen Tag ruhen lassen.

Bienenstich

Teig:
375 g Weizenvollkornmehl
1/8 l Milch
30 g Hefe
30 g Butter
60 g Honig
Schale von 1 Zitrone, unbehandelt
1 Ei
1 MS Vollmeersalz

Belag:
125 g abgezogene Mandeln
60 g Butter
100 g Honig
3 EL Milch
1 MS Vanille

Füllung:
1/8 l Wasser-Sahne-Gemisch
3 gestrichene EL Weizenvollkornmehl

1 Eidotter
70 g Honig
1 MS Vanille

60 g Butter

In das frisch gemahlene Weizenvollkornmehl eine Vertiefung drücken und darin die in lauwarmer Milch aufgelöste Hefe mit etwas Weizenvollkornmehl verrühren und 10 Minuten gehen lassen.
Die zerlassene Butter, Honig, Zitronenschale, Ei und Vollmeersalz dazugeben und alles gut kneten, bis der Teig glatt und glänzend ist; gut 30 Minuten gehen lassen.
Die abgezogenen, gehackten Mandeln mit Butter, Honig, Vanille und Milch ca. 5 Minuten kochen, dann abkühlen lassen.
Den Teig nochmals kurz durchkneten, auswalken und in eine gefettete Springform legen. Mit der Mandelmasse bestreichen, 10 Minuten gehen lassen und bei 190° C, mittlere Schiene, ca. 30–35 Minuten im vorgeheizten Ofen backen. Auskühlen lassen, einmal quer durchschneiden und mit der Creme füllen, 1–2 Stunden durchziehen lassen.
Füllung: Das Weizenvollkornmehl mit Wasser-Sahne-Gemisch verrühren, aufkochen lassen, etwas abkühlen und Eidotter, Honig und Vanille unterrühren. Erkaltet unter die glattgerührte Butter mischen.
Der Bienenstich schmeckt frisch gebacken am besten.

Butterbiskuit

4 Eier
200 g Honig
4 EL heißes Wasser
200 g Weizenvollkornmehl
1/2 TL Backpulver
30 g Butter

Die Eier mit dem Honig und heißem Wasser ca. 15 Minuten lang mit dem Elektroquirl schlagen, bis eine cremige Masse entstanden ist. Mit einem Schneebesen das frisch gemahlene, mit Backpulver vermischte Weizenvollkornmehl unterheben und die heiße, zerlassene Butter unterziehen. In eine gut gefettete, gebröselte Springform füllen und bei 175° C, unterste Schiene, im vorgeheizten Backofen ca. 25 Minuten backen.
Dieser Biskuit eignet sich zum Belegen mit frischem Obst.

Faschingskrapfen

1 000 g Weizenvollkornmehl
1/4 l Milch
80 g Hefe

1/4 l Milch
1 Ei
25 g Butter
150 g Honig
1/2 TL Vollmeersalz
Schale und Saft von
1 Zitrone,
unbehandelt
3 EL Rum, 40%ig

ca. 100 g Weizenvollkornmehl zum Streuen
1 250 g Butterschmalz oder Butterfett

500 g Hagebuttenmarmelade, honiggesüßt

Das frisch gemahlene Weizenvollkornmehl in eine große Schüssel geben, in die Mitte eine Vertiefung drücken und darin die in lauwarmer Milch aufgelöste Hefe mit wenig Mehl zu einem dicklichen Brei rühren. Mit etwas Mehl bestäuben und ca. 15 Minuten gehen lassen.

In der lauwarmen Milch das Ei, die Butter, Honig und Salz verrühren. Dieses sowie die abgeriebene Zitronenschale, den Zitronensaft und den Rum zum gegangenen Vorteig rühren. Dann alles gut durchkneten, bis der Teig geschmeidig ist. In einer bemehlten Schüssel zugedeckt an einem warmen Ort ca. 1 Stunde gehen lassen.

Den Teig auf einer bemehlten Arbeitsfläche nochmals durchkneten und knapp 1 cm dick auswalken. Mit einem in Mehl getauchten Trinkglas werden runde Krapfen ausgestochen. Diese läßt man zugedeckt ca. 15 Minuten gehen. Die Teigreste können nochmals gut geknetet, ausgewalkt und zu Krapfen ausgestochen werden.

In einem schmalen Topf das Fett erhitzen. Zuerst ein Teigrestchen einlegen, um die Backtemperatur zu prüfen. Das Fett darf nur so heiß sein, daß die eingelegten Krapfen ca. 5 Mi-

nuten darin backen, bis sie gar sind. Ist das Fett zu heiß, werden die Krapfen zu schnell braun und sind innen noch teigig. Man gibt einige Krapfen je nach Topfgröße, 3–5 Stück, in das heiße Fett und deckt den Topf zu. Nach ca. 2–3 Minuten sind die Krapfen herrlich gegangen. Nun wendet man sie und läßt sie noch ca. 1–2 Minuten auf der Rückseite backen. Mit einem Schaumlöffel hebt man sie heraus und legt sie auf ein Gitter, unter das man ein Blech stellt, um das noch abtropfende Fett aufzufangen.
Mit der Garnierspritze, die mit der Krapfentülle versehen wurde, spritzt man in die heißen Krapfen vorsichtig etwas Hagebuttenmarmelade.
Die Menge ergibt ca. 40 Krapfen. Man kann sie, leicht warm, einfrieren. Im warmen Ofen (ca. 100° C) aufgetaut, schmecken sie wie frisch gebacken.

Feiner Apfel-Käsekuchen

Hefeteig:
500 g Weizenvollkornmehl
1/4 l Milch
40 g Hefe

75 g Butter
75 g Honig
1 MS Vollmeersalz
Schale von 1 Zitrone, unbehandelt

ca. 750 g Äpfel, netto

Käsebelag:
100 g Butter
125 g Honig
3 Eidotter
2 MS Vanille
Saft von 1 Zitrone, unbehandelt (= 4 EL)
500 g Schichtkäse
50 g Weizenvollkornmehl

3 Eiweiß
1 MS Vollmeersalz

Streusel:
200 g Weizenvollkornmehl
1 TL Backpulver
1 TL Zimt
2 EL Kakao
100 g Honig
125 g Butter

Frischgemahlenes Weizenvollkornmehl in eine Schüssel geben, Vertiefung hineindrücken und darin die in lauwarmer Milch aufgelöste Hefe mit Mehl zu einem dicklichen Brei verrühren. Mit Mehl bestäubt 15 Minuten gehen lassen.
Zerlassene Butter, Honig, abgeriebene Zitronenschale und Salz dazugeben. Alles gut zu einem geschmeidigen Teig kneten. Mit Mehl bestäubt ca. 30 Minuten gehen lassen.
Streuselzubereitung: In einer Schüssel das frischgemahlene Weizenvollkornmehl mit Backpulver, Zimt und Kakao mischen. Honig und zerlassene, abgekühlte Butter dazugeben. Zuerst mit Kochlöffel gut umrühren, dann mit der Hand kurz durchkneten und Streuselteig kühlstellen.
Käsebelag: Butter cremig rühren, Honig und Eidotter, Vanille und Zitronensaft nacheinander dazurühren. Quark und sehr fein gemahlenes Weizenvollkornmehl unter Rühren dazugeben. Eiweiß mit Salz steif schlagen und unterziehen.
Äpfel schälen, vierteln und in dickere Schnitze teilen.
Den gegangenen Hefeteig auf einem gefetteten Backblech dünn auswalken, 1 cm Rand hochdrücken.
Apfelschnitze auflegen und den Käse-

belag glatt darüberstreichen. Die Streusel auf den Käsebelag krümeln. Im vorgeheizten Ofen bei 175° C, 2. Schiene von unten, ca. 45 Minuten backen.

Florentiner Apfelkuchen

Hefeteig:
500 g Weizenvollkornmehl
1/4 l Milch
40 g Hefe

75 g Butter
75 g Honig
1 MS Vollmeersalz
Schale von 1 Zitrone, unbehandelt

Saft von 1 Zitrone
ca. 800–1 000 g Äpfel
Zimt

Mandelbelag:
60 g Butter
100 g Honig
3 EL Sahne
1 MS Vanille
150 g gehobelte Mandeln

Frischgemahlenes Weizenvollkornmehl in eine Schüssel geben, Vertiefung hineindrücken und darin die in lauwarmer Milch aufgelöste Hefe mit Mehl zu einem dicklichen Brei verrühren. Mit Mehl bestäubt 15 Minuten gehen lassen.
Zerlassene Butter, Honig, abgeriebene Zitronenschale und Salz dazugeben. Alles gut zu einem geschmeidigen Teig kneten. Mit Mehl bestäubt ca. 30 Minuten gehen lassen.
Mandelbelag: Butter, Honig, Sahne und Vanille erhitzen, gehobelte Mandeln unterziehen und abkühlen lassen.
Äpfel vierteln, Kernhaus und Schale wegnehmen und nochmals teilen. Äpfelachtel in Zitronensaft wälzen.
Den gegangenen Hefeteig auf einem gefetteten Backblech dünn auswalken, 1 cm Rand hochdrücken. Teig dicht mit Äpfelachteln belegen und diese hauchdünn mit Zimt bestreuen. Den erkalteten Mandelbelag gleichmäßig über die Äpfel verteilen. Im vorgeheizten Backofen bei 200° C,

mittlere Schiene, ca. 30 Minuten backen.

Gedeckter Mohnkuchen

Hefeteig:
500 g Weizenvollkornmehl
1/4 l Milch
40 g Hefe

75 g Butter
75 g Honig
Schale von 1 Zitrone, unbehandelt
2 MS Vollmeersalz

Mohnbelag:
375 g Mohn
3/8 l Milch
150 g Mandeln
10 Bittermandeln
150 g Rosinen, ungeschwefelt
150 g Honig
1 TL Zimt
2 MS Vollmeersalz

Käsebelag:
100 g Butter
125 g Honig
3 Eidotter
1 EL Zitronensaft
500 g Schichtkäse
30 g Weizenvollkornmehl
3 Eiweiß
1 MS Vollmeersalz

Frischgemahlenes Weizenvollkornmehl in eine Schüssel geben, eine Vertiefung drücken und darin die in lauwarmer Milch verrührte Hefe zu einem dicklichen Brei rühren. Mit Mehl bestäubt ca. 15 Minuten gehen lassen.
Zerlassene Butter, Honig, abgeriebene Zitronenschale und Salz dazugeben und alles zu einem glatten Teig kneten. Mit Mehl bestäubt ca. 30 Minuten gehen lassen.
Frischgemahlenen Mohn mit heißer Milch übergießen, umrühren und ca. 15 Minuten quellen lassen. Fein geriebene Mandeln und Bittermandeln, Rosinen, Honig, Zimt und Salz dazurühren.
Weiche Butter mit Honig cremig rühren. Eidotter, Zitronensaft, Schichtkäse und Mehl dazurühren. Eiweiß mit Salz steif schlagen und unter die Käsemasse heben.
Backblech buttern und gegangenen Teig darauf glatt auswalken (nasses Tuch unter das Backblech legen, damit es nicht wegrutscht).
Rand hochdrücken und Mohnmasse mit großem Messer glatt darauf verstreichen. Darüber glatt die Käsemasse verstreichen.

Im vorgeheizten Ofen bei 200° C, 2. Schiene von unten, ca. 40 Minuten bis zur leichten Bräunung der Käsemasse backen.
Auf einem Gitter auskühlen lassen.

Gewürzkuchen

50 g Butter
250 g Honig
2 Eier
3 TL dunkler Kakao oder Karobe
2 TL Zimt
1/2 gestrichener TL Nelken, gemahlen
375 g Weizenvollkornmehl
4 TL Backpulver
1/8 l Milch

100 g Sultaninen, ungeschwefelt
100 g Feigen
50 g Zitronat
50 g Haselnüsse
200 g Karotten

Die Butter mit Honig und Eiern schaumig rühren, die Gewürze und das frisch gemahlene Weizenvollkornmehl mit Backpulver sowie die Milch dazugeben. Die Sultaninen, die kleingeschnittenen Feigen und das Zitronat, grobgehackte Haselnüsse und die feingeriebenen Karotten darunterheben.
Eine Kastenform (30 cm) gut fetten und bröseln und mit dem Teig füllen. Bei 175° C im vorgeheizten Ofen, unterste Schiene, 1 Stunde backen.
Nach dem Backen einige Tage durchziehen lassen.

Gugelhupf

500 g Weizenvollkornmehl
1/8 l Milch
40 g Hefe

1/8 l Milch
125 g Butter
125 g Honig
Schale von 1 Zitrone, unbehandelt
1 MS Vollmeersalz
3 Eier

125 g Rosinen, ungeschwefelt
50 g Mandeln
8 bittere Mandeln

Das frisch gemahlene Weizenvollkornmehl in eine Schüssel geben, eine Vertiefung eindrücken und darin die mit lauwarmer Milch angerührte Hefe mit etwas Weizenvollkornmehl zu einem dicklichen Brei rühren. Mit etwas Weizenvollkornmehl bedecken und 15 Minuten gehen lassen.

In der Zwischenzeit die Butter, den Honig und die Eier in der lauwarmen Milch verrühren, Vollmeersalz und abgeriebene Zitronenschale dazugeben und nun alles an den gegangenen Hefeteig geben. Verrühren und gut schlagen, bis er Blasen wirft. Den Teig ca. 45 Minuten gehen lassen, dann die Rosinen und geriebenen Mandeln und die Bittermandeln dazugeben.

In eine gut gefettete, gebröselte Gugelhupfform füllen, ca. 45 Minuten gehen lassen, bis sich die Teigmenge knapp verdoppelt hat und im vorgeheizten Backofen bei 175° C, unterste Schiene, ca. 1 Stunde backen.

Herausnehmen und auf ein Gitter stürzen, erst am nächsten Tag anschneiden.

Johannisbeerkuchen mit Streuseln

Teig:
250 g Weizenvollkornmehl
1 Ei
100 g Honig
2 MS Backpulver
1 MS Vanille
Schale von 1/2 Zitrone, unbehandelt
1 MS Vollmeersalz
80 g Butter

Streusel:
240 g Weizenvollkornmehl
100 g Butter
120 g Honig
1 TL Zimt
2 MS Vanille

650 g Johannisbeeren, frisch oder tiefgekühlt

Das frisch gemahlene Weizenvollkornmehl in eine Schüssel geben, in einer Vertiefung Ei, Honig, Backpulver und Gewürze verrühren, die kalte Butter darüberschneiden und alles rasch zusammenkneten.
Den Teig 30 Minuten ruhen lassen. Eine Springform damit auslegen, Rand 2 cm hochziehen und abrädeln. Bei 200° C 10 Minuten vorbacken.
Für die Streuselbereitung das frisch gemahlene Weizenvollkornmehl sieben (die Kleie wird auf den vorgebackenen Teig gestreut), mit zerlassener, abgekühlter Butter, Honig und Gewürzen verrühren und etwas ruhen lassen.
Auf den vorgebackenen Teig die Kleie streuen, die Johannisbeeren darauf verteilen und die Streusel darüberkrümeln.
Bei 200° C auf der 2. Schiene von unten noch ca. 30 Minuten backen. Auf einem Gitter auskühlen lassen.
Mit honiggesüßter Sahne reichen.

Käsekuchen

Teig:
250 g Weizenvollkornmehl
1 MS Vollmeersalz
1 TL Backpulver
1 Ei
75 g Honig
80 g Butter

Füllung:
50 g Butter
125 g Honig
2 Eigelb
2 MS Vanille
Schale von 1 Zitrone, unbehandelt
750 g Schichtkäse
50 g Weizenvollkornmehl (sieben)
1/16 l Milch
100 g Sultaninen, ungeschwefelt
3 Eiweiß

zum Bestreichen:
1 Eigelb und 1 TL Milch

Das frisch gemahlene Weizenvollkornmehl in einer Schüssel mit Vollmeersalz und Backpulver mischen. In einer Vertiefung das Ei und den Honig mit Weizenvollkornmehl verrühren, die kalte Butter darüberschneiden und alles rasch zusammenkneten. 30 Minuten ruhen lassen. Mit dem Teig eine Springform auslegen, einen etwa 3 cm hohen Rand bilden und diesen gleichmäßig abrädeln. Den Teigboden mit einer Gabel einige Male einstechen.

Butter, Honig und Eigelb schaumig rühren, mit Vanille und abgeriebener Zitronenschale würzen und den Schichtkäse unterrühren.

Das Weizenvollkornmehl mit einem feinen Teesieb sieben, die Kleie auf den Teigboden streuen, das Weizenvollkornmehl unter die Quarkfüllung heben. Die Milch dazurühren, die Sultaninen und den Eischnee unterheben.

Die Quarkfüllung auf dem Teigboden glatt verteilen. 1 Eigelb mit 1 TL Milch verrühren und mit dem Pinsel vorsichtig die Oberfläche der Quarkfüllung bestreichen. Im vorgeheizten Backofen bei 175° C 50–55 Minuten auf der untersten Schiene backen.

Den fertigen Kuchen herausnehmen, nach 5 Minuten den Springformrand

lösen und den Kuchen mit der Oberseite auf eine Porzellanplatte stürzen. Dadurch fällt er nicht so stark und ungleichmäßig zusammen, sondern bekommt eine ganz glatte Oberfläche.
Nach 10 Minuten den Kuchen wieder umdrehen, die Tortenplatte vorsichtig entfernen und auf einem Gitter auskühlen lassen.
Den Kuchen erst nach dem Auskühlen mit Hilfe eines Kuchenretters vom Springformboden auf eine Tortenplatte heben.

Kirschkuchen mit Mandelstreuseln

Teig:
250 g Weizenvollkornmehl
1 Ei
100 g Honig
1 MS Vanille
Schale von 1/2 Zitrone, unbehandelt
1 MS Vollmeersalz
2 MS Backpulver
80 g Butter

Belag:
650 g Kirschen oder Sauerkirschen

Streusel:
120 g Weizenvollkornmehl
50 g geriebene Mandeln
6 bittere Mandeln
1 MS Zimt
100 g Honig
100 g Butter

In dem frisch gemahlenen Weizenvollkornmehl Ei, Honig, Backpulver und Gewürze verrühren, die kalte Butter darüberschneiden, rasch zusammenkneten und 30 Minuten ruhen lassen.
Eine Springform damit auslegen, 2 cm Rand hochziehen und abrädeln. Bei 200° C 10 Minuten vorbacken.
Streusel: Das frisch gemahlene Weizenvollkornmehl, die geriebenen Mandeln, Bittermandeln und Zimt mischen, den Honig und die flüssige Butter mit einer Gabel untermengen, so daß Streusel entstehen.
Den vorgebackenen Teig mit den entsteinten Kirschen belegen, die Streusel darüber verteilen und bei 200° C, mittlere Schiene, noch ca. 30 Minuten backen.
Auf einem Gitter auskühlen lassen, dann vom Blech nehmen.

Variation:
Statt Kirschen kann auch Rhabarber, in Stücke geschnitten, verwendet werden.

Kirschkuchen, versenkt

Teig:
100 g Butter
125 g Honig
2 Eier
Schale von 1 Zitrone, unbehandelt
200 g Weizenvollkornmehl
1 gehäufter TL Backpulver
2 EL Milch

ca. 500 g Kirschen oder Sauerkirschen

zum Bestreichen:
2 EL Rum, 40%ig
2 EL Wasser
1 EL Honig

Butter, Honig und Eier schaumig rühren, die abgeriebene Zitronenschale, das mit Backpulver gemischte, frisch gemahlene Weizenvollkornmehl und die Milch unterziehen.
Mit entsteinten Kirschen belegen und im vorgeheizten Ofen bei 180° C, unterste Schiene, ca. 35 Minuten backen.
Rum, Wasser und Honig verrühren und den warmen Kuchen damit bestreichen.

Kirschkuchen vom Blech

500 g Weizenvollkornmehl
1/8 l Milch
40 g Hefe

1/8 l Milch
125 g Butter
125 g Honig
1 MS Vollmeersalz
2 Eier
Schale von 1 Zitrone, unbehandelt

800 g Kirschen

Das frischgemahlene Weizenvollkornmehl in eine Schüssel geben, eine Vertiefung eindrücken und darin die in lauwarmer Milch aufgelöste Hefe mit etwas Mehl zu einem dicklichen Brei rühren. Mit Mehl bestreut 15 Minuten gehen lassen.
In der lauwarmen Milch Butter, Honig, Salz und Eier verrühren und mit der abgeriebenen Zitronenschale zum gegangenen Teig geben. Den weichen Teig mit einem Kochlöffel gut schlagen, mit Mehl bestäuben und 1/2 Stunde gehen lassen.
Den gegangenen Teig auf ein gefettetes, bemehltes Blech streichen, die entsteinten Kirschen darauf verteilen, etwas in den Teig eindrücken und 10 Minuten gehen lassen. Im vorgeheizten Ofen bei 200° C, 2. Schiene von unten, 30 Minuten backen.
Dieser Kirschkuchen schmeckt frisch am besten.

Königskuchen

250 g Butter
200 g Honig
5 Eier
2 MS Vanille
1 MS Vollmeersalz
400 g Weizenvollkornmehl
4 TL Backpulver
1/8 l Milch
4 EL Rum
100 g dunkle Rosinen, ungeschwefelt
100 g Korinthen
60 g Zitronat
40 g Orangeat

Butter, Honig und Eier schaumig rühren und nach und nach Vanillegewürz und Vollmeersalz dazugeben, das frisch gemahlene Weizenvollkornmehl mit dem Backpulver, Milch, Rum, Rosinen und Korinthen, das feingeschnittene Zitronat und Orangeat dazurühren. Der Teig darf nicht fließen, sondern muß reißen.

In eine gefettete, mit Bröseln ausgelegte Kastenform (30 cm) einfüllen und bei 170° C 1 1/4 Stunden auf der untersten Schiene backen. Probe mit dem Holzstäbchen. Eventuell nach 1 Stunde Alufolie darüberlegen, damit er nicht zu dunkel wird.

In der Form auskühlen lassen, dann herausnehmen; Königskuchen hält sich lange frisch und wird am besten einige Tage vor Verzehr gebacken.

Marmorkuchen

250 g Butter
250 g Honig
5 Eier
2 MS Vanille
Saft und Schale von
1 Zitrone,
unbehandelt
1 MS Vollmeersalz
400 g Weizenvollkornmehl
4 TL Backpulver
1/8 l Milch

40 g dunkler Kakao oder
Karobe
3 EL Milch
1 EL Honig

Butter, Honig und Eier schaumig rühren, Vollmeersalz, Vanille, abgeriebene Zitronenschale und Zitronensaft dazugeben. Nach und nach das frisch gemahlene Weizenvollkornmehl, das Backpulver und die Milch mit dem Schneebesen darunterrühren. Der Teig soll nicht fließen, sondern reißen.
Von diesem Teig 1/3 wegnehmen und mit Kakao (oder Karobe), Honig und Milch verrühren. In eine gut gefettete, mit Bröseln versehene Gugelhupfform zuerst die Hälfte des hellen Teigs, dann den dunklen und zum Schluß den restlichen hellen Teig einfüllen. Eine Gabel spiralenförmig durchziehen, damit eine hell-dunkle Marmormusterung entsteht.
Bei 165° C, unterste Schiene, 1 Stunde backen. Probe mit dem Holzstäbchen. Nach dem Herausnehmen auf ein Kuchengitter stürzen und auskühlen lassen.
Einen Tag ruhen lassen.

Mohrenkuchen

Teig:
200 g Butter
250 g Honig
4 mittelgroße Eier
250 g sehr fein gemahlenes Weizenvollkornmehl
3 gestrichene EL Kakao oder Karobe
2 gestrichene TL Backpulver
3 EL Rum

zum Bestreuen:
30 g gehobelte Mandeln

Butter schaumig rühren, Honig und Eier dazurühren. Das frisch gemahlene Weizenvollkornmehl mit Kakao (oder Karobe) und Backpulver mischen und darunterheben, zuletzt den Rum dazugeben.
Den Teig in eine mit gefettetem Butterbrotpapier ausgelegte Kastenform (25 cm Länge) füllen und mit gehobelten Mandeln bestreuen.
Auf der 2. Schiene von unten bei 160° C 1–1 1/4 Stunden backen. Probe mit Holzstäbchen.
Den Kuchen in der Form auskühlen lassen, danach herausnehmen und das Papier ablösen.
Einen Tag ruhen lassen.

Mohntaschen

Quarkblätterteig:
250 g Weizenvollkornmehl
200 g Schichtkäse
200 g Butter
2 MS Vollmeersalz
Streumehl
1/2 Ei zum Bestreichen

Mohnfüllung:
150 g Mohn
1/8 l Milch

100 g Honig
50 g Mandeln
50 g Zitronat
50 g Rosinen, ungeschwefelt
1 EL Rum
Schale von 1 Zitrone, unbehandelt

Das frisch gemahlene Weizenvollkornmehl, den Schichtkäse und die kalte, feingeschnittene Butter rasch zusammenkneten und 15 Minuten in den Kühlschrank stellen.
Auf einer leicht bemehlten Arbeitsfläche zu einem Längsstreifen auswalken, 4fach zusammenlegen und wieder kühlen. Das nächste Mal in der entgegengesetzten Richtung auswalken, wieder zusammenlegen und kühlen. Dies noch 2mal wiederholen, dann den Teig rechteckig auswalken, mit dem Teigrädchen in Vierecke von 10 x 10 cm teilen.
In die Mitte der Vierecke 1 gehäuften TL der Füllung geben und etwas verstreichen. Die 4 Teigecken in die Mitte schlagen und ein kleines, ausgestochenes Teigstückchen mit Ei daraufkleben. Die Taschen mit verquirltem Ei bestreichen (die Ränder nicht) und auf ein mit Wasser bestrichenes Backblech legen.
Die Teigmenge ergibt ca. 18 Taschen.
1 Tasse mit heißem Wasser auf den Boden des Backrohrs stellen und die Taschen bei 220° C, mittlere Schiene, ca. 20 Minuten backen.
Mohnfüllung: Den gemahlenen Mohn mit der heißen Milch übergießen und 10 Minuten quellen lassen. Den Honig, die geriebenen Mandeln,

das feingeschnittene Zitronat, die Rosinen, den Rum und die abgeriebene Zitronenschale dazurühren.

Nußbeugerl

Blätterteig:
250 g Weizenvollkornmehl
1/8 l und 2 EL Wasser
2 MS Vollmeersalz

250 g Butter

Streumehl
1 Eidotter und 1 TL Milch

Nußfüllung:
150 g Haselnüsse
1 Eiweiß
100 g Honig
1 EL Kakao oder Karobe
1 EL Rum
2 MS Vanille
Schale von 1 Zitrone, unbehandelt

Das frisch gemahlene Weizenvollkornmehl mit kaltem Wasser und etwas Vollmeersalz zu einem festen Teig kneten und 10 Minuten in den Kühlschrank stellen. Den Teig auswalken und mit der kalten, in Scheiben geschnittenen Butter belegen, den Teig zusammenlegen, daß 4 Schichten übereinanderliegen und auf einer bemehlten Arbeitsfläche zu einem Streifen auswalken, wieder 4fach zusammenlegen und 15 Minuten in den Kühlschrank stellen.

Den Teig nun in der entgegengesetzten Richtung zu einem Streifen auswalken, wieder 4fach zusammenlegen, 15 Minuten kühlen und nochmals auswalken. Nach 4- bis 5maligem Auswalken ist die Butter in den Teig eingearbeitet. Auf einer leicht bemehlten Arbeitsfläche den Teig rechteckig auswalken und mit dem Teigrädchen Vierecke ausschneiden, ca. 12 x 12 cm, diese übereck in Dreiecke teilen.

Auf jedes Teigdreieck 1 TL der Füllung geben, etwas verstreichen, dann die Dreieckspitze über die Längskante schlagen, mit Ei aufkleben und die

beiden Seitenteile halbmondförmig einschlagen. Mit verdünntem Eidotter bestreichen (die Ränder nicht!) und auf ein mit kaltem Wasser befeuchtetes Blech legen.
Die Teigmenge ergibt 18 Gebäckstücke.
Bei 220° C mittlere Schiene, 20 Minuten backen. 1 Tasse heißes Wasser auf den Boden des Backrohrs unter das Backblech stellen.
Nußfüllung: In den steifgeschlagenen Eischnee den Honig und die geriebenen Haselnüsse einrühren, mit Kakao (oder Karobe), Rum, Vanille und der abgeriebenen Zitronenschale würzen.

Nußzopf

Teig:
700 g Weizenvollkornmehl
1/8 l Milch
40 g Hefe
1/8 l Milch

70 g Butter
2 Eidotter
Saft und Schale von
1 Zitrone, unbehandelt
1 MS Vollmeersalz
120 g Honig

1 Eigelb und 1 TL Milch

Füllung:
3 Eiweiß
300 g Honig
300 g Haselnüsse
3 leicht gehäufte EL dunkler Kakao oder Karobe
3 EL Rum, 40%ig
1/16 l Milch

Das frisch gemahlene Weizenvollkornmehl in eine Schüssel geben, eine Vertiefung eindrücken und darin die in lauwarmer Milch verrührte Hefe mit etwas Mehl zu einem dicklichen Brei rühren. Mit Mehl bestreut 10 Minuten gehen lassen.
In der warmen Milch, die Butter und den Honig verrühren und mit Eidotter, Vollmeersalz, Saft und Schale von einer Zitrone zu dem Vorteig geben. Alles gut zusammenkneten und 30–45 Minuten gehen lassen.
Wenn sich der Teig verdoppelt hat, knetet man ihn auf einer bemehlten Arbeitsfläche nochmals kurz durch und teilt ihn.
Die eine Teighälfte walkt man zu einem Rechteck in Backblechgröße aus, bestreicht sie mit der Hälfte der Füllung, rollt sie von der längeren Seite her auf und legt die Rolle auf ein gefettetes Blech.
Mit der 2. Teighälfte verfährt man ebenso.
Die 2 Teigrollen schlingt man locker umeinander, die Teigenden steckt man ineinander und klebt sie mit Wasser fest. Zugedeckt 15 Minuten gehen lassen, dann mit verdünntem Eigelb bestreichen und in den auf 250° C vorgeheizten Ofen, unterste Schiene, schieben. Die Hitze zurück-

drehen und bei 190° C ca. 1 Stunde backen. Rechtzeitig mit Alufolie abdecken, damit der Zopf nicht zu dunkel wird.
Füllung: In den Eischnee rührt man den Honig, die geriebenen Haselnüsse und würzt mit Kakao (oder Karobe) und Rum. Mit etwas Milch streichfähig rühren.

Obstkuchen

Mürbeteig:
225 g Weizenvollkornmehl
1/2 TL Backpulver
1 MS Vollmeersalz
Schale von 1/2 Zitrone, unbehandelt
1 Ei
80 g Honig
80 g Butter

Variation 1
Belag:
250 g Sahnequark
150 g Sahne
75 g Honig
2 MS Zimt
500–700 g Obst der Jahreszeit, z. B. Erdbeeren, Himbeeren, Kirschen, Aprikosen, Pfirsiche
1/2 TL Kakao

Variation 2
Belag:
150–200 g Rohmarmelade, honiggesüßt
500–700 g Obst der Jahreszeit (siehe oben)

1/4 l Apfelsaft
1 TL Honig
1 TL Agar-Agar
2 MS Zimt

In einer Schüssel frischgemahlenes Weizenvollkornmehl mit Backpulver, Salz und abgeriebener Zitronenschale mischen. Eine Vertiefung drücken und darin Ei und Honig verrühren. Kalte Butter in kleinen Stückchen darüberschneiden und alles zu einem glatten Teig verkneten.
Diesen ca. 30 Minuten ruhen lassen.
Teig in eine Obstkuchenform (Ø 28 cm) mit gerilltem Rand drücken und mit einer Gabel mehrmals einstechen.
Bei 200° C, mittlere Schiene, ca. 12 Minuten backen. Auf ein Gitter stürzen und auskühlen lassen.

Variation 1:
Sahne steif schlagen, einen Teil davon in eine Garnierspritze füllen und kühlstellen. Restliche Sahne mit Honig und Zimt unter den Sahnequark rühren. Quarkcreme auf den Kuchenboden streichen. Darauf Obst der Jahreszeit legen, hauchdünn mit Kakao bestreuen und mit Sahnetupfern garnieren. Vor dem Servieren kühlstellen.

Variation 2:
Rohmarmelade dünn auf den Kuchenboden streichen und dicht mit Obst der Jahreszeit belegen. Apfelsaft mit Honig, Zimt und Agar-Agar ver-

rühren, dann erhitzen. Saft eßlöffelweise auf dem Ost verteilen, beginnend von der Mitte zum Rand. Guß erstarren lassen und kühlstellen.
Mit geschlagener Sahne reichen.

Ottilienkuchen

250 g Butter
200 g Honig
4 Eier
2 MS Vanille
1 MS Vollmeersalz
4 EL Rum
250 g Weizenvollkornmehl
1 gehäufter TL Backpulver
50 g Zitronat
75 g bittere Schokolade
100 g abgeschälte Mandeln

Butter, Honig und Eier schaumig rühren und nach und nach Vanille, Vollmeersalz, Rum und das frisch gemahlene Weizenvollkornmehl mit dem Backpulver dazurühren.
Das feingeschnittene Zitronat, die kleingewürfelte Schokolade und die grobgehackten Mandeln unterheben.
In eine gefettete, gebröselte Kastenform (25 cm lang) füllen und bei 170° C, unterste Schiene, 1–1 1/4 Stunden backen. Probe mit Holzstäbchen. Nach 45 Minuten eventuell mit Alufolie abdecken, wenn er zu dunkel wird.
In der Form auskühlen lassen, vor dem Anschneiden 2 Tage durchziehen lassen.

Quark-Rührkuchen

125 g Butter
200 g Honig
3 Eier
125 g Schichtkäse
Schale von 1 Zitrone, unbehandelt
100 g Rosinen, ungeschwefelt
12 bittere Mandeln
400 g Weizenvollkornmehl
4 TL Backpulver
1/8 l Milch

Butter, Honig und Eier schaumig rühren, den Schichtkäse, die abgeriebene Zitronenschale, die Rosinen und die geriebenen bitteren Mandeln dazugeben.

Das frisch gemahlene Weizenvollkornmehl mit dem Backpulver mischen und abwechselnd mit der Milch darunterrühren.

In eine gut gefettete, gebröselte Kastenform (30 cm) füllen und in dem auf 175° C vorgeheizten Ofen, unterste Schiene, 50–60 Minuten backen.

Auf ein Gitter stürzen und 1 Tag auskühlen lassen.

Rhabarberkuchen

Teig:
250 g Weizenvollkornmehl
1 gestrichener TL Backpulver
1 MS Vollmeersalz
1 Ei
60 g Honig
80 g Butter
2 EL Vollkornsemmelbrösel

Belag:
800 g Rhabarber
100 g Schichtkäse
2 Eidotter
2 MS Zimt
1 MS Vanille
130 g Honig
100 g geriebene Mandeln
8 bittere Mandeln
2 Eiweiß

Das frisch gemahlene Weizenvollkornmehl mit Backpulver und Vollmeersalz mischen, in einer Vertiefung das Ei und den Honig verrühren und die kalte Butter darüberschneiden. Rasch zusammenkneten und 30 Minuten ruhen lassen.
Die Springform damit auslegen, 2 cm Rand hochziehen und abrädeln. Mit Vollkornsemmelbrösel bestreuen und mit 1 cm langen Rhabarberstückchen belegen.
Bei 200° C im vorgeheizten Ofen 10 Minuten lang vorbacken.
In den Schichtkäse die Eidotter, Zimt, Vanille, Honig und die geriebenen Mandeln und Bittermandeln einrühren und den Eischnee unterheben. Auf den Kuchen streichen und nochmals ca. 30 Minuten bei 175° C, mittlere Schiene, backen.

Schweizer Apfelwähe

Teig:
450 g Weizenvollkornmehl
1/8 l Milch
20 g Hefe

40 g Butter
50 g Schichtkäse
1 Ei
100 g Honig
1 MS Vollmeersalz
Schale von 1 Zitrone, unbehandelt

Belag:
1 500 g süße Äpfel
50 g Butter
75 g Rosinen, ungeschwefelt
75 g Haselnüsse

Das frisch gemahlene Weizenvollkornmehl gibt man in eine Schüssel, formt eine Vertiefung und darin rührt man die in 1/8 l lauwarmer Milch aufgelöste Hefe zu einem dicklichen Brei, bedeckt ihn mit etwas Mehl und läßt ihn ca. 15 Minuten gehen.
Dazu gibt man die zerlassene Butter, Schichtkäse, Ei, Honig, Vollmeersalz und die abgeriebene Zitronenschale und knetet alles zu einem glatten Teig. An einem warmen Ort ca. 45 Minuten gehen lassen, auswalken und auf ein gefettetes Backblech legen.
Den Teig dicht mit Apfelschnitzen belegen, mit zerlassener Butter bestreichen, mit Rosinen und grobgehackten Haselnüssen bestreuen.
Mit einem gefetteten Pergamentpapier bedeckt, im vorgeheizten Ofen bei 200° C, mittlere Schiene, ca. 35 Minuten backen.
Schmeckt frisch gegessen am besten.
Der Teig ist auch für Zwetschgenkuchen geeignet. Als Belag braucht man gut 2 500 g Spätzwetschgen. Nach dem Backen mit Zimt bestreuen.
Bei Frühzwetschgen bildet sich sehr viel Saft, daher einen Rand hochziehen. Außerdem sind diese meist sauer, man reicht deshalb mit Honig gesüßte Sahne dazu.

Tiefgekühlte Zwetschgen eignen sich nicht zum Belegen eines Hefeteiges.

Spanischer Nußkranz

Teig:
250 g Butter
250 g Honig
4 Eier
1 MS Vollmeersalz
Schale von 1 Zitrone, unbehandelt
250 g Haselnüsse
1/4 l Milch
400 g Weizenvollkornmehl
2 TL Backpulver

zum Tränken:
1/16 l Rum, 40%ig
1/16 l Wasser
50 g Honig

Butter, Honig und Eier schaumig rühren; Vollmeersalz, abgeriebene Zitronenschale, geriebene Haselnüsse und Milch dazurühren.
Das frisch gemahlene Weizenvollkornmehl mit Backpulver mischen und unterziehen.
Den Teig in eine gefettete, gebröselte Kranzform füllen und bei 175° C, unterste Schiene, ca. 1 Stunde backen (Probe mit Holzstäbchen).
Den fertigen Kuchen auf eine Porzellanplatte stürzen. Rum, Wasser und Honig gut verrühren und die Flüssigkeit langsam und gleichmäßig über den warmen Kuchen gießen.
Einen Tag auskühlen lassen, auf einem weißen Spitzendeckchen anrichten.
Mit geschlagener Sahne reichen.
Statt mit Rum kann der Kuchen auch mit frisch gepreßtem Orangensaft getränkt werden.

Vollkorn-Rosen

Teig:
800 g Weizenvollkornmehl
1/8 l Milch
30 g Hefe

1/4 l Milch
75 g Honig
1 MS Vollmeersalz
60 g Butter
1 Ei
Schale von 1 Zitrone, unbehandelt

Füllung:
40 g Butter

200 g Rosinen, ungeschwefelt
100 g Zitronat
125 g abgezogene Mandeln
4 EL Rum, 40%ig

Das frisch gemahlene Weizenvollkornmehl in eine Schüssel geben, eine Vertiefung drücken und darin die in lauwarmer Milch aufgelöste Hefe zu einem dicklichen Brei rühren. Mit etwas Mehl bestäubt ca. 15 Minuten gehen lassen.
In der lauwarmen Milch Honig, Vollmeersalz, Butter und Ei verrühren und mit der abgeriebenen Zitronenschale zum gegangenen Vorteig geben. Von der Mitte aus mit dem Mehl verrühren und gut durchschlagen. In der mit Mehl bestreuten Schüssel ca. 45 Minuten gehen lassen.
Die Rosinen, das feingeschnittene Zitronat und die abgezogenen, gehackten Mandeln mit dem Rum vermischen und ziehen lassen.
Den gegangenen Teig auf einer bemehlten Arbeitsfläche zu einem großen Rechteck auswalken, mit flüssiger Butter bestreichen, mit den getränkten Trockenfrüchten belegen und von der Längsseite aufrollen. Die Rolle in ca. 12 gleichgroße Stücke schneiden, die Stücke von unten etwas ausdrücken und in eine gefettete Springform (Ø 26 cm) stellen. 10 Minuten bei 100° C, 45 Minuten bei 200° C, mittlere Schiene, backen.

Walnußkuchen

250 g Butter
5 Eier
250 g Honig
2 EL dunkler Kakao oder Karobe
300 g Weizenvollkornmehl
2 TL Backpulver
100 g grobgeschnittene Walnüsse
3 EL Rum

Butter, Eier und Honig schaumig rühren. Das frisch gemahlene Weizenvollkornmehl, mit Backpulver und Kakao (oder Karobe) vermischt, darunterrühren. Walnüsse und Rum dazugeben.
In eine gut gefettete und gebröselte Kastenform (30 cm lang) füllen und bei 170° C 60–70 Minuten auf der untersten Schiene backen.
Rechtzeitig mit Alufolie abdecken, damit der Kuchen nicht zu dunkel wird (Probe mit Holzstäbchen).
Nach dem Backen in der Form auskühlen lassen, dann herausnehmen.
1–2 Tage vor dem Verzehr backen.

Wiener Aprikosenkuchen

200 g Butter
200 g Honig
4 Eier
Schale von 1 Zitrone, unbehandelt
250 g Weizenvollkornmehl
1/2 TL Backpulver

500–700 g Aprikosen, je nach Größe

Butter, Honig und Eier schaumig rühren, die abgeriebene Zitronenschale sowie das frisch gemahlene Weizenvollkornmehl, mit Backpulver gemischt, dazugeben.
2/3 des Teigs in eine gefettete, gebröselte Springform einfüllen, mit den halbierten Aprikosen belegen und den Rest des Teigs darüberstreichen.
Bei 180° C, unterste Schiene, ca. 40 Minuten backen.
Statt Aprikosen können für den Kuchen auch entsteinte Kirschen oder in Stücke geschnittener Rhabarber verwendet werden.

Zitronenkuchen

Teig:
325 g Weizenvollkornmehl
2 TL Backpulver
1 MS Vollmeersalz
2 Eier
100 g Honig
100 g Butter

Füllung:
250 g Mandeln
8 bittere Mandeln
140 g Honig
50 g Zitronat
30 g Orangeat
Saft und Schale von
1 Zitrone,
unbehandelt
1/8 l Weißwein

Saft von 1 Zitrone,
unbehandelt
4 EL Weißwein

Das frisch gemahlene Weizenvollkornmehl mit dem Backpulver und Vollmeersalz in einer Schüssel mischen, in der Mitte die Eier (1/2 Dotter zum Bestreichen zurückbehalten) und den Honig vermengen, die kalte Butter klein darüberschneiden und alles rasch zusammenkneten. Teig 1/2 Stunde ruhen lassen. Mit 2/3 des Teigs eine Springform auslegen, 2 cm Rand hochziehen und abrädeln.

Die Mandeln fein reiben, mit Honig, dem feingeschnittenen Zitronat und Orangeat, Zitronenschale und -saft und dem Weißwein gut vermengen.

Die Füllung auf den Boden streichen, mit dem restlichen Teig ein Gitter darüberlegen: Teig auf bemehlter Arbeitsfläche dünn auswalken und mit dem Teigrädchen 12 Streifen schneiden, 1/2–1 cm breit.

Je 6 Streifen in zwei verschiedene Richtungen auf den Kuchen legen, so daß ein Rautenmuster entsteht. Das Gitter mit dem Eigelb, vermischt mit 1 TL Wasser, bestreichen.

Bei 180° C ca. 30–40 Minuten, mittlere Schiene, backen.

Nach dem Backen mit dem Saft einer Zitrone, der mit 4 EL Weißwein vermischt ist, vorsichtig den Kuchen tränken (zwischen die Gitter gießen), auskühlen und 2 Tage durchziehen lassen.

Zwetschgenkuchen mit Streusel

Zutaten für Teig und Streusel wie bei Johannisbeerkuchen (s. S. 135), statt Johannisbeeren:
1 250 g Zwetschgen, frisch oder tiefgekühlt

Teig- und Streuselzubereitung wie bei Johannisbeerkuchen. Der Teig braucht nicht vorgebacken zu werden.
Die Zwetschgen entkernen, einschneiden und auf den vorher mit Kleie bestreuten Teigboden legen.
Die Streusel darüber verkrümeln und bei 200° C, 2. Schiene von unten, 35–40 Minuten backen.
Auf einem Gitter auskühlen lassen.

Torten

Allgäuer Ananastorte

Teig:
1 Butterbiskuit (siehe Rezept S. 127

Füllung:
125 g Butter
1/8 l Sahne
100 g Blütenhonig, hell
2–3 Eigelb, je nach Eiergröße
125 g abgeschälte Mandeln
ca. 10 bittere, abgeschälte Mandeln

zum Verzieren:
3/8 l Sahne
1/4 frische Ananas

zum Tränken:
1/16 l Rum, 40%ig

Den Biskuit einmal durchschneiden, obere Schicht mit einem runden Pappteller wegheben. Untere Schicht auf eine Tortenplatte legen, mit Rum beträufeln und mit der Füllung bestreichen.
Füllung: Butter cremig rühren, Eigelb, Honig und ungeschlagene Sahne dazurühren. Süße und bittere Mandeln fein reiben und dazugeben.
Den oberen Boden auf der der Füllung zugewendeten Seite mit Rum tränken und darauflegen.
Torte bedeckt gut 24 Stunden im Kühlschrank stehenlassen.
In 12 Stücke schneiden, mit geschlagener, ungesüßter Sahne bestreichen und mit der Garnierspritze verzieren. Ananas in kleinen Stücken darauflegen. In den Rand ringsherum fein fächerförmig geschnittene Ananasstückchen stecken.

Erdbeer-Sahne-Roulade

Blitzbiskuit:
4 Eiweiß, von großen Eiern
4 EL kaltes Wasser
125 g Honig
4 Eidotter
125 g Weizenvollkornmehl
1 MS Vanille
1 MS Backpulver
2 EL Vollkornsemmelbrösel

Füllung:
500 g Erdbeeren
80 g Honig
1 MS Zimt
1 MS Vanille
1/4 l Sahne

zum Verzieren:
knapp 1/4 l Sahne
100 g Erdbeeren

Eiweiß und kaltes Wasser sehr steif schlagen, Honig und Eigelb darunterziehen. Das frisch gemahlene Weizenvollkornmehl mit Vanille und Backpulver mischen und locker unter die Schaummasse heben.

Backblech fetten, mit Pergamentpapier belegen und dies ebenfalls sehr gut fetten und bröseln. Den Teig gleichmäßig daraufstreichen und in den auf 225° C vorgeheizten Ofen schieben, mittlere Schiene, 10–15 Minuten backen.

Sofort auf ein Geschirrtuch stürzen, das Pergamentpapier mit kaltem Wasser bestreichen und abziehen. Die Biskuitplatte mit dem Tuch aufrollen und auskühlen lassen.

Die Erdbeeren in Scheiben schneiden, Honig, Zimt und Vanille daruntermischen und die steifgeschlagene Sahne unterheben.

Die ausgekühlte Biskuitplatte auseinanderrollen und mit der Erdbeercreme bestreichen, mit Hilfe des Tuches zusammenrollen und auf eine längliche Platte gleiten lassen. Kühl stellen.

Die beiden Enden der Roulade gerade abschneiden. Die Roulade mit steifgeschlagener Sahne mit der Spritztülle verzieren und mit halben Erdbeeren garnieren. Kühl servieren.

Erst bei Tisch aufschneiden, da die Stücke leicht kippen.

Variation:
Statt Erdbeeren kann man für die Füllung auch Himbeeren, Brombeeren oder eine frische, kleingeschnittene Ananas verwenden.

Frankfurter Kranz

Teig:
200 g Butter
200 g Honig
4 Eier
1 MS Vollmeersalz
Saft und Schale von
1 Zitrone,
unbehandelt
450 g Weizenvollkornmehl
4 TL Backpulver
4 EL Milch

200 g Johannisbeer-
marmelade (s. S. 404)
80 g gehobelte Mandeln
20 g Butter

Buttercreme:
3/8 l Milch
75 g Weizenvollkornmehl
2 Eidotter
150 g heller Honig
3 MS Vanille
200 g Butter

zum Tränken:
1/8 l Rum, 40%ig

Die Butter mit Honig und Eiern schaumig rühren, Vollmeersalz, abgeriebene Zitronenschale und -saft dazugeben und das frisch gemahlene Weizenvollkornmehl, mit Backpulver gemischt, sowie die Milch darunterrühren.
In eine gut gefettete, gebröselte Kranzform geben und ca. 40 Minuten bei 175° C, unterste Schiene, backen. Den Kuchen stürzen und 1 Tag auskühlen lassen.
Buttercreme: 1/4 l Milch zum Kochen bringen und das frisch gemahlene Weizenvollkornmehl, mit 1/8 l Milch angerührt, in die Milch geben und 1 Minute kochen lassen. Im Wasserbad unter Rühren abkühlen lassen, Eidotter, Honig und Vanillegewürz dazugeben und das Ganze in die glattgerührte Butter einrühren. Die Creme 10–20 Minuten kühl stellen, sie muß jedoch noch streichfähig sein.
Den Kranz 4mal quer durchschneiden. Vor dem Füllen jede Scheibe mit Rum beträufeln.
1. und 3. Schicht mit Buttercreme,
2. und 4. Schicht mit Johannisbeermarmelade füllen.
Die restliche Buttercreme außen um den ganzen Kranz streichen.
Die Mandeln in Butter ganz leicht bräunen und abgekühlt auf und um

den Kranz streuen, eventuell leicht andrücken.
Den Kranz kühl stellen und mindestens 1 Tag durchziehen lassen. Kühl servieren.

Früchte-Tiramisu

Biskuitteig:
4 Eier
4 EL heißes Wasser
175 g Honig
225 g Dinkelvollkornmehl
1 TL Backpulver
2 MS Vanille

Füllung:
750 g Früchte, z. B. Sauerkirschen, Wildkirschen, Erdbeeren, Ananas, Himbeeren, Brombeeren

2 Eier
125 g Honig
1/2 TL Dänisch-Agar
500 g Mascarpone

zum Verzieren:
2 TL Kakao

Eier mit Wasser und Honig mit dem elektrischen Rührgerät so lange rühren (ca. 10 Minuten), bis eine dicke, cremige Masse entstanden ist.
In einer Schüssel frisch gemahlenes Dinkelvollkornmehl mit Backpulver und Vanille mischen. Die cremige Masse darübergeben und mit Stielteigschaber unterheben.
Teig in eine gut gefettete, gebröselte Springform (Ø 26 cm) füllen und bei 200° C, unterste Schiene, 20 Minuten backen.
Auf einem Gitter auskühlen lassen, Springformrand lösen und nach dem Erkalten auf eine Tortenplatte heben.
Mit scharfem Messer Biskuit waagrecht in 2 gleichgroße Hälften teilen.
Eier und Honig mit elektrischem Rührgerät zu einer dicken Creme rühren (ca. 10 Minuten), dann Dänisch-Agar und Mascarpone dazurühren.
Früchte vorbereiten, z. B. Sauerkirschen oder Wildkirschen entkernen, Erdbeeren vierteln, Ananas klein würfeln.

Sauerkirschen, Wildkirschen, Himbeeren, Brombeeren können auch aus der Tiefkühlung, jedoch aufgetaut, verwendet werden.
Die Hälfte der saftigen Früchte auf die Biskuit-Bodenhälfte verteilen. Darüber die Hälfte der Creme streichen und mit 1 TL Kakao (mit Hilfe eines Teesiebes) bestreuen. Biskuit-Oberhälfte daraufsetzen, mit dem Rest der Früchte belegen, restliche Creme glatt und gleichmäßig daraufstreichen. Mit gezacktem Teigschaber Rillen in die Creme ziehen und mit 1 TL Kakao bestreuen.
Im Kühlschrank zugedeckt einige Stunden durchziehen lassen.

Gespickter Rehrücken

Teig:
200 g Butter
200 g Honig
4 Eier
100 g Mandeln
1 EL Rum
150 g Weizenvollkornmehl
1 MS Vanille
1 gestrichener TL Backpulver
2 EL dunkler Kakao

Buttercreme:
3 Eier
100 g Honig
7 g Pulverkaffee (ca. 3 TL)
200 g Butter

zum Verzieren:
ca. 150 g gestiftelte Mandeln

Butter, Honig und Eier schaumig rühren, die geriebenen Mandeln und Rum dazugeben.
Das frisch gemahlene Weizenvollkornmehl mit Vanille, Backpulver und Kakao mischen und unter den Teig rühren. In eine gut gefettete, gebröselte Rehrückenform (35 cm lang) geben und bei 175° C, unterste Schiene, 50–60 Minuten backen.
Nach dem Backen vorsichtig stürzen und 1 Tag auskühlen lassen.
Die Eier mit dem Honig und Pulverkaffee cremig schlagen (15 Minuten mit dem Elektroquirl) und langsam mit dem Schneebesen in die glattgerührte Butter einrühren. Die fertige Buttercreme kurz kühl stellen, sie muß noch streichfähig sein. (Wenn die Buttercreme gerinnt, auf einem Topf mit kochendem Wasser wieder glattrühren, dann kühlen.)
Den gebackenen Rehrücken in ca. 7 Schichten aufschneiden, jede Schicht mit Buttercreme bestreichen und wieder aufeinandersetzen.
Außen mit Buttercreme verstreichen und mit Mandeln spicken. Kühl servieren.

Haselnußtorte

Teig:
8 Eier
250 g Honig
350 g Haselnüsse
3 EL Rum
1 gestrichener TL Backpulver
Schale von 1 Zitrone, unbehandelt
2 MS Vanille

Weincreme:
1/2 l Weißwein
3 Päckchen Vanillesaucenpulver, ungefärbt
1 gehäufter TL Agar-Agar

180 g heller Honig
3 Eidotter
3 Eiweiß

150 g Johannisbeermarmelade (s. S. 404)
1/4 l Sahne
12 Haselnüsse

Eier und Honig mit dem elektrischen Rührgerät ca. 20 Minuten schaumig rühren. Die Creme muß so dick sein, daß man darauf schreiben kann.
Die geriebenen Haselnüsse mit Rum tränken, mit Backpulver, Zitronenschale und Vanille mischen und unter die Eiercreme heben. In eine gefettete, gebröselte Springform füllen, im vorgeheizten Backofen bei 165° C, 2. Schiene von unten, 30–40 Minuten backen (Probe mit Holzstäbchen). Rechtzeitig mit Folie abdecken; nach dem Backen Springformrand abnehmen und auskühlen lassen.
Am nächsten Tag mit einem scharfen Messer in 4 Platten schneiden, mit Kuchenretter abheben und mit Weincreme füllen:
1. Schicht Weincreme
2. Schicht Johannisbeermarmelade
3. Schicht Weincreme
Den letzten Boden darauflegen und auch mit Weincreme bestreichen. Im Kühlschrank 24 Stunden ruhen lassen. Am nächsten Tag in 12 Stücke schneiden und mit Schlagsahne verzieren. Den Tortenrand mit Sahnetupfen bedecken. Jedes Stück mit einer kleinen Haselnuß verzieren.
Zubereitung der Weincreme: 3/8 l Weißwein zum Kochen bringen, mit

1/8 l das Vanillesaucenpulver und das Agar-Agar verrühren, in den kochenden Wein geben und aufkochen lassen.
Unter ständigem Rühren im Wasserbad etwas abkühlen lassen. Eidotter, Honig und schließlich den steifgeschlagenen Eischnee unterheben.
Die Menge ist ausreichend zum Füllen von 3 Schichten.

Heidelbeertorte

Biskuitteig:
4 Eier
6 EL heißes Wasser
175 g Honig

150 g Weizenvollkornmehl
100 g Dinkelvollkornmehl
1 TL Backpulver
30 g Butter

Füllung:
400 g Sahne
2 MS Dänisch-Agar
250 g Sahnequark
100 g Honig

700 g Heidelbeeren
Zimt

zum Verzieren:
50 g Heidelbeeren
200 g Sahne

Eier mit Wasser und Honig im Rührgerät so lange schlagen, bis eine dicke, fast steife Creme entstanden ist.
In einer großen Schüssel frischgemahlenes Weizen- und Dinkelvollkornmehl mit Backpulver mischen. Die Eier-Honig-Creme darübergeben und das Mehl mit dem Schneebesen unterziehen. Butter erwärmen und unter den Teig heben.
Teig in eine gefettete, gebröselte Springform (Ø 26 cm) füllen und bei 175 °C, unterste Schiene, 25 Minuten backen.
Auf einem Kuchengitter auskühlen lassen. Nach einigen Minuten mit einem Messer vorsichtig Biskuit vom Springformrand lösen und Form öffnen. Nach dem Erkalten den Biskuit zuerst mit Messer vom Springform-

boden lösen, dann mit Kuchenretter abheben.
Biskuit zweimal quer durchschneiden und füllen: Sahne mit Dänisch-Agar steif schlagen, Sahnequark und flüssigen Honig dazurühren. Die Hälfte der Füllung auf den unterste Tortenboden streichen, darauf die Hälfte der Heidelbeeren verteilen und dünn mit Zimt bestreuen.
Zweiten Biskuitboden daraufsetzen, die restliche Füllung daraufstreichen, Beeren und Zimt daraufgeben und den 3. Boden daraufsetzen.
Sahne steif schlagen, einen Teil in die Garnierspritze füllen und Rest auf Torten-Oberseite und -Rand streichen.
Torte mit Sahnetupfern und Heidelbeeren verzieren.

Linzer Torte

300 g Weizenvollkornmehl
1 gehäufter TL Backpulver
1 MS Vollmeersalz
1 MS Vanille
2 MS Nelken
2 TL Zimt
2 Eier
125 g Honig
75 g Butter
125 g Haselnüsse und Mandeln gemischt
8 bittere Mandeln

200 g Johannisbeermarmelade (s. S. 404)

Das frisch gemahlene Weizenvollkornmehl mit dem Backpulver und den Gewürzen in einer Schüssel mischen. In der Mitte die Eier (1/2 Dotter zum Bestreichen zurücklassen!) und den Honig mit Mehl vermengen, die kalte, feingeschnittene Butter und die gemahlenen Nüsse darübergeben und alles rasch zusammenkneten. 2/3 des Teigs in eine Springform legen, 1 cm Rand heraufdrücken, abrädeln und 30 Minuten ruhen lassen. Den Boden mit Johannisbeermarmelade bestreichen und von dem restlichen Drittel des Teigs Gitter herstellen: Teig auf bemehlter Arbeitsfläche dünn auswalken. Mit dem Teigrädchen 12 Gitterstreifen ausrädeln, 1 cm breit, in zwei Richtungen auf die Torte legen, so daß ein Rautenmuster entsteht.

Das zurückgelassene Eigelb mit 1 TL Wasser verrühren und das Gitter damit bestreichen.

Bei 200 ° C ca. 20 Minuten auf mittlerer Schiene backen.

Die Torte erst 2 Tage durchziehen lassen, bevor sie gegessen wird.

Nußtorte Mozart

10 Eier
400 g Honig
250 g Haselnüsse, gerieben
150 g Vollkornsemmelbrösel
6 EL Rum
1 MS Nelken
Schale von 1/2 Zitrone, unbehandelt

In einer großen Rührschüssel werden die Eier und der Honig mit dem elektrischen Rührgerät (Stufe 2 und 3 abwechselnd) schaumig geschlagen. Die Menge verdreifacht sich ungefähr und muß so schaumig sein, daß man darauf schreiben kann und die Schrift langsam zerläuft. Rührdauer ca. 30 Minuten.

Mit dem Schneebesen die geriebenen Haselnüsse und die mit Rum getränkten Semmelbrösel darunterheben, die Zitrone abreiben und die Nelken dazugeben.

In die gebutterte, gebröselte Springform (Ø 28 cm) füllen und in den vorgeheizten Ofen auf die 2. Schiene von unten einschieben. Bei 165° C ca. 45 Minuten backen (eventuell 10 Minuten Nachhitze). Rechtzeitig mit Alufolie abdecken, damit die Torte nicht zu dunkel wird.

Gleich nach dem Herausnehmen den Rand vorsichtig mit dem Messer lösen und die Springform aufmachen. Auskühlen lassen und dann den Springformboden wegnehmen. Die Torte sollte 2 Tage durchziehen.

Auf einem weißen Spitzendeckchen anrichten und geschlagene Sahne dazu reichen.

Prager Apfeltorte

Teig:
100 g Butter
150 g Honig
2 Eier
150 g Weizenvollkornmehl
1 MS Vanille
1 TL Backpulver

Belag:
500 g Äpfel
Saft von 1/2 Zitrone, unbehandelt

30 g Butter
50 g Honig
75 g Walnußkerne
1 EL Milch
2 MS Zimt

Aus Butter, Honig und Eiern eine Schaummasse rühren und das frisch gemahlene Weizenvollkornmehl mit Vanille und Backpulver gemischt unterheben.
Den Teig in eine gefettete Springform (Ø 26 cm) streichen. Die Äpfel schälen, achteln, mit Zitronensaft beträufeln und in zwei Kreisen auf den Teig legen.
Butter, Honig, grobgehackte Walnußkerne und Milch kurz aufkochen, mit Zimt würzen und etwas abgekühlt auf den Äpfeln verteilen.
bei 175° C auf der untersten Schiene ca. 45 Minuten backen. Springformrand entfernen, auf einem Gitter auskühlen lassen.
Ausgekühlt die Torte mit Hilfe eines Kuchenretters vom Springformboden nehmen.
Mit geschlagener Sahne reichen.

Sachertorte

Teig:
125 g Butter
300 g Honig
3 Eier
1 MS gemahlene Nelken
1 gestrichener EL Zimt
2 gehäufte EL Kakao
325 g Weizenvollkornmehl
4 TL Backpulver
1/8 l Milch

Füllung:
350 g Johannisbeer-marmelade (s. S. 404)
1/4 l Sahne
5–10 g Bitterschokolade

Butter schaumig rühren, Honig, Eier und Gewürze dazurühren.
Das frisch gemahlene Weizenvollkornmehl mit dem Backpulver mischen und darunterheben. Langsam die Milch dazugeben. In eine gut gefettete und gebröselte Springform (Ø 26 cm) füllen und bei 175° C, unterste Schiene, ca. 40–45 Minuten im vorgeheizten Ofen backen.
Die ausgekühlte Torte 2mal durchschneiden und mit Johannisbeermarmelade füllen. 1 Tag durchziehen lassen.
In 12 Stücke aufschneiden und mit steifgeschlagener Sahne garnieren. Bitterschokolade fein darüber reiben.

Sachertorte exclusiv

Teig:
Siehe Sachertorte S. 172

Füllung:
450 g Johannisbeermarmelade (s. S. 404)
300 g Honigmarzipan
75 g Bitterschokolade
8–10 EL Sahne

Honigmarzipan:
200 g Mandeln
10 Bittermandeln
100 g Blütenhonig, fest
2–3 EL Rosenwasser

Schokoladenglasur:
100 g Bitterschokolade
10–12 EL Sahne

Torte backen wie bei Sachertorte S. 172 beschrieben. Auskühlen lassen, zweimal durchschneiden und die Torte schichtweise aufbauen:
1. Schicht Tortenboden
2. Schicht Marmelade, ganz dünn
3. Schicht Marzipanboden
4. Schicht Marmelade, ganz dünn
5. Schicht Tortenboden
6. Schicht Marmelade, etwas dicker
7. Schicht Tortenboden
8. Schicht Marmelade, ganz dünn
9. Schicht Marzipanboden
10. Schicht Schokoladenglasur
Marzipanherstellung: Mandeln und Bittermandeln in Wasser erhitzen, herausnehmen und Schale abziehen, trocknen und mit der Nußmühle fein mahlen. Die gemahlenen Mandeln in 3–4 Portionen nacheinander in der Moulinette staubfein mahlen. Dann 1 EL Rosenwasser dazugeben, aus der Schüssel herausnehmen und mit festem Blütenhonig verkneten.
Die Hälfte der Marzipanmasse zwischen 2 Blatt Butterbrotpapier in Springformgröße auswalken. Dabei feuchtes Geschirrtuch unter Butterbrotpapier legen.
Beim Auflegen des Marzipanbodens zuerst ein Blatt abziehen, Boden auf die Marmelade legen und vorsichtig

das zweite Blatt mit Hilfe eines Messers entfernen.
Schokoladenglasur: Bitterschokolade in Sahne erhitzen und verrühren. Die Glasur schnell, solange sie heiß ist, auf der Torte und am Rand mit glattem Messer oder Palette verstreichen. Den leicht abgekühlten Rest, ca. 2 EL, in einen kleineren Gefrierbeutel geben. Mit einem Zahnstocher ein Loch in eine Tütenecke stechen. Die Glasur durch das Loch auf die Torte drücken und diese verzieren, z. B. Sacher-Schriftzug, einen beliebigen Namen, Herzen, Blumen o.ä. Die Torte kühl stellen. Sie kann einen oder mehrere Tage vor dem Verzehr gebacken werden.
Beim Aufschneiden der Torte Messer vorher in heißes Wasser tauchen (16 Stücke).

Schweizer Rüblitorte

Teig:
4 Eigelb
2 EL heißes Wasser
200 g Honig
2 EL Rum
100 g Weizenvollkornmehl
1 gehäufter TL Backpulver
200 g Mandeln
10 bittere Mandeln
200 g Karotten
4 Eiweiß

Füllung:
1/4 l Sahne
3 EL Sanddornsaft, honiggesüßt

zum Verzieren:
1/4 l Sahne

40 g gehobelte Mandeln
10 g Butter

Mit einem Schneebesen das Eigelb mit heißem Wasser 3–5 Minuten schaumig schlagen und langsam den Honig und den Rum dazugeben, noch 5 Minuten gut schlagen.
Über die Eigelbcreme nun das frisch gemahlene, mit Backpulver vermengte Weizenvollkornmehl geben, darüber die geriebenen Mandeln und Bittermandeln, die feingeriebenen rohen Karotten und den Eischnee vorsichtig unterziehen, nicht mehr rühren.
In eine gut gefettete, gebröselte Springform (Ø 26 cm) einfüllen und im vorgeheizten Ofen bei 175° C auf der untersten Schiene ca. 35–40 Minuten backen.
Nach dem Backen auskühlen lassen, 2mal durchschneiden und mit geschlagener Sanddornsahne (unter die steife Sahne den Sanddornsaft rühren) füllen.
Tortenoberseite und -rand mit geschlagener Sahne bestreichen.
Rest der Sahne in Garnierspritze füllen und die Torte verzieren.
Den Tortenrand mit leicht gebräunten, gehobelten Mandeln verzieren.

Osterbackwaren

Backen von Osterlämmern

Als Rezept eignen sich alle Rührkuchen, z. B.
1/2 Königskuchenrezept
oder
1/2 Marmorkuchenrezept
oder
3/4 Mohrenkuchenrezept
ergibt 1 großes Lämmchen

Das Backen der Osterlämmer ist sehr einfach, wenn man einige wichtige Punkte beachtet:
Die Lämmer-Formen werden zum Einpinseln mit Butter auseinandergenommen, so daß man gut in jede Ritze kommt. Sie werden dann zusammengesteckt und gut ausgebröselt, auch der Kopf. Dann wird der Teig eingefüllt, nicht ganz voll, sonst läuft er heraus. Zuerst füllt man mit einem Löffel den Kopf aus, dann den übrigen Körper.
Nun werden sie auf die unterste Schiene auf ein Backblech gestellt (da immer Fett aus den Ritzen tropft) und bei 175° C 1 1/4 Stunden gebacken. Nach ca. 30–45 Minuten oben mit Alufolie abdecken.
Die Lämmchen in der Form etwa 1 Stunde abkühlen lassen, dann vorsichtig die eine Hälfte der Form abnehmen und das Lämmchen liegend ganz erkalten lassen. Dann die andere Hälfte vorsichtig abnehmen.
Wenn da Lämmchen nicht gut steht, unten etwas abschneiden. Einige Tage vor Ostern backen, daß sie gut durchziehen können. Ausgekühlt in einer Folie aufbewahren.

Um den Hals eine Schleife mit einer kleinen Glocke binden.

Nußlämmchen

125 g Butter
150 g Honig
2 Eier
1 MS Vanille
125 g Haselnüsse
200 g Weizenvollkornmehl
2 TL Backpulver
1/8 l Milch
1 EL Rum, 40%ig

Die Butter, den Honig und die Eier schaumig rühren, dann das Vanillegewürz und die geriebenen Haselnüsse, das frisch gemahlene Weizenvollkornmehl mit Backpulver, die Milch und den Rum dazurühren. In die Form füllen und wie angegeben backen, siehe Seite 176.
Die Menge ergibt 1 großes Lämmchen.

Streusellämmchen

Als Rezept eignen sich der Teig und die Streusel des Streuselosterhasen, (s. S. 179)

Man fertigt eine Pappschablone an, schneidet oder rädelt den ausgewalkten Teig (ca. 1/2 cm dick) aus und legt die Figuren auf das gefettete, bemehlte Blech. Dann belegt man sie dick mit Streuseln, setzt als Auge eine Korinthe und als Ohr eine Mandel auf.
Die Menge ergibt ca. 12 Lämmchen.
Backen bei 200° C, mittlere Schiene, ca. 15 Minuten.

Kleine Osterhasen

600 g Weizenvollkornmehl
1 gestrichener TL Backpulver
180 g Haselnüsse
220 g Honig
2 MS Vanille
2 Eier
1 MS Vollmeersalz
250 g Butter

1 Osterhasen-Ausstechform

Das frisch gemahlene Weizenvollkornmehl mit dem Backpulver und den geriebenen Haselnüssen in einer Schüssel mischen, eine Vertiefung drücken und darin den Honig, die Eier, Vanille und Vollmeersalz verrühren.

Die kalte Butter darüberschneiden und alles rasch zusammenkneten. Den Teig 1 Stunde ruhen lassen.

In kleinen Partien auf einer leicht bemehlten Arbeitsfläche auswalken, mit der Hasenform ausstechen und auf das Blech legen.

Bei 190° C ca. 10–15 Minuten, mittlere Schienen backen.

Die Menge ergibt ca. 50 Häschen, 3 Bleche.

Streuselosterhasen

Teig:
800 g Weizenvollkornmehl
1/8 l Milch
40 g Hefe

1/4 l Milch
125 g Honig
100 g Butter
1 Ei
1/4 TL Vollmeersalz
Schale von 1 Zitrone, unbehandelt

Streusel:
400 g Weizenvollkornmehl
2 TL Zimt
2 MS Vanille
200 g Butter
240 g Honig

1 Pappschablone eines sitzenden Hasen mit Huckekorb, ca. 25 cm hoch

In eine Backschüssel gibt man das frisch gemahlene Weizenvollkornmehl und verrührt in einer Vertiefung die in lauwarmer Milch aufgelöste Hefe mit dem Mehl zu einem dicklichen Brei, bestreut ihn mit Mehl und läßt ihn 15 Minuten gehen.
In die lauwarme Milch gibt man die kleingeschnittene Butter, den Honig, das Vollmeersalz, das Ei und die abgeriebene Zitronenschale und gibt dies unter Rühren an den gegangenen Vorteig. Den Teig glattkneten und in einer bemehlten Schüssel ca. 30–45 Minuten gehen lassen.
Zur Streuselbereitung läßt man die Butter zerlaufen, mischt das Weizenvollkornmehl mit Zimt und Vanille und rührt den Honig und die abgekühlte Butter dazu, 30 Minuten kühl stellen.
Wenn sich das Teigvolumen verdoppelt hat, knetet man zuerst die eine Hälfte nochmals durch und walkt sie auf einer bemehlten Arbeitsfläche etwa 1/2 cm dick aus, legt die bemehlte, zugeschnittene Backschablone auf und schneidet mit dem Teigrädchen die Hasen aus. Man legt sie auf ein gefettetes Backblech, belegt sie dicht mit Streusel und bäckt sie bei 200° C, mittlere Schiene, ca. 20 Minuten. Mit der 2. Teighälfte verfährt man ebenso.

Die Hasen gehen stark auf. Auf ein normal großes Backblech passen 3 Hasen.
Die Teig- und Streuselmenge ist ausreichend für 6 Hasen. Die Hasen vorsichtig vom Blech nehmen und auf einem Gitter auskühlen lassen. Abgekühlt in Frischhaltebeutel bis Ostern verpacken. Nicht länger als eine Woche vorher backen.
Die Hasen bekommen um den Hals eine bunte Schleife.

Ostergebäck Hase und Hahn

1 Rezept Streuselosterhasen-Teig (s. S. 179)

Aus dem Teig für Streuselosterhasen kann man Hase und Hahn backen (Foto siehe Bildteil).
Den Teig knapp 1 cm dick auswalken, Backschablone auflegen und mit dem Messer umfahren. Die Figuren auf ein gefettetes, bemehltes Blech legen. Den Hasen an den Ohren und Beinen einschneiden und nach der Schablone und dem Foto (siehe Bildteil) legen. Beim Hahn den Schwanz einschneiden und aufrollen (siehe Foto).
Das Rezept ergibt ca. 25 Figuren. Vor dem Backen mit 1 Eigelb und 1 TL Milch verrührt bestreichen. Als Auge eine Korinthe einsetzen. Backen bei 175° C, ca. 20 Minuten, mittlere Schiene.

Weihnachtsgebäck

Basler Leckerli

Teig:
125 g Mandeln
125 g Haselnüsse
75 g Zitronat
75 g Orangeat
4 EL Kirschwasser

750 g Weizenvollkornmehl
20 g Lebkuchengewürz
Saft und Schale von
1 Zitrone,
unbehandelt
3 Eidotter
750 g Honig
50 g Butter
2 1/2 g Hirschhornsalz und 1 EL Wasser

zum Bestreichen:
1 Eigelb und 1 TL Milch

zum Verzieren:
100 g Wallnußkerne

Mandeln und Haselnüsse grob hakken, Zitronat und Orangeat fein würfeln, mit Kirschwasser tränken, gut mischen und später zum Teig geben. Das frisch gemahlene Weizenvollkornmehl in einer Schüssel mit Lebkuchengewürz mischen, eine Vertiefung drücken und die Zitronenschale und den Zitronensaft, die Eidotter, den Honig, die zerlassene Butter und das in Wasser aufgelöste Hirschhornsalz hineingeben und von der Mitte aus mit dem Vollkornmehl vermengen. Den Teig über Nacht ruhen lassen.

Teig auf einem gefetteten, bemehlten Backblech auswalken oder mit dem in warmes Wasser getauchten Teigschaber verstreichen. Mit Eigelb bestreichen und die geviertelten Walnüsse reihenweise gleichmäßig auflegen.

Bei 175° C ca. 25 Minuten backen, unterste Schiene. Noch warm mit Messer in ca. 100 Stücke schneiden, auskühlen lassen und vom Blech nehmen. Einige Tage durchziehen lassen.

Buttersterne

Teig:
400 g Weizenvollkornmehl
1 TL Zimt
175 g Honig
1 Eidotter
1 EL Arrak
250 g Butter

zum Bestreichen:
2 EL Milch

Das frisch gemahlene Weizenvollkornmehl in einer Schüssel mit Zimt vermischen, Honig, Eidotter und Arrak von der Mitte aus mit Vollkornmehl verrühren. Die kalte Butter darüberschneiden, rasch zusammenkneten und über Nacht ruhen lassen.
Auf einer bemehlten Arbeitsfläche in kleinen Portionen 1/2 cm dick auswalken, Sterne ausstechen, auf ein bemehltes Blech legen und mit Milch bestreichen.
Bei 175° C 12–15 Minuten, mittlere Schiene, hell backen. Auf dem Blech erkalten lassen, dann erst auf ein Gitter legen.
Die angegebene Menge ergibt ca. 55 Stück oder 2 Bleche.

Christstollen

Teig:
250 g Sultaninen, ungeschwefelt
125 g Korinthen
125 g Orangeat
125 g Zitronat
200 g abgezogene Mandeln
1/16 l Rum

1 000 g Weizenvollkornmehl
1/4 l Milch
100 g Hefe

100 g Butter
100 g Butterschmalz
1 Ei
175 g heller Honig
Saft und Schale von 1 Zitrone, unbehandelt
1 TL Vollmeersalz

zum Bestreichen:
50 g Butter

zum Verzieren:
30 g Butter
30 g Honig
30 g geschälte Mandeln

Die Sultaninen, Korinthen, das feingeschnittene Zitronat und Orangeat sowie die gehackten Mandeln mit Rum tränken, gut mischen und zugedeckt über Nacht ziehen lassen.
Das frisch gemahlene Weizenvollkornmehl in eine Schüssel geben, eine Vertiefung drücken und darin die in lauwarmer Milch aufgelöste Hefe mit etwas Mehl zu einem dicklichen Brei rühren. Mit Mehl bestäubt ca. 20 Minuten gehen lassen.
In der Zwischenzeit die Butter, das Butterschmalz, Ei und Honig schaumig rühren, die abgeriebene Zitronenschale, den Zitronensaft und das Vollmeersalz dazugeben.
Das Ganze nun zu dem gegangenen Vorteig geben, von der Mitte aus mit Mehl verrühren und dann zu einem glatten, geschmeidigen Teig kneten. Die getränkten Trockenfrüchte einkneten und den Teig in einer bemehlten Schüssel zugedeckt 1 Stunde an einem warmen Ort gehen lassen.
Den gegangenen Teig nochmals durchkneten, zu einem ovalen Teigstück auswalken, der Länge nach zusammenschlagen und einen Stollen formen.
Auf ein gefettetes, bemehltes Blech legen und zugedeckt 1 Stunde gehen lassen. In den auf 250° C vorgeheiz-

ten Ofen, unterste Schiene, schieben, auf 180° C zurückdrehen und ca. 70 Minuten backen. Eventuell nach 45 Minuten Alufolie darüberlegen, daß er nicht zu dunkel wird.
Gleich nach dem Backen mit zerlassener Butter bestreichen. Auf einem Gitter 1 Tag auskühlen lassen, dann in Folie verpacken.
Der Stollen gewinnt an Geschmack, wenn er eine Woche alt ist.
Vor dem Servieren Butter und Honig zerlaufen lassen, Stollen damit bestreichen und mit feinst geriebenen Mandeln bestreuen.

Elisen-Lebkuchen

Teig:
3 Eier
300 g Honig
375 g Mandeln
20 bittere Mandeln
60 g Zitronat
60 g Orangeat
2 TL Zimt
1 MS Nelken
Schale von 1 Zitrone, unbehandelt
1/2 TL Backpulver

ca. 35 Oblaten, Ø 7 cm oder 20 Oblaten, Ø 9 cm

zum Verzieren:
halbierte, abgezogene Mandeln

Eier mit dem Rührgerät schaumig schlagen, Honig hineinlaufen lassen und weiter schaumig schlagen, ca. 15 Minuten.
Die Mandeln und die bitteren Mandeln mit der Schale fein reiben, Zitronat und Orangeat fein schneiden. Die Gewürze, das Backpulver sowie das Zitronat und Orangeat mit den Mandeln vermischen und unter die Schaummasse rühren.
Den Teig auf die Oblaten streichen, Messer ab und zu in Wasser tauchen; ergibt ca. 35 Stück, Ø 7 cm oder ca. 20 Stück Ø 9 cm.
Als Verzierung in die Mitte einige ab-

gezogene, halbierte Mandeln legen. Über Nacht trocknen lassen.
Auf einem ungefetteten Blech, mittlere Schiene, bei 170° C 25 Minuten backen.

Früchtebrot

Teig:
125 g Honig
4 Eier
2 EL Rum
175 g Weizenvollkornmehl
1 gehäufter TL Backpulver
2 TL Zimt

175 g Haselnüsse
175 g Feigen
125 g Datteln
125 g Zitronat
325 g Sultaninen, ungeschwefelt

zum Verzieren:
einige halbierte, abgezogene Mandeln

Honig, Eier und Rum schaumig rühren. Das frisch gemahlene Weizenvollkornmehl mit Backpulver und Zimt vermischen und die Schaummasse darunterrühren.
Die halbierten Haselnüsse, Feigen und Datteln grob geschnitten, Zitronat, fein geschnitten, und die Sultaninen unter den Teig heben.
In eine mit Butterbrotpapier ausgelegte, gefettete Kastenform (30 cm) geben. Mit halbierten, abgeschälten Mandeln verzieren.
Bei 160° C, unterste Schiene, ca. 1 Stunde backen.
Einige Tage durchziehen lassen, in dünne Scheiben aufschneiden.

Gefüllte Lebkuchen

Teig:
375 g Honig
2 Eier
80 g Butter
20 g Lebkuchengewürz
5 g Hirschhornsalz und 1 EL Wasser
500 g Weizenvollkornmehl

Füllung:
125 g Haselnüsse
60 g Zitronat
30 g Orangeat
30 g Mandeln
120 g Honig
2 Eier

zum Verzieren:
Zitronatscheibchen
250 g geschälte, halbierte Mandeln
1 Eidotter und 1 TL Milch

Den Honig, die Eier, die zerlassene Butter, das Lebkuchengewürz, das mit Wasser aufgelöste Hirschhornsalz verrühren und das frisch gemahlene Weizenvollkornmehl unter Rühren dazugeben. Den weichen Teig über Nacht ziehen lassen.

Füllung: Die geriebenen Haselnüsse und Mandeln, das feingeschnittene Zitronat und Orangeat mit Honig und Eiern verrühren.

Auf einer bemehlten Arbeitsfläche den Teig ca. 4 mm dick auswalken, mit einem Glas (Ø 6 cm) runde Plätzchen ausstechen, mit Füllung bestreichen und ein 2. Plätzchen daraufsetzen. Andrücken oder mit dem Glas nachstechen. Mit verrührtem Eidotter bestreichen, in die Mitte ein Scheibchen Zitronat (mit dem Apfelausstecher ausstechen) drücken und 5 geschälte, halbierte Mandeln sternförmig herumlegen.

Bei 175° C im vorgeheizten Ofen, mittlere Schiene, ca. 20 Minuten backen.

Die Menge ergibt ca. 35 Stück.

Haselnußplätzchen

Teig:
2 Eier, getrennt
200 g Honig
1 MS Vanille
250 g Haselnüsse

35 Oblaten, 40 mm Ø

zum Verzieren:
ganze Haselnüsse

Unter den steifen Eischnee den Honig, das Eigelb und die Vanille rühren, die feingemahlenen Haselnüsse unterheben. Den Teig 1 Stunde ruhen lassen.
Jeweils 1 TL Teig abstechen und mit feuchten Händen Kugeln formen. Auf Oblaten setzen, in die Mitte eine ganze Haselnuß legen.
Bei 175° C ca. 25 Minuten auf der 2. Schiene von unten backen.
Die Menge ergibt ca. 35 Plätzchen, 1 Blech.

Haselnußringe

Teig:
275 g Weizenvollkornmehl
100 g Haselnüsse
1 MS Vanille
1 Ei
140 g Honig
140 g Butter

zum Bestreichen:
1 Eigelb und 1 TL Milch

In einer Schüssel das frisch gemahlene Weizenvollkornmehl mit den gemahlenen Haselnüssen und der Vanille mischen. Eine Vertiefung drükken und darin das Ei und den Honig verrühren. Die kalte Butter fein darüberschneiden und alles rasch zusammenkneten. Den Teig über Nacht ruhen lassen.
Auf einer gut bemehlten Arbeitsfläche den Teig in kleinen Partien 1/2 cm dick auswalken, Ringe ausstechen, Eigelb und Milch verrühren und die Ringe dünn bestreichen. Auf einem ungefetteten Blech bei 175° C, mittlere Schiene, ca. 10–15 Minuten hell backen.

Die Menge ergibt ca. 35 Ringe, 2 Bleche.

Honigpfefferkuchen

Teig:
1 000 g Weizenvollkornmehl
1 TL Cardamom
1 TL Zimt
1 MS Nelken
3 MS Cayennepfeffer (rot)
4 TL Backpulver

2 Eier
1 000 g Honig
2 1/2 g Hirschhornsalz und 2 EL Wasser
330 g Wasser

zum Verzieren:
30 Zitronatscheibchen
30 x 5 abgezogene, halbierte Mandeln

Das frisch gemahlene Weizenvollkornmehl in einer Schüssel mit den Gewürzen und dem Backpulver mischen.
Eier und Honig im Rührgerät schaumig rühren, Hirschhornsalz, in Wasser aufgelöst, und das abgewogene Wasser dazugeben.
Dieses Gemisch unter das Vollkornmehl rühren und auf ein gut gefettetes Blech gießen. Mit Zitronenscheibchen und abgezogenen, halbierten Mandeln ca. 30 Blumen auflegen, genau in Reihen 5 x 6 Stück, damit nach dem Backen, wenn der Honigkuchen aufgeschnitten wird, auf jedem Stück eine Blume ist.
Bei 175° C auf der untersten Schiene 30–40 Minuten backen.
Noch warm in Stücke schneiden. Ausgekühlt in einer Dose aufbewahren. Erst nach einigen Tagen erreicht dieses Gebäck den vollen Wohlgeschmack.

Husarenkrapfen

Teig:
250 g Weizenvollkornmehl
1 MS Vanille
2 Eigelb
100 g Honig
150 g Butter

zum Verzieren:
50 g geschälte und gehackte Mandeln
2 EL Johannisbeer-marmelade (s. S. 404)

zum Bestreichen:
1 Eigelb und 1 TL Wasser

In einer Schüssel das frisch gemahlene Weizenvollkornmehl mit Vanille mischen, Eigelb und Honig darunterrühren, die kalte Butter fein darüberschneiden und alles rasch zusammenkneten. Den Teig ca. 2 Stunden ruhen lassen.

Aus dem Teig eine lange Rolle formen und in ca. 40 Teigstücke schneiden. Aus jedem Teigstück eine Kugel drehen und mit einem kleinen Kochlöffelstiel ein Loch hineindrücken. Eigelb mit Wasser verrühren, die Plätzchen damit bestreichen und mit der bestrichenen Seite in die gehackten Mandeln drücken. Die Löcher nochmals nachdrücken und mit der Garnierspritze etwas Marmelade hineinspritzen.

Auf ein ungefettetes Blech legen und bei 190° C ca. 15–20 Minuten, mittlere Schiene, backen.

Die Menge ergibt ca. 40 Krapfen, 1 Blech.

Hutzelbrot

Teig:
500 g Weizenvollkornmehl
2 TL Zimt
je 1 MS gemahlene Nelken, Anis, Fenchel und Vollmeersalz
1/4 l Einweichwasser
30 g Hefe

2 EL Honig
2 EL Rum

125 g getrocknete Birnen (Hutzeln)
125 g getrocknete Zwetschgen
125 g getrocknete Aprikosen, ungeschwefelt
125 g getrocknete Feigen
125 g Haselnüsse
125 g Sultaninen, ungeschwefelt
1 EL feingeschnittenes Zitronat
1 EL feingeschnittenes Orangeat

etwas Streumehl

zum Verzieren:
einige abgezogene, halbierte Mandeln

zum Bestreichen:
Honigwasser (1 EL Honig und 5 EL Wasser)

Birnen, Zwetschgen, Aprikosen und Feigen kurz waschen und in gut 1/2 l Wasser 8–10 Stunden einweichen, dann grob schneiden.
Das frisch gemahlene Weizenvollkornmehl in eine Schüssel geben, mit den Gewürzen mischen, eine Vertiefung drücken und dann die in dem lauwarmen Einweichwasser aufgelöste Hefe mit dem Mehl zu einem dicklichen Brei rühren. Mit etwas Vollkornmehl bedecken und ca. 15 Minuten gehen lassen.
Honig und Rum dazugeben und alles zu einem glatten Teig kneten. Nun alle eingeweichten, grobgeschnittenen Trockenfrüchte sowie die ganzen Haselnüsse, Sultaninen und das feingeschnittene Zitronat und Orangeat dazugeben. Alles gut durchkneten und in einer bemehlten Schüssel ca. 3 Stunden gehen lassen. Den Teig teilen und 2–4 kleine Laibe formen, aufs gefettete Blech legen, mit Honigwasser bestreichen und mit halbierten, abgezogenen Mandeln verzieren. 1 Stunde gehen lassen.
Bei 175° C in den vorgeheizten Ofen, unterste Schiene, geben und ca. 1 Stunde backen.
Während des Backens mehrmals mit Honigwasser bestreichen.

Ingwerherzen

Teig:
125 g Butter
200 g Honig
1 Ei
350 g Weizenvollkornmehl
1 TL Backpulver
3 TL Ingwer, gemahlen
1 MS Cardamom, gemahlen
1 MS Cayennepfeffer

zum Verzieren:
4 Ingwerpflaumen

zum Bestreichen:
2 EL Milch

Butter, Honig und Ei schaumig rühren. Das frisch gemahlene Weizenvollkornmehl mit Backpulver und den angegebenen Gewürzen mischen, unter die Rührmasse geben und alles rasch zusammenkneten. Den ziemlich weichen Teig einige Stunden oder über Nacht kühl ruhen lassen.
Den Teig in kleinen Portionen 1/2 cm dick auswalken und Herzen ausstechen. Mit dem Apfelausstecher aus den in Scheiben geschnittenen Ingwerpflaumen kleine Scheibchen ausstechen und auf jedes Herz eine legen. Das Herz mit Milch bestreichen. Auf einem bemehlten Blech bei 175° C, mittlere Schiene, 10–12 Minuten backen.
Die Menge ergibt ca. 55 Stück (2 Backbleche).

Kokosberge

2 Eier
150 g Honig
200 g Kokosraspeln

40 Oblaten, Ø 40 mm

Eine Schaummasse aus Eiern und Honig rühren (ca. 5 Minuten mit dem Elektroquirl), die Kokosraspeln unterziehen und den Teig 30 Minuten quellen lassen.
Mit einem Teelöffel kleine Häufchen auf Oblaten setzen. Im vorgeheizten Ofen bei 175° C, mittlere Schiene, ca. 15 Minuten backen. Ergibt ca. 40 Plätzchen, 1 Blech.

Kokosmakronen

2 Eiweiß
125 g Honig
Saft und Schale von 1/2 Zitrone, unbehandelt
175 g Kokosflocken

35 Oblaten, 40 mm Ø

In den steifen Eischnee unter Rühren Honig, Zitronensaft und -schale dazugeben. Die Kokosflocken unterheben und 2 Stunden kühl stellen.
Auf Oblaten mit einem Teelöffel kleine Häufchen setzen und bei 175° C ca. 10–15 Minuten, mittlere Schiene, backen.
Die Menge ergibt ca. 35 Stück, 1 Blech.

Lebkuchenschnitten

Teig:
125 g Butter
250 g Honig
3 Eier

150 g Mandeln
150 g Haselnüsse
150 g Rosinen, ungeschwefelt
150 g Zitronat
150 g Orangeat
4 EL Rum

400 g Weizenvollkornmehl
4 TL Backpulver
2 TL Zimt
2 EL dunkler Kakao oder Karobe

zum Bestreichen:
1 Ei

zum Verzieren:
Orangeatscheibchen oder Nüsse

Butter schaumig rühren, Honig und Eier dazurühren.
Die geriebenen Nüsse, die Rosinen und das feingeschnittene Zitronat und Orangeat mit Rum tränken und mischen.
Das frisch gemahlene Weizenvollkornmehl mit Backpulver, Zimt und Kakao (oder Karobe) mischen und mit den getränkten Früchten zur Schaummasse geben.
Den Teig mit einem zuvor in warmes Wasser getauchten Teigschaber auf ein gefettetes, bemehltes Blech streichen, mit verquirltem Ei bestreichen und mit Orangeatscheibchen (mit dem Apfelausstecher ausstechen) oder Nüssen gleichmäßig reihenweise verzieren.
Bei 175° C ca. 25 Minuten backen, un-

terste Schiene. Noch warm in ca. 100 Stücke schneiden, auf dem Blech auskühlen lassen.
Einige Tage durchziehen lassen.

Linzer Teigkranzerl

Teig:
250 g Weizenvollkornmehl
75 g Haselnüsse und Mandeln gemischt
6 bittere Mandeln
2 TL Zimt
2 MS Nelken
1 MS Vanille
100 g Honig
1 Ei
120 g Butter

zum Verzieren:
1 Eidotter und 1 TL Wasser
90 g geschälte, gehackte Mandeln

zur Füllung:
Rote Fruchtmarmelade, honiggesüßt

Das frisch gemahlene Weizenvollkornmehl in einer Schüssel mit den geriebenen Nüssen und den Gewürzen mischen, Honig und Ei darin verrühren, die kalte Butter fein darüberschneiden und alles rasch zusammenkneten. Den Teig 1 Stunde ruhen lassen.
Den Teig in kleinen Portionen dünn auswalken, mit einem Glas runde Plätzchen ausstechen. Aus der Hälfte der Plätzchen die Mitte ausstechen, damit »Kranzerl« entstehen.
Auf ein ungefettetes Blech dieselbe Menge Plätzchen und Kranzerl legen. Die Kranzerl mit Eidotter bestreichen und mit den feingehackten Mandeln dicht bestreuen.
In den vorgeheizten Ofen schieben, mittlere Schiene, und bei 175° C ca. 10–15 Minuten backen. Herausnehmen, die Plätzchen gleich mit Fruchtmarmelade bestreichen und die Kranzerl daraufsetzen.
Die Menge ergibt ca. 30 Plätzchen, 2 Bleche.

Mandel-Gewürzschnitten

Teig:
250 g Honig
2 Eier
1 Eiweiß

350 g Weizenvollkornmehl
1 TL Backpulver
1 MS Vollmeersalz
1/2 TL Zimt
1/2 TL Ingwer
2 MS Nelken
Schale von 1/2 Zitrone, unbehandelt
Schale von 1/2 Orange, unbehandelt
1 EL Zitronat
2 EL Orangeat
250 g Mandeln

zum Bestreichen:
1 Eigelb
1 EL Milch

Honig mit Eiern und Eiweiß schaumig schlagen.
In einer Schüssel frischgemahlenes Weizenvollkornmehl mit Backpulver, Salz, Zimt, Ingwer, Nelken, abgeriebener Zitronen- und Orangenschale mischen. Sehr fein geschnittenes Zitronat und Orangeat sowie grob gehackte, abgezogene Mandeln dazugeben.
Honig-Eiercreme in die Schüssel geben, zuerst unterrühren, dann zu einem Teig verkneten. Teig 2–3 Stunden ruhen lassen.
Auf einer bemehlten Arbeitsfläche aus dem Teig 2 Rollen (Ø 5 cm) formen und auf ein ungefettetes Backblech legen. Eigelb mit Milch verrühren und Rollen damit bestreichen.
Im vorgeheizten Backrohr bei 200° C, 2. Schiene von unten, 25–30 Minuten backen. Stangen leicht abgekühlt in ca. 1 cm dicke Scheiben schneiden, auf das Backblech nebeneinander legen und mit der Nachhitze im Ofen leicht trocknen. Scheiben zwischendurch einmal wenden.
Einige Tage durchziehen lassen.

Mandelkränzchen

Teig:
250 g Weizenvollkornmehl
1 MS Vollmeersalz
80 g Honig
2 Eidotter
125 g Butter

Belag:
3 Eiweiß
200 g Honig
250 g Mandeln
2 MS Muskatblüte

2 EL Johannisbeermarmelade (s. S. 404)

Das frisch gemahlene Weizenvollkornmehl mit Vollmeersalz, Honig und Eidottern verrühren, die kalte Butter fein darüberschneiden und alles rasch zusammenkneten, 1 Stunde ruhen lassen.

Den Teig dünn auswalken, kleine runde Plätzchen ausstechen und auf ein ungefettetes Blech legen.

Zum Belag das Eiweiß steif schlagen, den Honig dazurühren und die geriebenen Mandeln und Muskatblüte unterziehen. In einen Spritzbeutel mit großer Tülle einfüllen und auf jedes Plätzchen ein Kränzchen spritzen. In die Mitte einen Tupfer Johannisbeermarmelade geben.

Im vorgeheizten Ofen bei 175° C, mittlere Schiene, ca. 20 Minuten backen.

Die Menge ergibt ca. 70 Plätzchen, 1 Blech.

Mandelmohrchen

4 Eiweiß
200 g Honig
2 MS Vanille
1 MS Muskatblüte
2 EL Kakao oder Karobe
250 g Mandeln mit Schale

40 Oblaten, 40 mm Ø

Das Eiweiß sehr steif schlagen und den Honig dazurühren. Die geriebenen Mandeln mit Vanille, Muskatblüte und Kakao (oder Karobe) mischen und unter die Schaummasse ziehen. 2 Stunden ruhen lassen.
Mit einem Spritzbeutel, große Sterntülle, auf Oblaten Häufchen spritzen.
Bei 175° C, mittlere Schiene, ca. 25 Minuten backen.
Die Menge ergibt ca. 40 Stück, 1 Blech.

Mandelplätzchen

30 g Butter
2 Eier
200 g Honig
1 MS Vanille
Saft und Schale von
1/2 Zitrone, unbehandelt
250 g ungeschälte Mandeln, fein gerieben
10 bittere Mandeln

40 Oblaten, 40 mm Ø

Butter, Eier, Honig und Vanille schaumig rühren, abgeriebene Zitronenschale und -saft sowie die feingeriebenen Mandeln und Bittermandeln unterheben. Den Teig ca. 2 Stunden ruhen lassen.
Den Teig in einen Spritzbeutel füllen und mit der großen Sterntülle auf die Oblaten spritzen.
Bei 175° C, mittlere Schiene, ca. 25 Minuten backen, bis die Spitzchen braun werden.
Die Menge ergibt ca. 40 Plätzchen, 1 Blech.

Nikolaus

Teig:
700 g Honig
2 Eier
1 000 g Weizenvollkornmehl
4 TL Backpulver
2 TL Zimt
1 gestrichener TL Nelken, gemahlen

zum Verzieren:
halbierte Mandeln
Zitronat und Orangeat, im ganzen
Pinienkerne
halbierte Haselnüsse

Milch zum Bestreichen

Honig und Eier verrühren und in das frisch gemahlene, mit Backpulver und Gewürzen vermischte Weizenvollkornmehl geben, zusammenkneten und den Teig 1 Stunde ruhen lassen.
Teig auf bemehlter Arbeitsfläche mit dem Nudelholz ca. 1 cm dick auswellen, mit einem angefeuchteten Messer Nikolausschablone nachziehen oder mit Nikolausform (ca. 23 cm hoch) ausstechen. Aufs gefettete und bemehlte Blech legen, mit Milch bestreichen und verzieren.
Backen bei 175° C ca. 20 Minuten, mittlere Schiene.
Ergibt ca. 16 Nikolausfiguren.
Mütze: halbierte Haselnüsse
Augen: 1 Korinthe
Sack: halbierte, abgezogene Mandeln
Arm: 1 Scheibe Zitronat
Hand: 1/2 abgezogene Mandel
Rute: Orangeat mit Pinien
Schuhe: abgezogene Mandeln

Nürnberger Haselnuß-Lebkuchen

Teig:
3 Eier
300 g Honig
375 Haselnüsse
90 g Zitronat
90 g Orangeat
1 TL Zimt
1 MS Muskatblüte
1 MS Cardamom
1 Prise Muskatnuß, gerieben
1/2 TL Backpulver

ca. 30 Oblaten, Ø 7 cm oder
ca. 20 Oblaten, Ø 9 cm

zum Verzieren:
Haselnüsse

Die Eier mit dem Rührgerät schaumig schlagen, langsam den Honig dazugeben und weiter schaumig schlagen, ca. 15 Minuten.
Die geriebenen Haselnüsse mit dem feingeschnittenen Zitronat, Orangeat und den Gewürzen vermengen und unter die Schaummasse rühren.
Den Teig auf Oblaten streichen, Messer öfter in Wasser tauchen. Mit Haselnüssen in der Mitte verzieren und über Nacht trocknen lassen. Die Menge ergibt ca. 30 Lebkuchen, Ø 7 cm oder ca. 20 Stück, Ø 9 cm.
Auf einem ungefetteten Blech bei 170° C 25 Minuten, mittlere Schiene, backen.

Nußprinten

Teig:
175 g Honig
50 g Butter
2 EL Milch

250 g Weizenvollkornmehl
2 TL Backpulver
1 TL Anis, ganz
1 TL Zimt
1 MS Nelken

zum Verzieren:
ca. 250 g halbierte Haselnüsse
1 Eiweiß

Honig, Butter und Milch zusammen erwärmen, glattrühren und erkalten lassen.
Das frisch gemahlene Weizenvollkornmehl mit Backpulver, Anis, Zimt und Nelken mischen und unter die abgekühlte Honigmasse rühren. Den weichen Teig über Nacht ruhen lassen. Dann 1/2 cm dick ausrollen, in Streifen von 3 x 5 cm Länge schneiden und auf ein gefettetes, bemehltes Blech legen. Mit Eiweiß bestreichen und dicht mit halbierten Haselnüssen belegen.
Im vorgeheizten Ofen bei 200° C, mittlere Schiene, ca. 15 Minuten backen.
Die Menge ergibt ca. 30 Printen, 1 Blech.

Pfeffernüsse

Teig:
2 Eier
200 g Honig
Schale von 1 Zitrone, unbehandelt
30 g Zitronat
30 g Orangeat
30 g Mandeln
1 TL Zimt
1 MS Cardamom
2 MS Cayennepfeffer
1/2 TL Natron
2 EL dunkler Kakao oder Karobe
250 g Weizenvollkornmehl

zum Verzieren:
2 EL Milch
50 halbe Walnußkerne

Eier und Honig schaumig rühren (mit dem Elektroquirl 10 Minuten), die Zitronenschale fein hineinreiben und das feingeschnittene Zitronat und Orangeat sowie die geriebenen Mandeln unterziehen.

Das frisch gemahlene Weizenvollkornmehl mit Zimt, Cardamom, Cayennepfeffer, Natron und Kakao (oder Karobe) mischen und unter die Schaummasse heben. Den weichen Teig über Nacht ziehen lassen.

Auf einer bemehlten Arbeitsfläche 3/4 cm dick auswalken, kleine runde Plätzchen ausstechen, auf ein gefettetes Blech legen, mit Milch bestreichen und eine halbe Walnuß daraufsetzen. Im vorgeheizten Ofen bei 175° C ca. 20 Minuten backen, 2. Schiene von unten.

Die Menge ergibt ca. 50 Pfeffernüsse, auf 1 Blech passend.

Quarkstollen

Teig:
125 g Butter
2 Eier
175 g Honig
Schale von 1 Zitrone, unbehandelt
100 g abgezogene Mandeln
10 bittere Mandeln
200 g Schichtkäse
150 g Sultaninen, ungeschwefelt
30 g Zitronat
30 g Orangeat

500 g Weizenvollkornmehl
4 TL Backpulver
1 MS Vollmeersalz
1 MS Vanille
1 MS Cardamom
1 MS Muskatblüte

zum Bestreichen:
30 g Butter

Aus Butter, Eiern und Honig eine Schaummasse rühren. Die abgeriebene Zitronenschale, die geriebenen Mandeln, den Schichtkäse, die Sultaninen und das feingeschnittene Zitronat und Orangeat dazugeben.
Das frisch gemahlene Weizenvollkornmehl mit den angegebenen Gewürzen mischen und unterrühren.
Den Teig kurz kneten, auf einer bemehlten Arbeitsfläche zu einem ovalen Teigstück ausrollen. Der Länge nach zusammenschlagen, Stollen formen und auf ein gefettetes, bemehltes Backblech legen.
Bei 180° C ca. 55 Minuten, unterste Schiene, backen. Gleich nach dem Backen mit zerlassener Butter bestreichen.
Den Stollen einige Tage durchziehen lassen.
Eine Verzierung kann wie bei Christstollen S. 183 erfolgen.

Schaukelpferdchen

Rezept siehe Nikolaus-Teig, S. 197

Aus demselben Teig wie für den Nikolaus kann man auch Schaukelpferdchen backen.
Man fertigt eine Schablone, legt diese auf den ausgewalkten Teig, schneidet das Pferdchen mit einem Messer aus oder sticht mit einem Pferdchen-Aus-

stechform aus und verzieht es wie folgt:
Mähne: halbierte Haselnüsse
Zügel: Orangeatstreifen
Auge: 1 Korinthe
Sattel: Pinienkerne und 1 Scheibe Zitronat
Schwanz: abgezogene halbierte Mandeln
Kufen: abgezogene halbierte Mandeln und Haselnüsse

Spitzbuben

Teig:
300 g Weizenvollkornmehl
1 MS Vanille
1 Ei
125 g heller Honig
150 g Butter

zum Bestreichen:
4 EL rote Fruchtmarmelade, honiggesüßt

Das frisch gemahlene Weizenvollkornmehl in einer Schüssel mit Vanille mischen, in einer Vertiefung das Ei und den Honig verrühren, die kalte Butter darüberschneiden und alles schnell zu einem geschmeidigen Teig verarbeiten, 1 Stunde ruhen lassen.
Auf einer gut bemehlten Arbeitsfläche in kleinen Portionen auswalken, eine gleiche Anzahl großer und kleinerer Sterne ausstechen und auf ein ungefettetes Blech legen.
Bei 175° C ca. 12 Minuten, mittlere Schiene, hell backen.
Gleich nach dem Backen werden die großen Sterne mit Fruchtmarmelade bestrichen und die kleinen Sterne daraufgeklebt. Auf einem Gitter abkühlen lassen.
Die Menge ergibt ca. 35 Plätzchen, 2 Bleche.

Spitzkuchen

Teig:
175 g Honig
4 EL Sonnenblumenöl, kaltgepreßt
1 Ei
1 Eiweiß
1 MS Vollmeersalz
2 TL Kakao
Schale von 1 Zitrone, unbehandelt
2 MS Piment
1 TL Zimt

100 g Mandeln
250 g Weizenvollkornmehl
1 TL Backpulver

zum Bestreichen:
1 Eigelb
1 EL Milch

20 g Bitterschokolade
2–3 EL Sahne

Flüssigen Honig mit Öl verrühren, Ei und Eiweiß, Salz, Kakao, abgeriebene Zitronenschale, Piment und Zimt dazurühren.
Abgezogene, fein gehackte Mandeln und frischgemahlenes Weizenvollkornmehl mit Backpulver vermischt einarbeiten. Alles zu einem Teig verkneten und diesen 2–3 Stunden ruhen lassen.
Aus dem Teig 2 Rollen (Ø 3 cm) formen und auf ein ungefettetes Backblech legen. Eigelb mit Milch verrühren und Rollen bestreichen.
Im vorgeheizten Backrohr bei 220° C, 2. Schiene von unten, 25–30 Minuten backen.
Leicht abkühlen lassen.
Bitterschokolade mit Sahne erhitzen, verrühren, Stangen damit bestreichen und abkühlen lassen.
Die erkalteten Rollen in Dreiecke (= Spitzkuchen) schneiden. Einige Tage durchziehen lassen.

Vanillekipferl

150 g Dinkelvollkornmehl
150 g Weizenvollkornmehl
1/2 TL Vanille
125 g geschälte Mandeln
3 Eigelb
125 g Honig
250 g Butter

Frischgemahlenes Dinkel- und Weizenvollkornmehl in einer Schüssel mit Vanille und fein geriebenen Mandeln mischen. Eine Vertiefung drükken und darin Eigelb und Honig mit Mehl verrühren. Die kalte Butter klein darüberschneiden und alles rasch zu einem glatten Teig verkneten. Teig zugedeckt 1 Stunde ruhen lassen.

Aus dem Teig zwei Rollen formen. Aus jeder Rolle ca. 50 Teile schneiden. Aus jedem Teil zunächst zwischen den Händen eine Kugel drehen, daraus ein Stängchen formen, in der Mitte dicker, an den Enden dünner, und dieses zu einem Hörnchen (= Kipferl) biegen.

Auf ein ungefettetes Backblech legen und bei 175° C, mittlere Schiene, 12–15 Minuten backen. Auf dem Backblech auskühlen lassen.

Die Teigmenge ergibt ca. 100 Kipferl, auf 2 Backbleche passend.

Wiener Nußplätzchen

Teig:
150 g Weizenvollkornmehl
50 g Honig
1 Eigelb
75 g geriebene Haselnüsse
80 g Butter
1 MS Zimt

Belag:
2 Eiweiß
70 g Honig
100 g geriebene Haselnüsse

zum Verzieren:
ganze Haselnüsse

Das frisch gemahlene Weizenvollkornmehl in eine Schüssel geben, Honig und Eigelb darin verrühren, die geriebenen Haselnüsse, Zimt und die kalte, feingeschnittene Butter darübergeben und alles rasch zusammenkneten, 1 Stunde ruhen lassen.
Den Teig in kleinen Portionen dünn auswalzen, mit einem Glas runde Plätzchen von etwa 4 cm Durchmesser ausstechen und auf das gefettete Blech legen.
Eiweiß steif schlagen, Honig dazugeben, noch etwas schlagen und die geriebenen Haselnüsse unterziehen. Die Masse in einen Spritzbeutel füllen und mit einer großen Sterntülle auf jedes Plätzchen einen großen Tupfer spritzen. Darauf eine ganze Haselnuß setzen und im vorgeheizten Ofen, mittlere Schiene, bei 175° C ca. 10 Minuten backen.
Die Menge ergibt ca. 50 Plätzchen, die auf 1 Backblech passen.

Zimtmakronen

2 Eiweiß
100 g Honig
100 g Kokosflocken
30 g Vollkorngrieß
1 TL feingeschnittenes Zitronat
1 TL feingeschnittenes Orangeat
1 gestrichener TL Zimt
1 EL Zitronensaft

25 Oblaten, 40 mm Ø

Das Eiweiß steif schlagen, den Honig dazugeben und noch etwas schlagen. Die Kokosflocken, Grieß, Zitronat, Orangeat, Zimt und Zitronensaft unterziehen.
Mit 2 Teelöffeln kleine Häufchen auf Oblaten setzen und bei 175° C im vorgeheizten Ofen, mittlere Schiene, 15–20 Minuten backen.
Ergibt ca. 25 Stück, 1 Blech.

Zitronenlaibchen

2 Eiweiß
375 g Honig
Saft und Schale von
2 Zitronen, unbehandelt
375 g ungeschälte Mandeln
60 g Zitronat
60 Oblaten, 40 mm Ø

Zum Verziehren:
60 g abgeschälte, halbierte Mandeln

Unter den steifen Eischnee Honig, abgeriebene Zitronenschale und -saft rühren, die feingeriebenen Mandeln und das feingeschnittene Zitronat unterheben, 1 Stunde ruhen lassen.
Mit feuchten Händen aus einem gehäuften Teelöffel Teig Kugeln formen, auf Oblaten setzen. Eine halbierte, abgeschälte Mandel darauflegen. Bei 175 ° C, mittlere Schiene, ca. 25 Minuten backen.
Die Laibchen müssen leicht hellbraun sein.
Die Menge ergibt ca. 60 Plätzchen, 1 Blech.

Plätzchen

Anisplätzchen

2 Eier
200 g Honig
1 MS Vanille
200 g Weizenvollkornmehl
3 TL Anis, ganz

Die Eier mit Honig und Vanille schaumig rühren, ca. 10 Minuten mit dem Elektroquirl, bis eine dicke, cremige Masse entsteht. Das frisch gemahlene Weizenvollkornmehl und den Anis unterziehen. Auf ein gefettetes, bemehltes Blech mit einem Eß- oder Teelöffel Häufchen setzen, die etwas auseinanderlaufen.
Über Nacht trocknen lassen und bei 175° C, mittlere Schiene, ca. 15 Minuten im vorgeheizten Ofen backen.
Ergibt ca. 12 große Plätzchen oder 36 kleine, auf 1 Blech passend.

Hafermützchen

125 g Butter
125 g Honig
1 Ei
100 g Haselnüsse
100 g Rosinen, ungeschwefelt
200 g Nackthafer
1 TL Backpulver
1 TL Zimt
1 MS Vanille

Butter und Honig cremig rühren. Ei, fein geriebene Haselnüsse und Rosinen dazugeben. Hafer auf der Getreidemühle mahlen, Einstellung leicht grob. Hafer langsam in die Mühle einlaufen lassen, damit sie nicht verstopft.
Gemahlenen Hafer mit Backpulver, Zimt und Vanille mischen und zum Teig rühren.
Mit einem Teelöffel kleine Teighäufchen auf ein leicht gefettetes, bemehltes Backblech setzen.
Die Teigmenge ergibt 2 Backbleche zu je 20 Plätzchen.

Bei 175° C, mittlere Schiene, 10–12 Minuten backen. Auf einem Gitter auskühlen lassen.

Leopoldschnitten

Teig:
150 g Butter
200 g Honig
250 g Haselnüsse
250 g Dinkelvollkornmehl
Schale von 1 Zitrone, unbehandelt
1 TL Zimt
2 MS Nelken

zum Bestreichen:
1 Eigelb
1 TL Wasser

zum Verzieren:
50 g Bitterschokolade
5 EL Sahne

Butter und Honig cremig rühren. Feingeriebene Haselnüsse und frischgemahlenes Dinkelvollkornmehl mit abgeriebener Zitronenschale, Zimt und Nelken mischen und zur Honigcreme rühren. Teig 1 Stunde ruhenlassen.

Dann Teig mit einem Teigschaber auf gefettetem Backblech glatt verstreichen. Eigelb mit Wasser verrühren und damit den Teig mit Pinsel bestreichen.

Bei 175° C, mittlere Schiene, ca. 15 Minuten backen. Leicht abgekühlt auf dem Backblech in kleine Streifen, Würfel oder Rauten schneiden.

Schokolade mit Sahne erhitzen, glattrühren und mit einem Pinsel die Plätzchenenden reihenweise auf dem Backblech bestreichen.

Trocknen lassen und dann vom Backblech nehmen.

Vollkorn-Cookies

75 g Butter
100 g Honig
1 Ei
1 MS Vanille
100 g Weizenvollkornmehl
1 MS Vollmeersalz
1/2 TL Natron
40 g Haselnußkerne
75 g Bitterschokolade

Butter und Honig schaumig rühren, Ei, Vanille, das frisch gemahlene Weizenvollkornmehl, Vollmeersalz und Natron unter Rühren zugeben, die gehackten Haselnüsse und die geraspelte Schokolade daruntermischen.
Auf ein gefettetes Blech mit einem Teelöffel kleine Häufchen in großem Abstand setzen. Im vorgeheizten Ofen bei 175° C ca. 10 Minuten auf der 2. Schiene von unten backen. Sofort vom Blech lösen und auf einem Gitter auskühlen lassen.
Ergibt ca. 30 Plätzchen (2 Bleche).

Vollkornspritzgebäck

175 g Butter
1 Ei
125 g Honig
1 MS Vanille
75 g Mandeln
250 g Weizenvollkornmehl

Butter, Ei und Honig cremig rühren. Vanille, fein geriebene Mandeln und das frischgemahlene Weizenvollkornmehl dazurühren.
Einen Spritzbeutel oder eine Garnierspritze mit einer großen Sterntülle versehen, den Teig einfüllen und auf ein gefettetes Blech S-Formen oder Kränzchen spritzen. Man kann auch jeden anderen Buchstaben spritzen und diese dann zu Namen zusammensetzen. Dies ist besonders bei Kindereinladungen sehr beliebt.
Bei 175° C, mittlere Schiene, 15 Minuten backen.
Die angegebene Menge ergibt 2 Bleche Buchstaben.

Vollkornwaffeln

50 g Butter
100 g Honig
2 Eidotter
300 g Weizenvollkornmehl
2 TL Zimt
1 MS Nelken
Schale von 1 Zitrone, unbehandelt
1 TL Backpulver
1/2 l Milch
2 Eiweiß

Butter, Honig und Eidotter sahnig rühren. Das frischgemahlene Weizenvollkornmehl mit Zimt, Nelken, abgeriebener Zitronenschale und Backpulver vermengen. Dieses nach und nach mit der Milch darunterrühren. Zum Schluß den Eischnee unterziehen.
Das heiße Waffeleisen mit einem Pinsel leicht einbuttern, 1 Schöpflöffel Teig in die Mitte geben und das Gerät schließen. Den Temperaturregler ziemlich niedrig einstellen, damit die Waffeln nicht zu dunkel werden. Nach ca. 2–3 Minuten ist die Waffel fertig gebacken.
Die angegebene Menge ergibt 10–12 Waffeln.

Spezialitäten für Sommerfeste, Kirchweih, Kindergeburtstag

Geburtstagsblumen

Rezept siehe Nikolaus-Teig, S. 197

Man walkt den Teig knapp 1 cm dick aus, legt eine Blumenschablone auf den Teig und schneidet mit einem Messer entlang der Schablone. Die Blume legt man auf ein gefettetes, bemehltes Blech und verziert sie mit abgezogenen Mandeln, Zitronat und Haselnüssen (siehe Foto im Bildteil).

Bei 175° C, mittlere Schiene, ca. 20 Minuten backen.
In die fertige, noch warme Blume kann vorsichtig ein Holzstiel eingeschoben werden.

Kirchweihherzen

Rezept siehe Nikolaus-Teig, S. 197

Man walkt den Teig knapp 1 cm dick aus, legt ein vorgefertigtes, bemehltes Pappherz darauf und schneidet dieses aus. Auf ein gefettetes, bemehltes Blech legen und verzieren.
Um den Herzrand werden halbe Haselnüsse gelegt. In die rechte und linke Ecke und in die Herzspitze wird eine Blume aus halbierten Mandeln, mit Zitronat als Mittelpunkt, gelegt. Den Namen legt man mit Pinienkernen quer über die Mitte. Mit dem Apfelausstecher noch ein Loch zum Durchziehen eines roten Bandes ausstechen (siehe Foto im Bildteil).
Bei 175° C, mittlere Schiene, ca. 20 Minuten backen.
Rand: halbierte Haselnüsse
Blumen: Zitronatsscheibchen und abgezogene, halbierte Mandeln
Name: Pinienkerne

Kirchweihkränzchen

Rezept siehe Kirchweihküchle-Teig, S. 213

Den gegangenen Teig zu einer Rolle formen und in 20 Stücke schneiden. Die Teigstücke zu 30 cm langen Rollen auslängen und 2 Rollen spiralenförmig umeinanderdrehen. Zu einem Kränzchen zusammenfügen. Das Rezept ergibt 10 Kränzchen.

Auf ein gefettetes, bemehltes Backblech legen, 1 Eidotter mit 1 TL Milch verrühren und die Kränzchen damit bestreichen.

Bei 175° C, mittlere Schiene, ca. 25–30 Minuten backen.

Die Kränzchen werden mit einem roten Band um einen mit Kreppapier umwickelten Stecken zusammen mit bunten Kreppapierbändern, an der Spitze des Stabes aufgehängt.

Kirchweihküchle

Teig:
750 g Weizenvollkornmehl
1/8 l Milch
40 g Hefe

1/8 l Milch
25 g Butter
1 MS Vollmeersalz
125 g heller Honig
1 Ei
Saft und Schale von
1 Zitrone, unbehandelt
3 EL Rum, 40%ig

zum Ausbacken:
ca. 1 000 g Butterschmalz
oder Butterfett

Das frisch gemahlene Weizenvollkornmehl in eine Schüssel geben, eine Vertiefung drücken und darin die in lauwarmer Milch aufgelöste Hefe mit etwas Mehl zu einem dicklichen Brei rühren, mit Mehl bestäuben und ca. 15 Minuten gehen lassen. In der lauwarmen Milch die Butter zerfließen lassen, Vollmeersalz, Honig und Ei dazurühren und dieses sowie die abgeriebene Zitronenschale, den -saft und den Rum zum gegangenen Vorteig gießen. Von der Mitte aus mit dem Mehl vermengen, dann alles gut durchkneten, bis der Teig geschmeidig ist. In einer bemehlten Schüssel an einem warmen Ort ca. 1 Stunde gehen lassen.
Den Teig nun nochmals durchkneten, auf einer leicht bemehlten Arbeitsfläche 3–4 mm dick auswalken und mit dem Teigrädchen Vierecke ausrädeln. Diese, mit einem warmen Tuch bedeckt, ca. 10 Minuten gehen lassen.
In einem schmalen Topf das Fett erhitzen, die Teigstücke einzeln oder mehrere, je nach Topfgröße, einlegen und auf beiden Seiten hell ausbacken. Die Backzeit beträgt 3–4 Minuten. Während des Backens mit einem Löffel öfter das heiße Fett über die Küchle gießen. Wenn die Küchle

zu dick ausgewalkt sind, gehen sie nicht auf.
Die fertigen Küchle herausnehmen und auf einem Gitter, das auf einem Backblech steht, abtropfen lassen.
Die Küchle können, leicht warm, eingefroren werden.
Die Menge ergibt ca. 15–20 Küchle, je nach Größe.

Maikäfer oder Igelchen

Mürbteig:
350 g Weizenvollkornmehl
1 MS Vollmeersalz
2 MS Zimt
1 TL Backpulver
Schale von 1 Zitrone, unbehandelt
1 Ei
100 g Honig
125 g Butter

Belag:
300 g Trockenpflaumen ohne Stein
150 g Rosinen, ungeschwefelt
300 g Mandeln
12 Bittermandeln
125 g Honig
Saft von 1 Zitrone, unbehandelt
3 EL Rosenwasser

Guß:
50 g Bitterschokolade
8 EL Sahne

zum Verzieren:
gestiftelte Mandeln

In einer Schüssel Mehl, Salz, Zimt, Backpulver und fein geriebene Zitronenschale mischen. Ei, Honig und kalte, klein geschnittene Butter darübergeben und alles zu einem glatten Teig kneten. Diesen ca. 30 Minuten ruhen lassen.

Auf leicht bemehlter Arbeitsfläche Teig portionsweise ca. 3 mm dick auswalken. Mit einem Glas Ø 5 cm Plätzchen ausstechen und diese auf ein ungefettetes Backblech legen.

Die Menge ergibt ca. 50 Plätzchen, 2 Backbleche.

Plätzchen zwischen Daumen und Zeigefinger nun etwas zusammendrücken, damit sie oval werden. Bei 200° C, mittlere Schiene, 10 Minuten backen. Auf einem Gitter auskühlen lassen.

Trockenpflaumen in wenig Wasser 1–3 Stunden (je nach Fruchthärte) einweichen. Mandeln und Bittermandeln fein reiben.

Das Einweichwasser der Pflaumen abgießen und diese mit den Rosinen durch den Gemüsewolf drehen. Dazu die Mandeln, Honig, Zitronensaft und Rosenwasser geben und alles gut verkneten.

Diese Masse mit einem Messer gehäuft auf die Plätzchen streichen und

zur Form eines Igels oder Maikäfers abrunden.
Bitterschokolade mit Sahne erhitzen, glattrühren und dünn über den Belag streichen. Für Maikäfer den Kopf und die Flügel mit einem Löffel oder Messer leicht markieren und 2 Mandelstifte als Fühler in den Kopfteil stecken.
Für Igelchen beliebig viele Mandelstifte als Stacheln eindrücken.
Die fertigen Tiere über Nacht auf einem Gitter trocknen lassen. Gekühlt ca. 14 Tage haltbar.

Nußwaffeln zum Eis

75 g Butter
150 g Honig
150 g Haselnußmus
2 MS Vanille
1 MS Vollmeersalz
2 Eier
1/4 l Wasser
250 g Weizenvollkornmehl
1 TL Backpulver

Weiche Butter und Honig cremig rühren. Nußmus, Vanille, Salz und nacheinander Eier und Wasser dazurühren. Frischgemahlenes Weizenvollkornmehl mit Backpulver gemischt unterrühren. Den Teig ca. 30 Minuten ruhenlassen.
Der Teig kann mit einem normalen Waffeleisen gebacken werden. Für die Herstellung dünner Waffeln, die auch zu Eistüten gerollt werden können, ist ein Waffeleisen mit feiner Backflächenstruktur notwendig. Im Handel sind diese besonderen Waffeleisen unter der Bezeichnung Hörnchenautomat erhältlich.
Die Backflächen des Hörnchenautomats mit Butter leicht einfetten, 1 EL

Teig daraufgeben und das Gerät schließen. Nach ca. 2 Minuten ist die Waffel fertig gebacken. Mit Backschaufel herausnehmen und im noch heißen Zustand sofort zu einer Eistüte oder Eisrolle formen. Nach einigen Minuten sind die Tüten und Rollen fest und knusprig.

Schweinchen, süß oder pikant

Teig für süße Schweinchen siehe Rezept für Kirchweihküchle-Teig, S. 213.
Teig für pikante Schweinchen siehe Rezept für Käsesnacks, S. 110

Den Teig 7–8 mm dick auswalken, die aus Pappe vorgefertigten Schweinchen auflegen und ausschneiden. Auf ein gefettetes, bemehltes Blech legen, 1 Eidotter mit 1 TL Milch verrühren und die Schweinchen bestreichen, als Auge eine Korinthe eindrücken. Bei 175° C, mittlere Schiene, ca. 20 Minuten hell backen, herausnehmen und im noch warmen Zustand verzieren.
Auge: 1 Korinthe (vor dem Backen)
Rüssel: 2 Nelken
Ohren: 1 Mandel
Schwänzchen: 1 Stück rote Plastikschnur mit Knoten
Die Teigmenge ergibt ca. 18 Schweinchen.

Vollkorn-Laugenbrezen

Teig:
600 g Weizenvollkornmehl
40 g Hefe
1/8 l Wasser

1 gestrichener EL Vollmeersalz
1/4 l Wasser

5 g Natron
1 l Wasser

zum Bestreuen:
Vollmeersalz oder Mohn oder Sesam oder Kümmel

In das frisch gemahlene Weizenvollkornmehl eine Vertiefung drücken und die in 1/8 l lauwarmem Wasser aufgelöste Hefe darin verrühren. 5 Minuten gehen lassen. Nach und nach das Wasser und das Vollmeersalz zugeben. Den Teig auf dem Tisch 10 Minuten gut durchkneten, eine Rolle formen und in 16 Teigstücke schneiden. Die Teigstücke zu ca. 50 cm langen Rollen auslängen, möglichst in der Mitte dicker, an den Enden dünner und zu Brezen formen. Bis die letzten gedreht sind, sind die ersten gegangen.
Wasser mit Natron in einem flachen Topf zugedeckt zum Kochen bringen, 1–2 Brezen hineinlegen, nach 1/2 Minute mit dem Sieblöffel herausnehmen und aufs gut gefettete Blech legen. 8 Stück passen auf ein normales Blech. Mit grobem oder feinem Vollmeersalz, Mohn, Sesam oder Kümmel bestreut, in den vorgeheizten Backofen einschieben, 20–25 Minuten bei 225° C, mittlere Schiene, backen.
Dieses Rezept ergibt 2 Bleche Brezen à 8 Stück.

Suppen, Saucen, Hauptgerichte

Suppen

Butterklößchensuppe

Brühe:
1 1/2 l Wasser
1 TL Vollmeersalz
2 TL Gemüsebrühepaste
oder 1 Bund Suppengrün
(frisch oder tiefgekühlt)
2 TL gekörnte Hefebrühe

Klöße:
90 g Butter
2 Eier
1/2 TL Kräutersalz
125 g Vollkornsemmelbrösel

1 EL gehackte Petersilie oder
Schnittlauch

Wasser mit Vollmeersalz, Gemüsebrühepaste und gekörnter Hefebrühe und Suppengrün zum Kochen bringen.
Butter glattrühren, Eier, Salz und Semmelbrösel dazugeben. Mit feuchten Händen kleine Klößchen formen (ergibt ca. 18–20 Stück).
In die kochende Suppe legen und 10 Minuten leicht kochen lassen.
Mit gehackter Petersilie anrichten.

Butternockerlsuppe

Klöße:
90 g Butter
2 kleine Eier
100 g Weizenvollkornmehl
1/2 TL Vollmeersalz
Petersilie oder Schnittlauch

Brühe:
1 1/2 l Wasser
1 TL Vollmeersalz
1–2 TL gekörnte Hefebrühe
1 Bund Suppengrün, klein gehackt oder
2 TL Gemüsebrühepaste

Die weiche Butter glattrühren, Eier und Vollmeersalz dazugeben und das frisch gemahlene Weizenvollkornmehl darunterrühren.
In die kochende, gut abgeschmeckte Brühe die Klöße, mit einem Teelöffel abgestochen, hineingeben und 10 Minuten leicht kochen lassen.
Die Suppe in Tassen oder Tellern servieren und mit gehackter Petersilie oder Schnittlauch garnieren.

Champignoncremesuppe

250 g Champignons
1 l Wasser
1/2 TL Vollmeersalz
1 gehäufter TL gekörnte Hefebrühe
1 TL Gemüsebrühepaste

3 EL Weizenvollkornmehl (40 g)
1/8 l Wasser
1 Ei
1/8 l Sauerrahm

1 Bund Schnittlauch

Die frischen Champignons gut waschen, fein scheibeln und in 1 l Wasser mit Salz, gekörnter Brühe und Gemüsebrühepaste ca. 20 Minuten leicht kochen lassen.
Das frisch gemahlene Weizenvollkornmehl mit Wasser verrührt dazugeben und in der Suppe 1 Minute aufkochen lassen. Von der Feuerstelle nehmen, mit dem Elektroquirl cremig rühren (einige Pilzstücke sollen jedoch in der Suppe ganz bleiben). Von der Kochstelle nehmen.

Sauerrahm mit Ei verquirlen und unter die Suppe rühren.
Mit feingeschnittenem Schnittlauch anrichten.

Chinesische Eierblumensuppe

Suppe:
300 g Champignons
1 EL Sojasauce
1 EL Weißwein

20 g Butter
1 Stange Lauch
1 l Wasser
1 TL Vollmeersalz
2 TL gekörnte Hefebrühe
1 Salatgurke, roh (ca. 500 g)

1 EL Weizenvollkornmehl

Eierblumen:
3 Eier
3 EL Milch
1 MS Selleriesalz
1 Bund Schnittlauch
10 g Butter

Die Pilze waschen und je nach Größe halbieren oder vierteln. Sojasauce und Weißwein mischen und die Pilze unter mehrmaligem Wenden ca. 15 Minuten darin ziehen lassen.
Nun die Pilze und den feingeschnittenen Lauch in Butter dünsten, ca. 10 Minuten, 1 l warmes Wasser aufgießen und mit Vollmeersalz und gekörnter Hefebrühe würzen.
In die kochende Suppe die in 1/2 cm dicke Scheiben geschnittene, ungeschälte Gurke geben und alles ca. 15 Minuten kochen lassen.
Das Weizenvollkornmehl, mit etwas Wasser angerührt, dazugeben. Die Eier mit Milch, Selleriesalz und feingeschnittenem Schnittlauch in einer Pfanne in Butter stocken lassen, mit einem Ausstechförmchen Blumen ausstechen und beim Anrichten auf die Suppe geben.

Einlaufsuppe

3/4 l Wasser
1 TL Vollmeersalz
2 TL gekörnte Hefebrühe
1 Bund frisches Suppengrün

3 EL Weizenvollkornmehl
und 1/8 l Wasser
2 Eier

Petersilie
10 g Butter

Wasser mit Salz, gekörnter Hefebrühe und feingeschnittenem Suppengrün 10 Minuten leicht kochen lassen.

Das frisch gemahlene Weizenvollkornmehl mit etwas kaltem Wasser glattrühren, Eier dazugeben und mit dem Schneebesen verschlagen. Dieses in die kochende Brühe rühren und Topf von der Herdplatte nehmen.

Ergibt 4 Tassen Suppe.

In jede Tasse ein kleines Stück Butter geben, Suppe daraufgießen und mit gehackter Petersilie bestreuen.

Französische Zwiebelsuppe

500 g Zwiebeln
65 g Butter
1 l Wasser
1/2 TL Vollmeersalz
1 TL Gemüsebrühepaste
1 TL gekörnte Hefebrühe
Pfeffer aus der Mühle

3 Vollkornbrötchen
20 g Butter
125 g Emmentaler

Zwiebeln in Scheiben schneiden, in Butter glasig dünsten, mit Wasser aufgießen und mit Salz, Gemüsebrühepaste, gekörnter Hefebrühe und Pfeffer abschmecken. 1/4 Stunde leicht kochen lassen.

Die Vollkornbrötchen würfeln und in Butter leicht rösten, Emmentaler reiben.

Die Suppe in Suppentassen verteilen oder in eine feuerfeste Form geben, die Brotwürfel daraufgeben, den Käse darüberstreuen und ca. 3 Minuten unter dem Grill oder 10 Minuten bei

230° C, mittlere Schiene, überbacken.

Grießnockerlsuppe

Nockerl:
60 g Butter
2 Eier
1/2 TL Kräutersalz
ca. 150 g Vollkorngrieß

Brühe:
1 1/2 l Wasser
1 Bund Suppengrün
2 TL Vollmeersalz
1 TL gekörnte Hefebrühe
1 TL Gemüsebrühepaste

2 EL Petersilie, gehackt

Weiche Butter glatt rühren, Eier und Salz einrühren und langsam den Grieß darunterrühren (Grießmenge ist abhängig von der Eiergröße). Teig einige Minuten ziehen lassen.
Wasser mit feinst geschnittenem Suppengrün, Salz, gekörnter Hefebrühe und Gemüsebrühe-Paste zum Kochen bringen.
Mit einem Teelöffel jeweils eine Portion aus dem Grießteig abstechen und mit einem zweiten Teelöffel dann Nockerl formen. Diese in die kochende Brühe geben und 5 Minuten kochen lassen.
Suppe mit gehackter Petersilie bestreuen.

Holländische Lauchsuppe

300 g Lauch, netto
1 l Wasser
1/2 TL Vollmeersalz
1 TL gekörnte Hefebrühe
1 TL Gemüsebrühepaste

1 MS Cayennepfeffer
1/2 gestrichener TL Curry
50 g geriebener Gouda, mittelalt

3 Eier
10 g Butter
1 Bund Schnittlauch

Den Lauch putzen, der Länge nach halbieren, sorgfältig waschen und in feine Streifen schneiden.
Lauch mit Wasser zusetzen, mit Vollmeersalz, gekörnter Hefebrühe und Gemüsebrühepaste würzen und ca. 20 Minuten leicht kochen. Von der Kochstelle nehmen und mit Cayennepfeffer, Curry und feingeriebenem Gouda den Geschmack abrunden.
Die Eier verquirlen und in einer Pfanne in Butter ganz kurz als leichte Rühreier ausbacken. In die Suppentassen verteilen und die heiße Suppe darübergeben, mit feingeschnittenem Schnittlauch garnieren.

Jägersuppe

1 l Wasser
125 g Grünkern
1/4 l Wasser

1 Eigelb
4 EL Sahne
25 g Butter
1 TL Vollmeersalz
1 gehäufter TL gekörnte Hefebrühe
2 EL Sojasauce
1 EL gehackte Petersilie

Wasser zusetzen, Grünkern mehlfein schroten, mit 1/4 l Wasser anrühren und in das kochende Wasser einrühren. 1 Minute kochen lassen und von der Kochstelle nehmen.
Eigelb, Sahne und Butter darunterrühren, mit den angegebenen Gewürzen abschmecken und mit Petersilie bestreuen.

Vorschlag für ein Frühstück
Frischkorngericht · Frischkorngericht mit gekeimtem Weizen · Tiroler Ostergebäck mit Butterröllchen

Frischkorngerichte
mit Obst der Jahreszeit

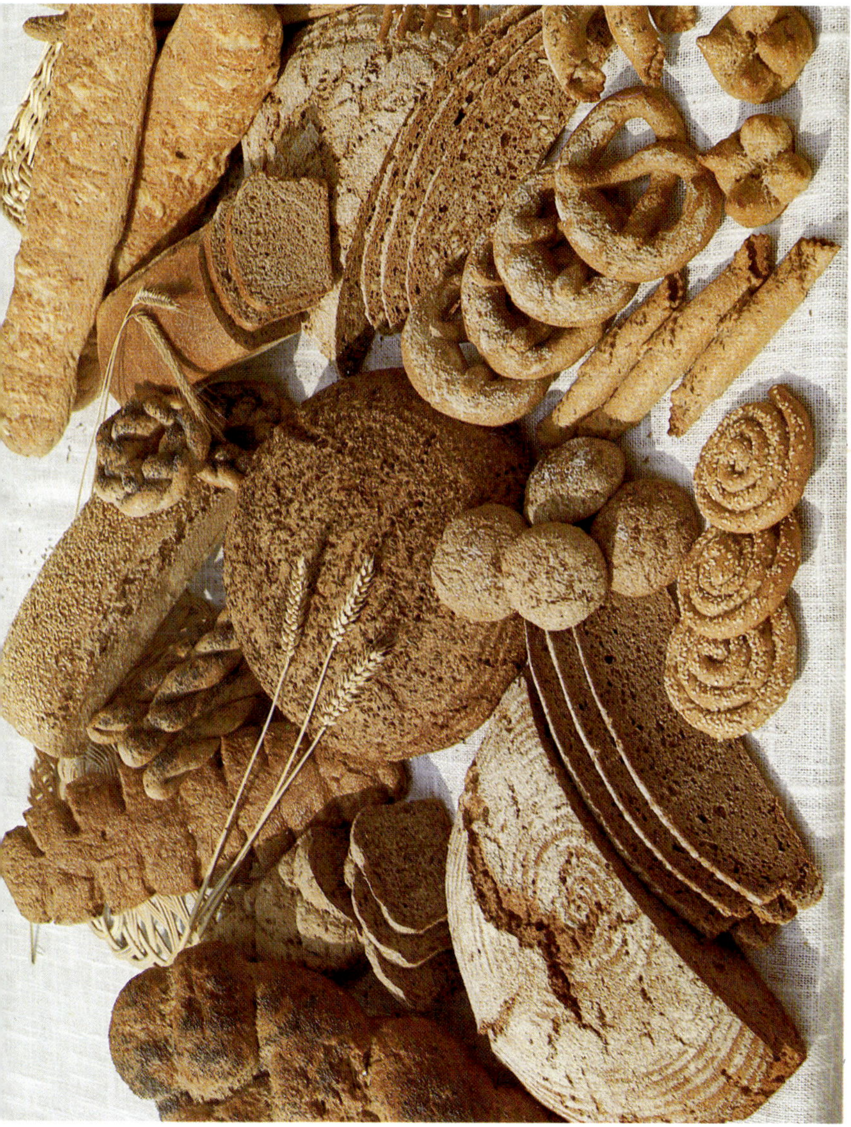

Verschiedene Vollkornbrote
Käsesnacks · Vollkorn-Toastbrot · Buttermilchbrot · Vollkornallerlei für den Brotkorb · Zwiebelbrot · Leinsamenbrot · Aniszopf · Sonnenblumenbrot · Laugenbrezen · Weizenvollkornbrot · Bauern-Vollkornbrot · Schusterbuben

Vorschlag für eine Kaffeetafel
Allgäuer Ananastorte · Frankfurter Kranz · Mohrenkuchen · Mohntaschen · Nußbeugerl

Ostergebäck (Foto oben) Streuselosterhasen · Osterlämmchen · Kleine Osterhasen · Hefe-Ostergebäck
Weihnachtsgebäck (Foto unten, von links nach rechts) Christstollen · Nikolaus · Schaukelpferdchen · Früchtebrot · Hutzelbrot · Honigpfefferkuchen
Weihnachtsplätzchen (Foto unten, von links nach rechts) Mandelkränzchen · Lebkuchenschnitten · Wiener Nußplätzchen · Buttersterne · Husarenkrapfen · Ingwerherzen · Haselnußplätzchen · Haselnußringe · Pfeffernüsse · Spitzbuben · Mandelplätzchen · Nußprinten · Kokosberge · Basler Leckerli · Zitronenlaibchen · Linzer Teigkranzerl · Mandelmohrchen · Gefüllte Lebkuchen

Backwaren zum Kirchweihfest
Kirchweihherzen und -blumen · Kirchweihkränzchen und -küchle · Schweinchen

Vorschlag für ein Mittagessen
Prinzeß-Tomate · Spargel · Schwemmklöße · Französische Mayonnaise · Melone mit Kirschsahne

Vorschlag für ein Abendessen
Tomaten gefüllt mit Rettich · Pikante Torte · Krautsalat Max und Moritz · Vollkornallerlei für den Brotkorb

Kerbelsuppe

1 Bund Kerbel
1 kleine Zwiebel
3/4 l Wasser
1 TL Gemüsebrühepaste
1 TL gekörnte Hefebrühe

50 g Weizenvollkornmehl
1/8 l Wasser

1 kleines Ei
1/8 l Sauerrahm
1 Bund Kerbel

Einen Bund Kerbel fein hacken, die Zwiebel fein schneiden und mit Wasser, Gemüsebrühepaste und gekörnter Hefebrühe zusetzen. 5 Minuten kochen lassen.
Das frischgemahlene Weizenvollkornmehl mit Wasser glattrühren, zur Suppe geben und nochmals aufkochen lassen.
Das Ei glatt schlagen, mit Sauerrahm und dem zweiten Bund Kerbel, feingehackt, vor dem Servieren unter die Suppe ziehen.

Kohlrabicremesuppe

600 g Kohlrabi, netto
200 g Karotten, netto
300 g Kartoffeln, netto
1 Bund Petersilie mit Wurzeln
1 l Wasser
2 gehäufte TL gekörnte Hefebrühe
1 gehäufter TL Kräutersalz

2 gehäufte EL Weizenvollkornmehl und 1/8 l Wasser
2 EL gehackte Petersilie
25 g Butter

Das geschälte, geschnittene Gemüse sowie 1–2 kleingeschnittene Petersilienwurzeln in 1 l Wasser mit gekörnter Hefebrühe und Kräutersalz ca. 30 Minuten kochen lassen.
Das frisch gemahlene Weizenvollkornmehl, in Wasser angerührt, dazugeben, aufkochen lassen und von der Kochstelle nehmen. Die Suppe mit dem Mixstab fein pürieren oder durch ein Sieb rühren.
Die feingehackte Petersilie unterziehen und ein Stück Butter darin zerfließen lassen.
Mit Käsesnacks oder Zwiebelbrot gereicht, ergibt diese Suppe eine vollständige Mahlzeit.

Pilzklößchen-Suppe

Klößchen:
3 Vollkornbrötchen (150 g)
knapp 1/8 l Milch
1 TL Vollmeersalz
1 Ei

20 g Butter
30 g Zwiebeln
2 EL Petersilie
100 g Pilze
2–4 EL Vollkorn-Semmelbrösel

Brühe:
1 1/4 l Wasser
1 Bund Suppengrün
2 TL Vollmeersalz
1 TL gekörnte Hefebrühe
1 TL Gemüsebrühepaste

1 Bund Schnittlauch

Vollkornbrötchen fein schneiden, mit warmer Milch übergießen und gut verrühren. Salz und Ei dazurühren.
In einer Pfanne klein geschnittene Zwiebeln und Petersilie und sehr klein geschnittene Pilze einige Minuten andünsten. Unter den Brötchenteig mischen, eventuell noch Semmelbrösel dazugeben.
Aus dem Teig 16 Klößchen formen.
Wasser mit klein geschnittenem Suppengrün, Salz, gekörnter Hefebrühe und Gemüsebrühepaste zum Kochen bringen. Klößchen einlegen und 10 Minuten leicht köcheln lassen.
Mit Schnittlauch bestreut reichen.

Reissuppe Calcutta

20 g Butter
75 g Zwiebeln
100 g Naturreis

1 TL Curry
1 l Wasser
1/4 l Milch
2 TL gekörnte Hefebrühe
1 TL Vollmeersalz

1 Banane
1 Eigelb
1 TL Honig
100 g Tilsiter

50 g Butter
40 g gehobelte Mandeln

Die feingeschnittene Zwiebel und den Reis unter ständigem Rühren in Butter glasig dünsten, ca. 7–10 Minuten. Curry kurz mitdünsten und mit Wasser und Milch aufgießen. Gekörnte Hefebrühe und Vollmeersalz dazugeben und ca. 45 Minuten kochen lassen.
Die Banane mit einer Gabel fein zerdrücken, Eigelb und Honig dazurühren, den Käse fein reiben und die gehobelten Mandeln goldgelb rösten.
Die Suppe von der Kochstelle nehmen, den Bananenbrei und den geriebenen Käse unterziehen und mit gerösteten Mandeln bestreut servieren.

Sagosuppe (Perltapioka)

1 l Wasser
1 Bund Suppengrün, frisch oder tiefgekühlt
1/2 TL Vollmeersalz
1 TL gekörnte Hefebrühe
1 TL Gemüsebrühepaste
70 g Perltapioka

1 Ei
Petersilie oder Schnittlauch

Wasser mit feingewürfeltem Suppengrün, Vollmeersalz, Gemüsebrühepaste und gekörnter Hefebrühe zusetzen.
In die kochende Brühe den Sago einlaufen lassen und 20 Minuten leicht kochen lassen. Von der Kochstelle nehmen, ein gut abgeschlagenes Ei unterziehen und mit Schnittlauch oder Petersilie anrichten.
Nach Belieben noch ein Stücken Butter dazugeben.

Selleriecremesuppe

300 g Sellerie, netto
1 l Wasser

30 g Weizenvollkornmehl
1/8 l Wasser

1–2 TL gekörnte Hefebrühe
1 TL Gemüsebrühepaste
1 gestrichener TL Vollmeersalz

1 Ei
4 EL Sahne
15 g Butter
2 EL gehackte Petersilie

Den geputzten Sellerie kleinschneiden und mit Wasser ca. 20–30 Minuten kochen.
Das frisch gemahlene Weizenvollkornmehl, mit Wasser angerührt, in die kochende Suppe rühren, 1 Minute kochen lassen, dann von der Kochstelle nehmen.
Mit dem Mixstab die Suppe pürieren, mit gekörnter Hefebrühe, Gemüsebrühepaste und Vollmeersalz würzen. Ei gut durchschlagen und mit Sahne und Butter unterrühren, mit gehackter Petersilie anrichten.

Spanische Tomatensuppe

Brühe:
1/2 l Wasser
1/2 TL Kräutersalz
2 gehäufte TL gekörnte Hefebrühe

60 g Weizenvollkornmehl
1/8 l Wasser

500 g Tomaten
2 EL Zitronensaft
1 TL Honig
1 kleine Zwiebel
1 Prise Pfeffer

Einlage:
150 g Paprika
250 g Tomaten
50 g Zucchini
2 Vollkornbrötchen, 1 Tag alt
20 g Butter

In das kochende, mit Kräutersalz und gekörnter Hefebrühe gewürzte Wasser rührt man das frisch gemahlene Weizenvollkornmehl, angerührt mit 1/8 l Wasser. 1 Minute kochen lassen. Die Tomaten kurz ins kochende Wasser tauchen, die Haut abziehen und mit Zitronensaft, Honig, Zwiebel und Pfeffer mixen. Diesen Tomatensaft unter die Suppe rühren, nicht mehr kochen lassen.
Für die Einlage die Paprika und Zucchini fein hobeln, dann fein würfeln, die abgezogenen Tomaten ebenfalls fein würfeln. Die Vollkornbrötchen gewürfelt in einer Pfanne in Butter leicht rösten.
Die Einlage in den Tellern oder Suppentassen verteilen und mit der Suppe übergießen.

Spargelsuppe

250 g Suppenspargel, netto
1 TL Vollmeersalz
1–2 TL gekörnte Hefebrühe
7/8 l Wasser

40 g Weizenvollkornmehl
1/8 l Wasser

1 großes oder 2 kleine Eier
15 g Butter
1 EL gehackte Petersilie

Den Spargel waschen, sauber schälen und in 1 cm große Stückchen schneiden. Mit dem Wasser, Vollmeersalz und gekörnter Hefebrühe zusetzen und 20 Minuten leicht kochen lassen.
Das frisch gemahlene Weizenvollkornmehl mit etwas Wasser verrühren, unter die Suppe rühren und 1 Minute kochen lassen. Von der Kochstelle nehmen.
Das Ei gut abschlagen und unter die Suppe rühren. Butter und gehackte Petersilie vor dem Servieren dazugeben.

Spargelsuppe, legiert

200 g Spargel, netto
1 l Wasser
1 TL Vollmeersalz
1 TL gekörnte Hefebrühe

50 g Vollkorngrieß
1 Ei
15 g Butter
Schnittlauch

Den Spargel sorgfältig von oben nach unten schälen, in kleine Stückchen schneiden und mit Wasser, Vollmeersalz und gekörnter Hefebrühe zusetzen, 20–30 Minuten leicht kochen lassen.
Unter ständigem Rühren den Grieß einlaufen lassen und 2 Minuten kochen.
Von der Kochstelle nehmen, das verquirlte Ei unterziehen, ein Stückchen Butter darin zerlaufen lassen und mit Schnittlauch bestreut reichen.

Suppe mit selbstgemachten Nudeln

Nudeln:
200–225 g Weizenvollkornmehl, je nach Eiergröße
2 Eier
1 gestrichener TL Vollmeersalz

Brühe:
2 l Wasser
1 gehäufter TL Vollmeersalz
2 TL gekörnte Hefebrühe
2 TL Gemüsebrühepaste
1 Bund Suppengrün, kleingeschnitten

1 Bund Schnittlauch
20 g Butter

Von dem frisch gemahlenen Weizenvollkornmehl nimmt man 4 gehäufte EL und verrührt sie in einer Schüssel mit den Eiern und Vollmeersalz

Nun gibt man nach und nach etwas Weizenvollkornmehl dazu, daß ein geschmeidiger, nicht mehr klebender Teig entsteht.

Auf einer bemehlten Arbeitsfläche walkt man die Hälfte des Teiges ganz dünn aus. Wenn er klebt, vorsichtig mit einem langen Messer lösen und etwas Weizenvollkornmehl darunterstreuen. Der Teig soll so dünn werden wie ein Strudelteig.

Nun legt man den ausgewalkten Teig auf ein sauberes Geschirrtuch und läßt ihn trocknen (ca. 2 Stunden). Zwischendurch muß der Teig gewendet werden. Mit der anderen Teighälfte verfährt man ebenso.

Dann wird der trockene Teig zusammengerollt, einmal der Länge nach durchgeschnitten und dann in feinste Streifen geschnitten.

In die kochende, gut abgeschmeckte Brühe geben und 10 Minuten leicht kochen, 10 Minuten quellen lassen.

Mit Schnittlauch bestreuen und mit einem Stückchen Butter servieren.

Man kann auch die geschnittenen Nudeln noch etwas nachtrocknen und ein paar Tage aufheben.

Tomatensuppe mit Goldwürfeln

Brühe:
1 000 g Suppentomaten, netto, frisch oder tiefgekühlt
gut 1/2 l Wasser
2 gestrichene TL Vollmeersalz
Schale von 1/2 Zitrone, unbehandelt

Goldwürfel:
2 Vollkornbrötchen, 1 Tag alt
2 Eier
2 EL Milch
1 MS Vollmeersalz
20 g Butter

Die grob zerschnittenen Tomaten mit Wasser und Vollmeersalz ca. 10 Minuten kochen. Anschließend durch ein Sieb passieren oder mit dem Mixstab pürieren.
Die Schale einer halben Zitrone 10 Minuten in der Suppe ziehen lassen.
Brötchen in Würfel schneiden, Eier, Milch und Salz verquirlen und die Würfel darin wenden. In der Pfanne in Butter ausbacken.
In Suppentassen oder -tellern verteilen und mit heißer Suppe übergießen.
Statt Goldwürfeln können auch 80 g feinste Vollkornnudeln zur Suppe gegeben werden. Nudeln ca. 5 Minuten in der Suppe kochen.

Eintopfgerichte

Bergsteigeressen

500 g geschälte halbe Erbsen
1 1/2 l Wasser
2 Bund Suppengrün

30 g Weizenvollkornmehl
1/4 l Wasser
1 gehäufter TL Kräutersalz
2 gehäufte TL gekörnte Hefebrühe
1 EL Sojasauce

Erbsen über Nacht in 1 1/2 l Wasser einweichen. Am nächsten Tag mit feingeschnittenem Suppengrün zusetzen. Kochzeit ca. 45–50 Minuten auf kleinster Flamme.
Hülsenfrüchte immer in einem großen Topf kochen, um das Überlaufen zu vermeiden.
Wenn die Erbsen zerfallen, das frisch gemahlene Weizenvollkornmehl mit Wasser glattrühren und in die Suppe geben, 1 Minute kochen lassen. Nun mit Kräutersalz, gekörnter Hefebrühe und Sojasauce würzen.
Nach Belieben die Suppe etwas mit dem elektrischen Mixer pürieren.
Dazu beispielsweise Käsesnacks (siehe S. 110) oder Zwiebelbrot (siehe S. 105) reichen.

Chili non carne

250 g Kidney-Bohnen (rot)
250 g weiße Bohnen
1 1/2 l Wasser
1 TL Vollmeersalz

10 EL Olivenöl, kaltgepreßt
3 Knoblauchzehen
300 g Zwiebeln
200 g Karotten
125 g Sellerie
300 g Kartoffeln
500 g Tomaten
100 g Maiskörner, frisch oder tiefgekühlt
200 g Tomatenmark
1/2 l Wasser

1 TL Basilikum
1 TL Oregano
1 TL Schabzigerklee
2 MS Paprika, scharf
2 Peperoni
1 TL Vollmeersalz
2 TL gekörnte Hefebrühe

Parmesankäse

Bohnen über Nacht oder 12 Stunden in Wasser einweichen. Dann ca. 45 Minuten im Einweichwasser kochen, bis sie gar sind. Salz darin verrühren, ziehen lassen, dann Bohnen abgießen, Kochwasser auffangen.
Knoblauch scheibeln, Zwiebeln klein würfeln und in Öl glasig dünsten. Dann gewürfelte Karotten, Sellerie, Kartoffeln, Tomaten und Maiskörner dazugeben und kurz mitdünsten. Vorgekochte Bohnen, Tomatenmark und 1/2 l Bohnen-Kochwasser dazugeben und zum Kochen bringen.
Basilikum, Oregano, Schabzigerklee, Paprika, fein geschnittene Peperoni, Salz und gekörnte Hefebrühe dazugeben. 15 Minuten leicht köcheln, dann 15 Minuten ziehen lassen.
Bei Tisch mit frisch geriebenem Parmesankäse bestreuen.

Fränkischer Bohnentopf

500 g grüne Bohnen, netto, frisch oder tiefgekühlt
400 g Kartoffeln, netto
250 g Karotten, netto
75 g Zwiebeln
2 Knoblauchzehen
1 1/2 l Wasser
1 TL Vollmeersalz
2 TL gekörnte Hefebrühe

40 g Weizenvollkornmehl
3 EL Sojasauce
2 EL frisches Bohnenkraut

20 g Butter

Die Bohnen fein schneiden, die Kartoffeln, Knoblauch und Zwiebeln würfeln, die Karotten scheibeln und mit Wasser, Vollmeersalz und gekörnter Hefebrühe ca. 30 Minuten kochen.

Das frisch gemahlene Weizenvollkornmehl, mit etwas Wasser verrührt, dazugeben und kurz aufkochen lassen. Mit Sojasauce und feingeschnittenem Bohnenkraut würzen, ein Stückchen Butter darin zerlassen.

Man kann dazu frische Vollkornbrötchen oder Käsesnacks reichen.

Gersteneintopf

250 g Gerste
1 l Wasser

800 g Gemüse, netto, z. B. Lauch, Sellerie, Karotten, Kraut, grüne Bohnen, Erbsen (keine Kartoffeln)
1 Lorbeerblatt
3 Wacholderbeeren
2 Nelken, in eine Knoblauchzehe gesteckt
1 l Wasser
1 TL Kräutersalz
2 TL gekörnte Hefebrühe
1 gehäufter TL Gemüsebrühepaste

2 EL Sojasauce
20 g Butter
2 Bund Schnittlauch

Die Gerste in einem Sieb waschen, über Nacht einweichen und anderntags 30 Minuten im Einweichwasser kochen.
Das Gemüse, das die Jahreszeit bietet, kleinschneiden und mit den angegebenen Gewürzzutaten und der Gerste 30 Minuten leicht kochen.
Mit Sojasauce abschmecken, Butter unterrühren und mit Schnittlauch bestreut reichen.

Hotch-Potch

200 g Weizenkörner
1 1/4 l Wasser

800 g Gemüse, netto, der Jahreszeit, z. B. Karotten, Blumenkohl, Kohlrabi, Weißkohl, Erbsen etc. (keine Kartoffeln)
2 Knoblauchzehen
Petersilienwurzel
200 g Tomatenmark

1 TL Selleriesalz
2 TL gekörnte Hefebrühe
2 EL Sojasauce
1 TL Majoran
1 TL Estragon
1 MS Rosmarin, gemahlen
1 MS Basilikum, gemahlen
1 kleine Zwiebel

300 g Tomaten
1 Bund Petersilie

Der Weizen wird in einem Sieb gewaschen und über Nacht eingeweicht. Anderntags wird er im Einweichwasser 30 Minuten gekocht. Gemüse, Knoblauchzehen und Petersilienwurzeln fein schneiden und mit Tomatenmark dazugeben. Dies kocht man nochmals ca. 30 Minuten.
Danach würzt man mit allen angegebenen Gewürzzutaten, reibt die Zwiebel hinein, zieht die würflig geschnittenen Tomaten und die feingehackte Petersilie unter.
Bei Tisch reicht man noch kaltgeschlagenes Öl und Parmesankäse dazu.

Irish Stew

250 g Kidney-Bohnen (rot)
3/4 l Wasser

750 g Weißkraut
250 g Lauch
250 g Karotten
500 g Kartoffeln
250 g Zwiebeln

5 EL Olivenöl, kaltgepreßt
Kräutersalz
Pfeffer aus der Mühle
3 TL Kümmel
3 Lorbeerblätter

1/2 l Wasser
2 TL gekörnte Hefebrühe
2 TL Gemüsebrühepaste

Bohnen ca. 12 Stunden oder über Nacht einweichen.
Gemüse sauber waschen und putzen. Weißkraut fein hobeln, Lauch in 1 cm breite Stücke schneiden, Karotten stifteln, Kartoffeln würfeln, Zwiebeln fein scheibeln und leicht einsalzen.
Einen großen Topf mit Öl einfetten und lagenweise jeweils einen Teil Weißkraut, Lauch, Karotten, Kartoffeln, Zwiebeln und Bohnen einschichten. Darauf einen Teil Salz, Pfeffer, Kümmel und 1 Lorbeerblatt geben. So fortfahren und mit Weißkraut abschließen.
Wasser mit gekörnter Hefebrühe und Gemüsebrühepaste verrührt darübergießen. Ankochen und bei geschlossenem Deckel 30 Minuten köcheln, dann 15 Minuten ziehen lassen, nicht umrühren.

Lauchsuppe

500 g Lauch
600 g Kartoffeln
1 1/2 l Wasser
1 TL Kräutersalz
1 TL Gemüsebrühepaste
2 TL gekörnte Hefebrühe
50 g vegetarische Pastete, naturgeräuchert

40 g Weizenvollkornmehl
und 1/8 l Wasser
20 g Butter

Lauch gut waschen, fein schneiden, Kartoffeln klein würfeln und mit Wasser, der feingeschnittenen Pastete und den Gewürzen zusetzen. 30–40 Minuten leicht kochen lassen.
Das frisch gemahlene Weizenvollkornmehl, mit etwas Wasser verrührt, dazugeben, 1 Minute kochen lassen.
Die Suppe mit einem Stückchen Butter servieren.

Linsentopf

500 g Linsen
gut 1 1/2 l Wasser

1–2 Bund Suppengrün
50 g vegetarische Pastete, naturgeräuchert

40 g Weizenvollkornmehl
und 1/8 l Wasser
Vollmeersalz
2 TL gekörnte Hefebrühe
1 EL Senf
ca. 1/8 l Obstessig

Die Linsen werden über Nacht eingeweicht und am nächsten Tag mit dem feingeschnittenen Suppengrün und der Pastete weichgekocht. Garzeit: ca. 45 Minuten.
1 gehäufter EL Weizenvollkornmehl, mit etwas Wasser vermengt, dazurühren und 1 Minute aufkochen lassen. Nun mit Vollmeersalz, gekörnter Hefebrühe, Senf und Obstessig pikant würzen.
Dazu kann man Kartoffelcroquetten und rohes, unpasteurisiertes Sauerkraut reichen.

Minestrone

100 g frische Erbsen
200 g Karotten
300 g grüne Paprikaschoten
200 g grüne Bohnen
100 g Lauch
100 g Sellerie
1 große Zwiebel
1 Knoblauchzehe
2 TL gekörnte Hefebrühe
2 TL Gemüsebrühepaste
2 TL Vollmeersalz
1 1/2 l Wasser

200 g Vollkornnudeln ohne Ei, z. B. Gnocchi, Spirelli
1 TL Paprika, süß

2 EL gehackte Petersilie
300 g Tomaten
Parmesankäse

Das geputzte, geschnittene Gemüse mit feingeschnittener Zwiebel und Knoblauch in das mit gekörnter Hefebrühe und Gemüsebrühepaste und Salz gewürzte Wasser geben und ca. 10 Minuten leicht kochen lassen.
Die Vollkornnudeln zum Gemüse geben, vorsichtig unterheben und weitere 10 Minuten kochen. Mit Paprika abschmecken. Die gehackte Petersilie und die würflig geschnittenen Tomaten zuletzt unterheben.
Bei Tisch Parmesankäse darüberstreuen.

Nockerl-Gemüsetopf

Suppe:
800 g gemischtes Gemüse, netto, z. B.: Karotten, Lauch, Sellerie, Blumenkohl, Spargel, Bohnen o. ä.
2 l Wasser
2 gestrichene TL Vollmeersalz
2 TL gekörnte Hefebrühe
1 TL Gemüsebrühepaste

Nockerl:
60 g Butter
2 Eier
150 g Vollkorngrieß
1/2 TL Kräutersalz
1 EL gehackte Petersilie

1 Bund Schnittlauch

Das geputzte, zerkleinerte Gemüse mit Wasser, Vollmeersalz, gekörnter Hefebrühe und Gemüsebrühepaste zusetzen und ca. 10 Minuten kochen lassen.
Die Butter glattrühren, die Eier, das Kräutersalz und die Petersilie dazugeben und den Grieß einrühren. Einige Minuten ziehen lassen. Mit 2 Teelöffeln Nockerln formen und in die kochende Suppe legen. 15 Minuten leise kochen lassen.
Mit feingeschnittenem Schnittlauch anrichten.

Pichelsteiner

500 g Kartoffeln, netto
350 g Karotten, netto
150 g Lauch, netto
200 g Erbsen, netto
250 g Sellerie, netto
250 g Waldpilze, frisch oder tiefgekühlt
125 g Zwiebeln
2 Knoblauchzehen

1 EL kaltgeschlagenes Öl
Kräutersalz
Pfeffer aus der Mühle

1 l Wasser
2 TL gekörnte Hefebrühe
2 TL Gemüsebrühepaste

1 Bund Schnittlauch oder Petersilie

Die Kartoffeln sauber bürsten, würfeln, Karotten, Lauch, Sellerie und Pilze scheibeln, Zwiebeln und Knoblauch fein schneiden.
Einen gut schließenden Topf mit Öl auspinseln und lagenweise das Gemüse und die Pilze einschichten und auf jede Schicht etwas Kräutersalz, Pfeffer, Zwiebeln und Knoblauch streuen.
Warmes Wasser mit gekörnter Hefebrühe und Gemüsebrühepaste verrühren und über das Gemüse gießen.
Bei geschlossenem Topf etwa 30 Minuten köcheln lassen. Nicht umrühren.
Bei Tisch mit Schnittlauch bestreuen.

Russische Krautsuppe

500 g Weißkaut
500 g Kartoffeln
400 g rote Rüben
2 Knoblauchzehen
100 g Zwiebeln

1 1/2 l Wasser
2 TL Vollmeersalz
2 TL gekörnte Hefebrühe
2 TL Gemüsebrühepaste
3 TL Kümmel
3 Lorbeerblätter

Pfeffer aus der Mühle
400 g saure Sahne

Weißkraut fein hobeln, Kartoffeln sauber bürsten und mit der Schale in ca. 1 cm große Würfel schneiden. Rote Rüben sauber bürsten und grob raffeln. Knoblauch und Zwiebeln klein würfeln.
Wasser mit Salz, gekörnter Hefebrühe, Gemüsebrühepaste, Kümmel und Lorbeerblättern zum Kochen bringen, das vorbereitete Gemüse hineingeben und 30 Minuten leicht köcheln, dann 20 Minuten ziehen lassen.
Mit Pfeffer und saurer Sahne reichen.

Schwäbischer Gemüsetopf

1/2 Menge der Vollkornspätzle (s. S. 319)

300 g Karotten
125 g Sellerie
200 g Lauch
125 g Wirsing oder Weißkraut
150 g Markerbsen, frisch oder tiefgekühlt
1 l Spätzlekochwasser
2 TL gekörnte Hefebrühe
1 gestrichener TL Kräutersalz
je 3 Wacholderbeeren, Pfeffer- und Pimentkörner
1 Knoblauchzehe, in die man 2 Nelken steckt
1 Lorbeerblatt
200 g Tomatenmark
Sojasauce

1 Bund Petersilie
125 g Emmentaler

Die Spätzle nach Rezept S. 319 kochen, in ein Sieb gießen und Kochwasser auffangen.
Das Gemüse wird nicht zu grob zerkleinert und im Spätzlekochwasser mit gekörnter Hefebrühe, Kräutersalz und sämtlichen Gewürzzutaten ca. 30 Minuten leicht gekocht, mit Tomatenmark und Sojasauce pikant abgeschmeckt.
Dann fügt man die fertigen Spätzle hinzu und läßt alles kurze Zeit durchziehen. Vor dem Anrichten mit gehackter Petersilie überstreuen.
Am Tisch mit geriebenem Emmentaler bestreuen.
Der Eintopf soll nicht so flüssig sein, daß er in Suppentellern gegessen werden muß.

Serbische Bohnensuppe

500 g weiße Bohnen
1 1/2 l Wasser

250 g Zwiebeln
2 Peperoni
1 Knoblauchzehe
1 Bund Suppengrün
30 g Butter

200 g Tomatenmark und
1/8 l Wasser
1 TL Vollmeersalz
1 TL süßer Paprika
1/2 TL Bohnenkraut
1 TL gekörnte Hefebrühe
1/2 TL Majoran
50 g vegetarische Pastete, naturgeräuchert
1 EL Sojasauce

150 g Tomaten
4 EL Sauerrahm

Bohnen über Nacht einweichen, dann ca. 1 Stunde leicht kochen lassen. Zwiebeln, Peperoni, Knoblauch und Suppengrün kleinschneiden, in Butter glasig dünsten und die weichen Bohnen dazugeben. Tomatenmark mit etwas Wasser vermischt darunterrühren und mit Vollmeersalz, Paprika, Bohnenkraut, gekörnter Hefebrühe, Majoran, der feingeschnittenen Pastete und Sojasauce würzen und noch mal kurz aufkochen lassen.
Vor dem Servieren die abgehäuteten, gewürfelten Tomaten und den Sauerrahm dazugeben und ganz kurz quirlen.

Saucen

Französische Mayonnaise

3 Eier, getrennt
1/4 l kaltgeschlagenes Sonnenblumenöl
1 kleine Knoblauchzehe
1/2 TL Hefepaste
1 TL Sojasauce
1 MS Kräutersalz
2 EL gehackte Petersilie

Die Eidotter in einer Rührschüssel mit dem Schneebesen cremig rühren. Unter ständigem Rühren langsam das Öl dazugießen (in ca. 5–7 Minuten!). Nun ist die Mayonnaise fertig und wird mit Hefepaste, Kräutersalz, Sojasauce und feingeschnittener Knoblauchzehe gewürzt. Das Eiweiß zu Schnee schlagen und darunterheben, gehackte Petersilie dazugeben.

Wenn die Mayonnaise gerinnt, nochmals 1 Eidotter cremig rühren und langsam das Geronnene dazurühren.

Diese Mayonnaise eignet sich besonders zu gedünsteten Artischocken, welche in diese gestippt werden.

Ebenso eignet sie sich vorzüglich zu gedünstetem Spargel mit Schwemmklößchen.

Frische Beerensauce

1 kg Beeren, frisch oder tiefgekühlt, z. B. Erdbeeren, Himbeeren, Brombeeren
50–75 g Honig
1 TL Dänisch-Agar
2 MS Zimt

Frische oder aufgetaute Beeren mit Honig (Menge von der Obstsüße abhängig), Dänisch-Agar und Zimt mixen. Unter ständigem Rühren leicht erwärmen, damit die Sauce andickt. In eine Sauciere füllen und lauwarm oder gekühlt zu Süßspeisen reichen.

Kapernsauce

1/2 l Wasser
50 g Weizenvollkornmehl
1/8 l Wasser

2 EL Sauerrahm
1 Eidotter
2 EL Kapern
2 EL Petersilie
1 TL gekörnte Hefebrühe
1 TL Sojasauce

Das frisch gemahlene Weizenvollkornmehl, mit Wasser angerührt, in das kochende Wasser geben, aufkochen lassen und von der Kochstelle nehmen.
Sauerrahm mit Eidotter, feingewiegten Kapern und Petersilie verrühren und unter die Sauce geben. Mit gekörnter Hefebrühe und Sojasauce abschmecken.

Käsesauce

1/2 l Wasser
50 g Weizenvollkornmehl
1/8 l Wasser

100 g Emmentaler
1 Eidotter
4 EL Sauerrahm
1 TL Sojasauce
1 TL gekörnte Hefebrühe
1/2 TL Vollmeersalz
1 Bund Schnittlauch

Das frisch gemahlene Weizenvollkornmehl mit 1/8 l Wasser anrühren und in das kochende Wasser rühren. 1 Minute kochen lassen und von der Kochstelle nehmen. Den feingeriebenen Käse, Eidotter und Sauerrahm unterziehen und mit Sojasauce, gekörnter Hefebrühe, Vollmeersalz und Schnittlauch abschmecken.

Kräuter-Sahne-Sauce

4 EL Sonnenblumenöl, kaltgepreßt
1 Bund Suppengrün
1/2 l Wasser
50 g Dinkelvollkornmehl
1 TL Vollmeersalz

1/8 l Sahne
3 EL Gartenkräuter, frisch oder tiefgekühlt
1–2 TL Sojasauce

Suppengrün durch den Gemüsewolf drehen und in Öl andünsten. Frischgemahlenes Dinkelvollkornmehl in Wasser verrührt mit Salz dazugießen und aufkochen lassen. Von der Kochstelle nehmen und Sahne, fein gehackte Gartenkräuter und Sojasauce unterziehen.

Meerrettichsauce

1/2 l Wasser
50 g Weizenvollkornmehl
1/8 l Wasser

2 EL frisch geriebener Meerrettich
Saft von 1/2 Zitrone, unbehandelt
1/2 TL Honig
1 TL Sojasauce
1 TL gekörnte Hefebrühe
1/2 TL Vollmeersalz
3 EL Sauerrahm
1 EL gehackte Petersilie

Das frisch gemahlene Weizenvollkornmehl mit 1/8 l Wasser anrühren und in das kochende Wasser rühren. 1 Minute kochen lassen, dann von der Kochstelle nehmen.
Frischgeriebenen Meerrettich, Zitronensaft und Honig unterrühren. Mit Sojasauce, gekörnter Hefebrühe, Salz, Sauerrahm und gehackter Petersilie die Sauce fein abschmecken.

Mohnsauce

125 g Mohn
1/8 l Milch

1/4 l Wasser
40 g Dinkelvollkornmehl
1 MS Vollmeersalz
50 g Rosinen, ungeschwefelt
1/2 TL Zimt
1/8 l Sahne
75 g Honig

Frischgemahlenen Mohn mit heißer Milch übergießen und 15 Minuten quellen lassen.
Wasser mit frischgemahlenem Dinkelvollkornmehl und Salz verrührt unter Rühren aufkochen. Von der Kochstelle nehmen, gequollenen Mohn, Rosinen und Zimt unterrühren.

Sahne und Honig unter die lauwarme Sauce rühren und zu Süßspeisen reichen.

Pilzsauce

20 g Butter
50 g Zwiebeln
250 g Pilze (Pfifferlinge, Steinpilze, Champignons)
3/8 l Wasser
1/2 TL Vollmeersalz
1 TL gekörnte Hefebrühe
1/2 Zitronenschale, unbehandelt

1/8 l Wasser
40 g Weizenvollkornmehl

1/8 l Sauerrahm
1 Eidotter
2 EL Zitronensaft
2 EL gehackte Petersilie

Die feingehackten Zwiebeln und die feingeschnittenen Pilze in Butter ca. 10 Minuten dünsten, mit Wasser aufgießen, Vollmeersalz, gekörnte Hefebrühe und Zitronenschale dazugeben und ca. 15 Minuten sanft kochen lassen.
Die Zitronenschale herausnehmen und das mit 1/8 l Wasser angerührte, frisch gemahlene Weizenvollkornmehl dazurühren und 1 Minute kochen lassen.
Von der Kochstelle nehmen, Sauerrahm, Eidotter, Zitronensaft und die gehackte Petersilie unterziehen.

Senfsauce

1/2 l Wasser
50 g Weizenvollkornmehl
1/8 l Wasser

2 EL Senf
1 EL Obstessig
1 TL Sojasauce
1 TL gekörnte Hefebrühe
1 TL Honig
1 MS Curry
1 Eidotter
2 milchsaure Gurken
15 g Butter

1 EL gehackte Petersilie

Das frisch gemahlene Weizenvollkornmehl, mit 1/8 l Wasser angerührt, in das kochende Wasser geben, 1 Minute aufkochen lassen und von der Kochstelle nehmen.
Die angegebenen Zutaten dazurühren, die Gurken feingerieben unterziehen, die Butter darin zerlaufen lassen und die feingehackte Petersilie vor dem Anrichten dazugeben.
Nach Belieben hartgekochte geschälte Eier (7 Minuten) ca. 10 Minuten darin ziehen lassen und mit Kartoffelbrei reichen.

Tomatensauce

150 g Tomatenmark
1/8 l Wasser
1/2 TL Vollmeersalz

2 EL Olivenöl, kaltgepreßt
2 EL Basilikum, frisch oder tiefgekühlt
500 g Tomaten

Tomatenmark mit Wasser und Salz verrührt kurz aufkochen. Von der Kochstelle nehmen, Olivenöl und klein geschnittenes Basilikum dazugeben.
Reife Tomaten zerschneiden, mixen und dazurühren. Auf Eßtemperatur erwärmen.

Tomatensauce natur

750 g Tomaten
1 EL Sojasauce
Saft von 1 Zitrone, unbehandelt
1/2 TL Vollmeersalz
1 EL Creme fraiche
1 EL Basilikum, frisch oder tiefgekühlt

Reife Tomaten zerschneiden und fein mixen. Sojasauce, Zitronensaft, Salz und Creme fraiche dazurühren. Basilikum klein schneiden und unterziehen. Sauce auf Eßtemperatur erwärmen, nicht zzu stark erhitzen.

Vanillesauce

3/8 l Wasser
1 MS Vollmeersalz
40 g Weizenvollkornmehl

1/8 l Sahne
1 Eidotter
90 g Honig
2 MS Vanille
1 Eiweiß

1/4 l Wasser zum Kochen bringen Das frisch gemahlene Weizenvollkornmehl mit 1/8 l Wasser glattrühren, in das kochende Wasser rühren und aufkochen lassen.
Im Wasserbad unter Rühren leicht abkühlen lassen, Sahne, Eidotter, Honig und Vanille dazugeben. Eiweiß steifschlagen und unterziehen.
Abgekühlt zu Süßspeisen reichen.

Zitronen-Ei-Sauce

1/2 l Wasser (auch Gemüsekochwasser)
1 TL gekörnte Hefebrühe
1/2 TL Gemüsebrühepaste
1/2 TL Vollmeersalz
50 g Naturreis

1 Ei
Saft von 1 Zitrone, unbehandelt
1 TL Akazienhonig
1 EL Kapern
1 EL Creme fraiche
1 EL Dill

Wasser mit gekörnter Hefebrühe, Gemüsebrühepaste und Salz erhitzen. Naturreis fein mahlen, dazurühren und Sauce aufkochen lassen. Von der Kochstelle nehmen.

Ei mit Schneebesen gut durchschlagen und langsam Zitronensaft dazurühren. Nun einige Löffel der gekochten Sauce dazurühren und dann dies langsam in die Sauce einrühren. Das Ei sollte nicht gerinnen.

Honig, Kapern, Creme fraiche und fein geschnittenen Dill unterziehen.

Hauptgerichte

Auberginen-Lasagne

1 kg Auberginen
Vollmeersalz
ca. 1/4 l Olivenöl, kaltgepreßt
Basilikum

500 g Vollkornlasagne
2 l Wasser
2 TL Vollmeersalz
2 TL Olivenöl, kaltgepreßt

500 g Tomaten
1/8 l Nudelkochwasser
2 EL Tomatenmark
2 EL Weizenvollkornmehl
1 TL Vollmeersalz
1 TL gekörnte Hefebrühe
3 TL Kräuter der Provence

175 g Schafskäse zum Reiben

Auberginen mit der Schale in ca. 1 cm dicke Scheiben schneiden, beidseitig einsalzen, in eine Schüssel schichten und gut 30 Minuten ziehen lassen. Danach Scheiben auf ein sauberes Geschirrtuch legen, trockentupfen und in Olivenöl beidseitig backen. Auf eine Platte legen und mit Basilikum bestreuen.
Wasser mit Salz und Öl zum Kochen bringen, Nudeln einlegen und ca. 10 Minuten kochen lassen (al dente). In ein Sieb gießen und Nudelblätter bis zur weiteren Verwendung (damit sie nicht zusammenkleben) in eine Schüssel mit kaltem Wasser legen.
Tomaten mit Nudelkochwasser und Tomatenmark fein mixen. Mit Mehl, Salz, gekörnter Hefebrühe unter Rühren aufkochen. Mit Kräutern der Provence würzen.
In eine gefettete, gebröselte Auflaufform alles schichtweise einlegen:
1., 5. und 9. Schicht: je 1/4 Nudelblätter
2., 6. und 10. Schicht: je 1/4 Käse
3., 7. und 11. Schicht: je 1/3 Auberginen
4., 8. und 12. Schicht: je 1/4 Sauce
Mit Nudelblättern, Tomatensauce und Käse abschließen.

Bei 200° C, 2. Schiene von unten, 30 Minuten backen.
Leicht abgekühlt in der Form in Quadrate schneiden und servieren.

Auberginenpfanne

10 EL Olivenöl, kaltgepreßt
10 Knoblauchzehen
600 g Auberginen
1 TL Vollmeersalz

500 g Vollkornspaghetti
knapp 1 1/2 l Wasser
2 TL Vollmeersalz
2 TL gekörnte Hefebrühe
1 EL Olivenöl, kaltgepreßt

500 g Tomaten
Kräutersalz
Pfeffer aus der Mühle
1 Bund Petersilie
2 EL Pinienkerne

Auberginen würfeln, mit Salz bestreuen, mischen und ca. 30 Minuten ziehen lassen. In ein sauberes Geschirrtuch geben und trockentupfen.
Wasser mit Salz, gekörnter Hefebrühe und Öl zum Kochen bringen, Nudeln hineingeben und 12–15 Minuten kochen lassen. Ab und zu vorsichtig umrühren. Restliches Kochwasser abgießen.
In einer großen Pfanne Olivenöl erhitzen, gescheibelte Knoblauchzehen darin kurz andünsten, dann Auberginenwürfel dazugeben und diese ca. 5 Minuten unter Wenden weich backen. Dann gewürfelte Tomaten, Kräutersalz, Pfeffer und Spaghetti darübergeben und vorsichtig mischen.
Mit gehackter Petersilie und Pinienkernen bestreut anrichten.

Auberginenpizza

Teig:
500 g Weizenvollkornmehl
1/4 l Wasser
20 g Hefe
1 TL Vollmeersalz
6–8 EL Sonnenblumenöl, kaltgepreßt

Belag:
150 g Tomatenmark
900 g Auberginen, in Olivenöl gebacken
1 TL Basilikum
600 g Tomaten
200 g Schafskäse
2 EL Kräuter der Provence
2 EL Kapern

Auberginen mit der Schale quer in 1 cm dicke Scheiben schneiden, in eine Schüssel schichten, mit Salz bestreuen und ca. 1 Stunde ziehen lassen. Danach Scheiben auf ein sauberes Geschirrtuch legen und trockentupfen.

Die Auberginenscheiben in heißem Olivenöl nacheinander ausbacken. Die Auberginen saugen ziemlich viel Öl auf, aber gerade das ergibt den guten Geschmack. Gebackene Scheiben auf eine Platte schichten und auskühlen lassen.

Frischgemahlenes Weizenvollkornmehl in eine Schüssel geben, in die Mitte eine Vertiefung drücken und darin die in kaltem Wasser verrührte Hefe mit Mehl zu einem dicklichen Brei rühren. Mit Mehl bestäubt ca. 15 Minuten gehen lassen.

Salz und Öl zum gegangenen Vorteig geben, alles gut zu einem geschmeidigen Teig kneten und ca. 30 Minuten gehen lassen.

Teig mit Nudelholz auf gefettetes Backblech walken (nasses Tuch unter das Blech legen) und 1 cm Rand hochdrücken.

Auf dem Teig das Tomatenmark verstreichen, dicht mit abgekühlten Auberginenscheiben belegen und mit Basilikum bestreuen. Tomaten in

dünne Scheiben schneiden und darüberlegen, darauf klein gewürfelten Schafskäse, Kräuter und Kapern verteilen.
Bei 220° C, mittlere Schiene, ca. 25 Minuten backen. Leicht abgekühlt in Stücke schneiden und mit Salat reichen.

Bauernschmaus

1 000 g Kartoffeln, netto
70 g Butter
1/2 TL Selleriesalz

20 g Butter
125 g Zwiebeln
250 g Pilze (Pfifferlinge, Steinpilze o. ä.)
1 EL gehackte Petersilie
1 TL gekörnte Hefebrühe

3 Eier
2 EL Sauerrahm
1/2 TL süßer Paprika
2 MS Selleriesalz

1 Bund Schnittlauch

Die Kartoffeln gut bürsten, Augen ausstechen und mit der Schale in 1 cm große Würfel schneiden. In einer flachen Pfanne zugedeckt, mit Selleriesalz gewürzt ca. 20–30 Minuten in Butter backen, ab und zu wenden.
Die kleingeschnittenen Zwiebeln in Butter glasig dünsten, die grobgeschnittenen Pilze dazugeben und ca. 10 Minuten mitdünsten. Mit gekörnter Hefebrühe und Petersilie würzen.
Die Eier schlagen, Sauerrahm, Paprika und Selleriesalz dazurühren. Über die fertigen Kartoffeln die gedünsteten Pilze verteilen und die geschlagenen Eier darübergießen. Bei geschlossenem Deckel und kleinster Hitze stocken lassen, ca. 10 Minuten. Auf eine Platte gleiten lassen und mit Schnittlauch bestreut servieren.
Dazu reicht man grüne Salate oder Bohnensalat.

Bechamelkartoffeln

1 200 g Kartoffeln

Sauce:
50 g Butter
100 g Zwiebeln
gut 1/4 l Wasser
50 g Weizenvollkornmehl
1 TL Vollmeersalz
1 TL gekörnte Hefebrühe
1 Prise Muskatnuß
Pfeffer aus der Mühle
gut 1/4 l Sahne

2 EL Schnittlauch

Kartoffeln kochen, schälen und in Scheiben schneiden (nicht zu dünn).
Für die Sauce klein geschnittene Zwiebeln in Butter andünsten. Wasser und frischgemahlenes Weizenvollkornmehl dazugeben und unter Rühren aufkochen lassen. Mit Salz, gekörnter Hefebrühe, Muskatnuß und Pfeffer würzen. Sahne dazugeben und unterrühren.
Kartoffelscheiben in eine gefettete Auflaufform geben, Sauce darübergießen und Kartoffelscheiben vorsichtig unterheben.
Im vorgeheizten Ofen bei 250° C, unterste Schiene, 10–15 Minuten bis zur leichten Bräunung backen.
Mit Schnittlauch bestreut anrichten.

Blumenkohlgratin

600 g Blumenkohl, netto
1/2 l Wasser
1 TL gekörnte Hefebrühe
1 TL Vollmeersalz

80 g Weizenvollkornmehl
200 g geriebener Hartkäse
2 Eidotter
2 Eiweiß
1 MS Vollmeersalz
Pfeffer aus der Mühle
2 EL Petersilie
30 g Butter

Blumenkohl im ganzen oder in Röschen geteilt in Wasser mit gekörnter Hefebrühe und Salz 15 Minuten kochen. Mit einem Sieblöffel in eine gefettete, gebröselte Auflaufform legen.

Das Gemüsekochwasser mit dem frischgemahlenen Weizenvollkornmehl verrühren, kurz aufkochen und wieder etwas abkühlen lassen. Geriebenen Hartkäse, Eidotter und Pfeffer aus der Mühle dazugeben. Steif geschlagenen Eischnee und klein geschnittene Petersilie unterheben. Diese Sauce über den Blumenkohl gießen. Butterflöckchen darauf verteilen.

Bei 220° C, 2. Schiene von unten, ca. 30 Minuten bis zur hellen Bräunung backen.

Dazu können Polenta, Kartoffelbrei oder Naturreis gereicht werden.

Chinesische Frühlingsrolle (für 4–6 Personen)

Quarkblätterteig:
200 g Weizenvollkornmehl
200 g Schichtkäse
200 g Butter
2 MS Vollmeersalz

zum Bestreichen:
1 Eidotter und 1 TL Milch

Füllung:
100 g Zwiebeln
250 g Pilze
250 g Weißkraut, netto
250 g Karotten, netto
100 g Erbsen, netto
30 g Butter

1/2 TL Vollmeersalz
1 TL gekörnte Hefebrühe
60 g vegetarische Pastete
1 MS Pfeffer
1 MS Basilikum
200 g Gouda

Das frisch gemahlene Weizenvollkornmehl mit Vollmeersalz, dem kalten Quark und der feingeschnittenen Butter rasch zusammenkneten. Den Teig 30 Minuten kühl stellen. Auf einer bemehlten Arbeitsfläche den Teig dick auswalken, wieder zusammenlegen und kühl stellen; dies 3–4mal wiederholen.

Die Zwiebeln fein schneiden, die Pilze grob zerkleinern, das Weißkraut fein hobeln, die Karotten scheibeln und mit den frischen Erbsen in Butter ca. 15 Minuten im eigenen Saft dünsten.

Mit Vollmeersalz, gekörnter Hefebrühe, Pfeffer und Basilikum würzen und die Pastete darin verrühren. Abgekühlt den in kleine Würfel geschnittenen Käse dazugeben.

Den Teig in Backblechgröße auswalken, die Ränder gerade abschneiden und mit Hilfe des Nudelholzes auf das mit Wasser bestrichene Backblech legen. Die abgekühlte Gemüsefüllung daraufgeben und den Teig von beiden Seiten der Länge nach über dem Gemüse zusammenschlagen. Die Enden zusammendrücken.

Die abgeschnittenen Reste nochmals auswalken und in Streifen ausrädeln. Die Streifen in Rautenmuster über

die Pastete legen und die Rolle mit verdünntem Eidotter bestreichen.
Eine Tasse heißes Wasser auf den Boden des Backrohrs stellen und die Rolle bei 220° C, mittlere Schiene, ca. 25 Minuten backen. Etwas abkühlen lassen und in Stücke geschnitten auf eine Platte heben.
Statt einer großen Rolle können aus dem Teig auch 8 kleine Teile ausgewalkt werden, je ca. 15 x 20 cm.
Einen Teil des Gemüses auf 1 Teil geben und weiter so verfahren wie mit der großen Rolle.

Chinesisches Reisgericht

350 g Naturreis
3/4 l Wasser
1 Bund Suppengrün
2 TL Curry
1 TL Vollmeersalz
1 gehäufter TL gekörnte Hefebrühe
250 g Champignons oder Pfifferlinge

600 g Zwiebeln
2 MS Selleriesalz
1/2 Tasse Wasser

125 g Emmentaler oder Gouda

Den Naturreis in einem Sieb gut waschen und mit Wasser, dem kleingeschnittenen Suppengrün, Curry, Vollmeersalz und gekörnte Hefebrühe zusetzen.
Die Pilze waschen, grob schneiden und mit dem Reis kochen.
Die Kochdauer von Naturreis beträgt etwa 40 Minuten, 20 Minuten nachquellen lassen.
Die Zwiebeln schälen und im ganzen zusammen mit 1/2 Tasse Wasser, mit Selleriesalz gewürzt, 20–30 Minuten leicht kochen.
Den fertigen Reis gibt man in eine feuerfeste Form, legt obendrauf die Zwiebeln und streut den geriebenen Käse darüber.

Dies gibt man 3–5 Minuten unter den Grill oder ca. 15 Minuten in den auf 225° C vorgeheizten Backofen. Der Käse soll auf den Zwiebeln schmelzen und ganz leicht gebräunt sein.

Exoten-Topf

500 g Zucchini
500 g Paprikaschoten, rot und grün
300 g Auberginen
250 g Zwiebeln
1–2 Knoblauchzehen
1–2 Peperoni

6 EL Olivenöl, kaltgepreßt
1 gestrichener TL Vollmeersalz
2 TL gekörnte Hefebrühe
1 Lorbeerblatt
knapp 1/4 l Weißwein

150 g Gouda
350 g Tomaten

Zucchini, Paprikaschoten, Auberginen und Zwiebeln grob würfeln (Zucchini und Auberginen mit der Schale und den Kernen), Knoblauch und Peperoni fein schneiden.
Das Gemüse in Olivenöl ca. 10 Minuten dünsten, mit Vollmeersalz und gekörnter Hefebrühe würzen, mit Weißwein aufgießen und ca. 20 Minuten leicht kochen lassen.
Von der Kochstelle nehmen, den grobgeriebenen Käse unterziehen und die kleingewürfelten Tomaten unterheben.
Mit Risotto, Polenta oder Curryreis reichen.

Enchiladas (gefüllte Maispfannkuchen)

Pfannkuchen:
250 g Maisgrieß (Polenta)
75 g Buchweizenmehl
1/2 l lauwarmes Wasser
1/2 TL Vollmeersalz
1 gehäufter TL gekörnte Hefebrühe

100 g Butter

Füllung:
10 g Butter
200 g Zwiebeln
175 g Emmentaler oder Gouda
500 g Tomaten
Vollmeersalz

Belag:
4 Eier
Prise Vollmeersalz
Schnittlauch

Den Maisgrieß und das frisch gemahlene Buchweizenmehl in lauwarmes Wasser rühren, Vollmeersalz und gekörnte Hefebrühe dazugeben. 1 Stunde quellen lassen.
In einer Pfanne in Butter bei mäßiger Hitze Pfannkuchen ausbacken.
Man benötigt dazu mehr Fett als zu normalen Pfannkuchen. Backzeit eines Pfannkuchens ca. 4 Minuten, der Pfannkuchen braucht nicht gewendet zu werden.
Den fertigen Pfannkuchen auf einen Teller gleiten lassen. Mit je 1 EL glasig gedünsteter Zwiebeln belegen, mit geriebenem Käse bestreuen und eine Hälfte mit leicht gesalzenen Tomatenscheiben (quer aufschneiden) belegen. Zusammengeklappt auf ein Backblech legen und bei 150° C ca. 20–30 Minuten backen, bis der Käse schmilzt.
Das Ganze wird mit einem Spiegelei bei kleiner Hitze gebacken und mit Schnittlauch garniert gereicht.
Dazu grüne Salate oder Bohnensalat.
Die angegebene Menge ergibt 4–6 Maispfannkuchen, je nach Pfannengröße.

Fenchelgratin

750 g Fenchel, netto
1/4 l Wasser
1/2 TL Vollmeersalz

500 g Kartoffeln, netto
300 g Tomaten

1/8 l Fenchelkochwasser
1/8 l Sahne
150 g geriebener Appenzeller
1 gehäufter EL Weizenvollkornmehl

Fenchelgrün

Den Fenchel waschen, die Strünke wegschneiden und den Fenchel senkrecht in dicke Scheiben aufschneiden, mit Wasser und Vollmeersalz ca. 20 Minuten leicht kochen.
Die Kartoffeln mit 1 Tasse Wasser gar kochen, schälen und in Scheiben schneiden.
In eine gefettete, feuerfeste Form schichtweise den Fenchel, die Kartoffeln und die geschnittenen Tomaten legen, als letzte Schicht Kartoffeln.
Nun das Fenchelkochwasser mit der Sahne, der Hälfte des geriebenen Käses und 1 gehäuften EL frisch gemahlenem Weizenvollkornmehl verrühren und aufkochen lassen. Über den Auflauf gießen und mit dem restlichen Käse bestreuen.
Bei 200° C ca. 30–40 Minuten auf der 2. Schiene von unten backen. Mit gehacktem Fenchelgrün anrichten.
Dazu reicht man gemischte Blattsalate.

Fränkische Pizza

Teig:
500 g Weizenvollkornmehl
20 g Hefe
1/4 l Wasser
2 TL Vollmeersalz
60 g Butter

Belag:
4 EL Olivenöl, kaltgepreßt
2 EL Tomatenmark
150 g Zwiebeln
300 g Zucchini
Kräutersalz
500 g Tomaten
250 g Paprikaschoten
200 g Broccoli
3 TL Pizzagewürz
250 g würziger Reibkäse

Frischgemahlenes Weizenvollkornmehl in eine Schüssel geben, eine Vertiefung drücken und darin die mit lauwarmem Wasser verrührte Hefe zu einem dicklichen Brei rühren. Mit Mehl bestäubt 15 Minuten gehen lassen. Dann Salz und weiche Butter dazugeben, alles zu einen glatten Teig kneten und 30 Minuten gehen lassen.

Teig auf einem gefetteten Backblech auswalken, mit Olivenöl und Tomatenmark bestreichen. Zwiebeln in dünne Ringe schneiden, Zucchini mit der Schale fein hobeln, auf den Teig legen und mit Kräutersalz bestreuen. Darauf Tomatenscheiben und auf diese Paprika- und Broccolistreifen legen. Alles mit Pizzagewürz und mit fein geriebenen Käse bestreuen.

Im vorgeheizten Ofen bei 200° C, mittlere Schiene, 30–35 Minuten backen. Leicht abgekühlt in Stücke schneiden.

Gebackene Auberginen

4 mittelgroße Auberginen
(ca. 1 000 g)
Vollmeersalz
ca. 1/8 l Olivenöl,
kaltgepreßt

250 g Zwiebeln
1/2 TL Vollmeersalz
1 Bund Petersilie
2 Knoblauchzehen

400 g Tomaten
100 g Schafskäse
Pfeffer aus der Mühle

Auberginen mit der Schale längs halbieren, beidseitig einsalzen und ca. 30 Minuten ziehen lassen. Mit einem sauberen Geschirrtuch trocken tupfen und beidseitig in Olivenöl hell backen. In eine große Backreine oder auf ein Backblech legen.

Zwiebeln in dünne Scheiben schneiden, einsalzen und 10 Minuten ziehen lassen. Zwiebeln, grobgeschnittene Petersilie und fein gescheibelten Knoblauch kurz in Olivenöl dünsten und auf die Auberginenhälften verteilen.

Tomaten in dünne Scheiben schneiden und schuppenförmig die Auberginenhälften damit belegen. Schafskäse klein würfeln, darauf verteilen und mit Pfeffer bestreuen.

Bei 200° C, 2. Schiene von unten, 30 Minuten backen.

Dazu paßt Naturreis, Kartoffelbrei oder Weizenvollkornbrot.

Gemüseallerlei in Aspik

700 g gemischtes Gemüse, netto, z. B. Karotten, Erbsen, Bohnen, Spargel, Paprika, Zwiebeln
1 l Wasser
1/2 TL Vollmeersalz
1 TL gekörnte Hefebrühe
1 TL Gemüsebrühepaste

3 hartgekochte Eier
3 große milchsaure Gurken oder Tomatenpaprika
2 EL frischer Dill

1 l Gemüsebrühe
knapp 1/8 l Obstessig
1/8 l Wasser
2 gehäufte TL Dänisch-Agar

Das zerkleinerte Gemüse in Wasser mit Vollmeersalz, gekörnter Hefebrühe und Gemüsebrühepaste ca. 30 Minuten kochen. Das Gemüse abseihen und mit gehackten Eiern (einige Scheiben zum Verzieren zurücklassen), gewürfelten Gurken und feingeschnittenem Dill vermengen.
Die abgeseihte Gemüsebrühe auf 1 l auffüllen, mit Obstessig abschmecken und das mit 1/8 l Wasser angerührte Dänisch-Agar darin verrühren und erhitzen.
In kleine Portionsschälchen oder Tassen etwas Gemüsebrühe gießen, Eischeiben darauf und nun abwechselnd das Gemüse und die Brühe darübergeben. Mit Brühe abschließen.
Die Menge ergibt 8 Portionsschälchen.
2 Stunden im Kühlschrank erstarren lassen, dann stürzen und mit Petersilienkartoffeln reichen.
In Tassen gefüllt und gestürzt, mit Kräuterremoulade, sehr gut zum kalten Büffet passend.

Hirseauflauf pikant

30 g Butter
50 g Zwiebeln
150 g Zucht- oder Waldpilze
250 g Hirse
3/4 l Wasser
1 TL Vollmeersalz
1 TL gekörnte Hefebrühe

200 g Erbsen, frisch oder tiefgekühlt
200 g Mais, frisch oder tiefgekühlt
3 Eier, getrennt
150 g würziger Hartkäse

Klein geschnittene Zwiebeln in Butter andünsten, klein gewürfelte Pilze dazugeben und kurz mitdünsten. Hirse dazugeben, ebenfalls kurz mitdünsten und mit Wasser aufgießen. Salz und gekörnte Hefebrühe dazugeben, aufkochen und bei kleinster Hitze 20 Minuten quellen lassen. Von der Kochstelle nehmen und abkühlen lassen.
Erbsen und Mais dazugeben, Eidotter und geschlagenes Eiweiß unterheben.
Auflaufform ausbuttern, Boden und Rand der Form mit der Hälfte des fein geriebenen Käses bestreuen. Hirse einfüllen, glattstreichen und mit restlichem Käse bestreuen.
Im vorgeheizten Ofen bei 200° C, 2. Schiene von unten, 30 Minuten backen.
Mit Tomatensauce (siehe S. 250) reichen.

Italienischer Zucchiniauflauf

200 g Naturreis
knapp 1/2 l Wasser
1/2 TL Vollmeersalz
1 TL Oregano
1 TL Thymian

6 EL Olivenöl, kaltgepreßt
200 g Zwiebeln
200 g Zucht- oder Waldpilze
500 g Zucchini
1/2 TL Vollmeersalz
1 TL gekörnte Hefebrühe

200 g Tomaten
2 EL Tomatenmark
2 EL Wasser
4 Salbeiblätter
1/2 TL Vollmeersalz

zum Bestreuen:
6 EL Parmesan, frisch gerieben
2 EL frische Kräuter der Provence

Reis im Sieb waschen und mit Wasser, Salz und Gewürzen zusetzen, 40 Minuten leicht köcheln lassen.
Zwiebeln grob würfeln und in Olivenöl andünsten. Klein geschnittene Pilze und gescheibelte Zucchini dazugeben und ca. 3 Minuten mitdünsten. Salz und gekörnte Hefebrühe darunterrühren.
Tomaten mit Tomatenmark und Wasser mixen. Klein geschnittene Salbeiblätter und Salz dazugeben.
In eine gefettete, gebröselte Auflaufform füllen:
1. Schicht: 1/2 Menge Naturreis
2. Schicht: 1/2 Menge Gemüse mit 2 EL Parmesan bestreuen
3. Schicht: 1/2 Menge Naturreis
4. Schicht: 1/2 Menge Gemüse mit gehackten frischen Kräutern bestreuen
5. Schicht: Tomatensauce mit 4 EL Parmesan bestreuen
Bei 220° C, 2. Schiene von unten, im Ofen 30 Minuten backen.

Käsespätzle

Rezept siehe Schwäbische Spätzle, S. 319

200 g würziger Rohmilch-Käse, z. B. Appenzeller, Bergkäse
30 g Butter
1 Bund Schnittlauch

Käse fein reiben. Auflaufform gut einbuttern und abgebrauste Spätzle in mehreren Portionen einlegen, dazwischen jeweils einen Teil des geriebenen Käses streuen.
Über die letzte Spätzleschicht Butterflöckchen schneiden.
Im vorgeheizten Backrohr bei 100° C, mittlere Schiene, ca. 20 Minuten Käse schmelzen lassen. Mit fein geschnittenem Schnittlauch bestreuen.

Kartoffelpastetchen

1 kg Kartoffeln
Wasser

1 Ei
75 g Weizenvollkornmehl
1 TL Kräutersalz
1 TL Kümmel

Füllung:
20 g Butter
50 g Zwiebeln
250 g Karotten, Erbsen, Mais gemischt, frisch oder tiefgekühlt
250 g Zucht- oder Waldpilze
1 TL gekörnte Hefebrühe

2 EL Crème fraîche
1 EL Weizenvollkornmehl
2 EL geriebener Käse

zum Bestreichen:
1 Eiweiß
1 Eidotter
1 TL Wasser

Kartoffeln kochen, schälen, durchpressen und auskühlen lassen. Dann mit Ei, Weizenvollkornmehl, Kräutersalz und Kümmel verkneten. Auf einer leicht bemehlten Arbeitsfläche ca. 1/2 cm dick ausrollen und runde Plätzchen mit einem Glas ausstechen.
Die halbe Anzahl der Plätzchen mit 1 EL der Füllmasse belegen, die Ränder mit Eiweiß bestreichen und je ein zweites Plätzchen gewölbt über die Füllmasse legen und die Ränder andrücken.,
Die Plätzchen lassen sich mit einer Palette leicht von der Arbeitsfläche nehmen.
Die Pastetchen auf ein gefettetes Blech legen, mit verdünntem Eigelb bestreichen und 30 Minuten bei 200° C, mittlere Schiene, backen.
Die Menge ergibt 15 Pastetchen. Mit einem großen Tupfer Tomatenwürzsauce anrichten.
Dazu frische grüne Salate, Tomaten oder Gurken reichen.
Füllung: Klein geschnittene Zwiebeln in Butter andünsten, Erbsen, Mais, Karotten und Pilze klein gewürfelt dazugeben, mit gekörnter Hefebrühe würzen und 15 Minuten im eigenen Saft dünsten.
Creme fraiche mit Weizenvollkorn-

mehl und fein geriebenem Käse verrühren und unter das Gemüse ziehen. Von der Kochstelle nehmen und auskühlen lassen.

Kartoffelpuffer (Reibekuchen)

1 200 g Kartoffeln
2 Eier
50 g Weizenvollkornmehl
1 TL Vollmeersalz
1 kleine Zwiebel

100 g Butter

Die Kartoffeln gut bürsten, Augen ausstechen und mit der Schale auf einer feinen Bircherraffel reiben. Eier, das frisch gemahlene Weizenvollkornmehl, Vollmeersalz und die feingeschnittene Zwiebel daruntermischen. Für jeden Puffer 1 gehäuften EL Brei ins heiße Fett geben und so breit drücken, daß ein dünner Fladen entsteht. Vor dem Wenden ein kleines Stücken Butter auflegen.
In der vorgeheizte Röhre (125° C) die fertigen Puffer warm halten.
Mit Apfelmus und Preiselbeeren oder mit grünen Salaten reichen.
Die Menge ergibt ca. 20 Kartoffelpuffer.

Krautgratin

8–12 Weißkrautblätter, je nach Größe

500 g Sauerkraut
250 g Ananas, netto
250 g Äpfel
200 g Schafskäse
75 g Walnüsse
2 EL Basilikum
4 EL Olivenöl, kaltgepreßt

1/8 l Wasser
1 TL gekörnte Hefebrühe
100 g Reibkäse

Von einem locker gewachsenen Weißkraut die Blätter lösen, fest ineinanderlegen und 5 Minuten in kochendes Salzwasser legen. In ein Sieb gießen und auskühlen lassen.
Sauerkraut fein schneiden, Ananas, Äpfel, Schafskäse und Walnüsse klein würfeln. In einer Schüssel alles mit Basilikum und Olivenöl mischen.
Krautblätter ausbreiten, Krautfüllung darauf verteilen und einrollen. In einer gefetteten, flachen Form die Krautwickel eng aneinanderlegen. Wasser mit gekörnter Hefebrühe verrührt darüber gießen und mit geriebenem Käse bestreuen.
Im vorgeheizten Ofen bei 220° C, 2. Schiene von unten, ca. 30 Minuten bis zur leichten Bräunung backen.
Mit Kartoffelbrei reichen.

Krautrouladen

8 große Weißkrautblätter
ca. 1 1/2 l Wasser
2 TL Vollmeersalz

250 g Naturreis
1 Bund Suppengrün
1 TL gekörnte Hefebrühe
1 TL Gemüsebrühepaste
knapp 1/2 l Wasser

20 g Butter
150 g Zwiebeln

30 g Butter
1 Bund Petersilie

Von einem locker gewachsenen Weißkraut die Blätter lösen, fest ineinander legen und 5 Minuten in kochendes Salzwasser legen. In ein Sieb gießen, Kochwasser für Sauce auffangen.

Reis mit fein geschnittenem Suppengrün, gekörnter Hefebrühe, Gemüsebrühepaste und Wasser zusetzen und 40 Minuten kochen lassen.

Von der Kochstelle nehmen und die in Butter gedünsteten Zwiebelwürfel, Butter und gehackte Petersilie unterziehen.

Krautblätter auf der Arbeitsfläche ausbreiten, Reis darauf verteilen und einrollen.

In einen breiten, niederen Topf die Rouladen eng aneinanderlegen. 1/4 l Brühe vom Krautblätterkochen dazugießen und 20 Minuten bei kleiner Hitze kochen lassen. Das Kochwasser ist dann aufgebraucht.

Rouladen mit Zitronen-Ei-Sauce (siehe S. 252) reichen.

Lauchgratin

800 g Lauch, netto
1 Tasse Wasser
1 TL gekörnte Hefebrühe

4 Eidotter
1 TL Hefepaste
1 TL Paprika, süß
2 MS Vollmeersalz
1 gehäufter EL Weizenvollkornmehl
125 g Emmentaler
4 Eiweiß

1 EL gehackte Petersilie

Lauch putzen, der Länge nach halbieren und gut waschen. In 2 cm breite Stücke schneiden und in Wasser und gekörnter Hefebrühe 10–15 Minuten dünsten.
In die Eidotter die Hefepaste, Paprika, Salz, den feingeriebenen Käse und das frisch gemahlene Weizenvollkornmehl einrühren, den Eischnee unterheben.
Den weichen Lauch unterziehen und alles in einer gefetteten, feuerfesten Form bei 200° C, mittlere Schiene, ca. 25 Minuten backen.
Mit gehackter Petersilie garnieren.
Dazu reicht man Polenta oder Kartoffelbrei.

Lauchpita

Teig:
500 g Weizenvollkornmehl
1 TL Vollmeersalz
1 TL Backpulver
75 g Schichtkäse
125 g Butter
ca. 150 ml Wasser
1 Ei

Belag:
50 g Butter
150 g Zwiebeln
750 g Lauch
250 g Karotten
2 TL gekörnte Hefebrühe
2 TL Gemüsebrühepaste
2 EL Wasser
3 TL Kräuter der Provence

250 g würziger Bergkäse
400 g Tomaten

Frischgemahlenes Weizenvollkornmehl mit Salz und Backpulver mischen, mit Schichtkäse, weicher Butter, Wasser und Ei verkneten.

Für den Belag Butter zerlassen, grobgeschnittene Zwiebeln, geschnittenen Lauch (ca. 1 cm breit) und geraspelte Karotten ca. 10 Minuten halbgar dünsten. Gekörnte Hefebrühe, Gemüsebrühepaste, Wasser und Kräuter untermengen und abkühlen lassen.

Käse fein reiben, die Hälfte unter die abgekühlte Lauchmasse geben.

Den Teig auf einem gefetteten Backblech auswalken und 1 cm Rand hochdrücken.

Lauchmasse darauf verteilen. Tomaten in dünne Scheiben schneiden, über das Blech verteilen und mit dem restlichen Käse bestreuen.

Im vorgeheizten Ofen bei 220° C, mittlere Schiene, 30–35 Minuten backen.

Leicht abgekühlt in Stücke schneiden.

Maisschnitten

1 l Wasser
1 Bund Suppengrün
1 TL Selleriesalz
2 TL gekörnte Hefebrühe
250 g Polenta (Maisgrieß)
1 EL Buchweizenvollkornmehl

zum Belegen:
20 g Butter
Tomaten, Gurken, Zwiebeln, wahlweise
250 g Gouda, mittelalt

Das Wasser mit dem fein geschnittenen Suppengrün, Selleriesalz und gekörnter Hefebrühe zum Kochen bringen, den Maisgrieß und den fein gemahlenen Buchweizen einrühren, ca. 5 Minuten kochen und 20 Minuten bei kleinster Hitze quellen lassen. Den Brei auf einen großen flachen Teller streichen und erkaltet in beliebig große Stücke schneiden.
Schnitten auf ein gut gebuttertes Backblech legen. Mit Tomaten oder Gurken oder leicht gesalzenen Zwiebelscheiben belegen. Darauf 1 Scheibe Käse (eventuell zuschneiden) legen.
Im Backrohr bei 225° C, mittlere Schiene, ca. 15 Minuten überbacken. Dazu frische Salate reichen.

Maiswürfel, gebacken

250 g Maisgrieß (Polenta)
1 l Wasser
1 TL Vollmeersalz
1 TL gekörnte Hefebrühe
1 TL Gemüsebrühepaste
1 Bund Suppengrün

150 g Gouda oder Emmentaler
2 TL Thymian
1 Bund Schnittlauch
20 g Butter

Das Wasser mit Vollmeersalz, gekörnter Hefebrühe, Gemüsebrühepaste und dem sehr fein geschnittenen Suppengrün zusetzen. Den Mais in die kochende Brühe schütten. 5 Minuten kochen und 20 Minuten bei kleinster Hitze quellen lassen.
Den Brei auf einen flache Teller geben, glattstreichen und ausgekühlt in Würfel schneiden.
In eine gefettete, feuerfeste, flache Auflaufform die Maiswürfel, schichtweise mit dem feingeriebenen Käse und dem gerebelten Thymian bestreut, geben. Mit Butterflöckchen belegt im vorgeheizten Ofen bei 220° C ca. 35–40 Minuten auf mittlerer Schiene backen.
Mit feingeschnittenem Schnittlauch garnieren und zu Salaten oder Gemüsen reichen.

Paprikaschoten gefüllt

200 g Naturreis Langkorn
5/8 l Wasser
1 TL Vollmeersalz

400 g Tomaten
125 g Sellerie
3 Zwiebelschlotten
200 g Champignons
1 kleine grüne Paprikaschote
1 Bund Petersilie
200 g Erbsen, frisch oder tiefgekühlt
50 g Butter
3 TL gekörnte Hefebrühe

Pfeffer aus der Mühle
8 grüne Paprikaschoten, mittelgroß
Vollmeersalz

1 Rezept Tomatensauce
(s. S. 250)

Reis in einem Sieb waschen und mit Wasser und Salz ca. 30 Minuten vorkochen.
Tomaten, Sellerie, Zwiebelschlotten, Champignons, Paprikaschote und Petersilie klein schneiden und mit den Erbsen in Butter andünsten. Gekörnte Hefebrühe, Pfeffer und den vorgekochten Reis dazugeben und ca. 20 Minuten leicht kochen und anschließend 10 Minuten quellen lassen (Die Flüssigkeit ist nun vollständig aufgebraucht).
Von den Paprikaschoten den Deckel abschneiden und die Kerne herausnehmen. Schoten leicht salzen und mit dem Gemüsereis füllen. Den Deckel wieder daraufsetzen.
Die gefüllten Schoten in eine große Auflaufform stellen, Tomatensauce dazugießen und bei 220° C, unterste Schiene, 30 Minuten garen lassen.

Pasta asciutta

6 EL Olivenöl, kaltgepreßt
2 Bund Suppengrün (Karotten, Petersiliengrün und -Wurzel, Sellerie, Lauch)
150 g Zwiebeln
1–2 Knoblauchzehen
1 Peperoni
150 g Tomatenmark
1/4 l Wasser

1 TL Vollmeersalz
1 TL gekörnte Hefebrühe
1 TL Paprika, süß
1 TL Curry
1 EL Sojasauce

250 g Tomaten
2 EL Olivenöl, kaltgepreßt
500 g Vollkornspaghetti
100 g Parmesan

Suppengrün durch den Gemüsewolf drehen, Zwiebeln, Knoblauch und Peperoni fein schneiden und in Olivenöl andünsten. Tomatenmark mit Wasser verdünnen, dazugießen und ca. 15 Minuten leicht köcheln lassen. Mit Salz, gekörnter Hefebrühe, Paprika, Curry und Sojasauce würzen.
Tomaten sehr klein schneiden und mit Olivenöl unter das Pasta heben.
Vollkornspaghetti kochen (siehe S. 321) und zum Pasta reichen.
Parmesankäse sehr fein reiben und bei Tisch über Spaghetti und Pasta streuen.

Pfannkuchen, gefüllt

1 Rezept Vollkornpfannkuchen (s. S. 295)

zum Füllen:
1/2 Rezept Pasta asciutta, (s. S. 279)

50 g Emmentaler oder Gouda, mittelalt
oder
40 g Semmelbrösel und 30 g Butterflocken

1 EL gehackte Petersilie

Vollkornpfannkuchen backen und in der Röhre bei 100° C warmhalten. Dann mit Pasta asciutta bestreichen, zusammenrollen und in 3 Teile schneiden.
Senkrecht in eine gefettete Auflaufform stellen. Mit geriebenem Käse oder Semmelbrösel und Butterflöckchen bestreuen und 30 Minuten bei 200° C backen, mittlere Schiene.
Mit gehackter Petersilie bestreuen und mit grünen Salaten reichen.

Pilzgratin

40 g Butter
200 g Zwiebeln
750 g Zucht- oder Waldpilze, auch gemischt
1 TL Vollmeersalz
1 TL gekörnte Hefebrühe
2 TL Kräuter der Provence
Pfeffer aus der Mühle

Variation 1:
1/4 l Sauerrahm
4 EL Weizenvollkornmehl
1/2 TL Kräutersalz
200 g würziger Reibkäse
2 EL gehackte Petersilie

Variation 2:
4 Eier
1/4 l Sauerrahm
4 EL Weizenvollkornmehl
1/2–1 TL Kräutersalz

Kleingeschnittene Zwiebeln in Butter glasig dünsten, gescheibelte Pilze dazugeben und ca. 15 Minuten im eigenen Saft dünsten. Mit Salz, gekörnter Hefebrühe, Kräutern der Provence und Pfeffer abschmecken.
Pilze in eine flache feuerfeste, gefettete und gebröselte Auflaufform geben.

Variation 1:
Sauerrahm mit frischgemahlenem Weizenvollkornmehl und Kräutersalz verrühren und über die Pilze streichen, dann Reibkäse darauf verteilen.

Variation 2:
Eier mit Sauerrahm, Weizenvollkornmehl und Kräutersalz verrühren und über die Pilze gießen.
Im vorgeheizten Ofen bei 200° C, 2. Schiene von unten, 20–25 Minuten backen.
Mit gehackter Petersilie bestreut anrichten. Dazu Kartoffelbrei reichen.

Pilzpfannkuchen

10 Pfannkuchen

500 g Pilze (Zucht- oder Waldpilze)
50 g Zwiebeln
20 g Butter

3 EL Sauerrahm
2 EL Weizenvollkornmehl
1 TL gekörnte Hefebrühe
1/2 TL Vollmeersalz
1 Spur Pfeffer
2 EL Petersilie

Pfannkuchen nach Rezept Vollkornpfannkuchen S. 295 zubereiten und in der Backröhre bei 100° C warmhalten.

Die Pilze putzen, waschen, gut abtropfen lassen und zerkleinern. Mit den feingeschnittenen Zwiebeln in Butter dünsten und bei geschlossenem Topf ca. 8–10 Minuten im eigenen Saft leicht kochen lassen.

Sauerrahm, mit dem frisch gemahlenen Weizenvollkornmehl verrührt, unter die Pilze ziehen und mit gekörnter Hefebrühe, Vollmeersalz, Pfeffer und gehackter Petersilie würzen.

Pilzsauce auf die heißen Pfannkuchen geben und zusammengerollt, mit Petersilie bestreut, zu grünen Salaten servieren.

Pizza Milano

Teig:
250 g Weizenvollkornmehl
10 g Hefe
1/8 l Wasser
1 gestrichener TL Vollmeersalz
30 g Butter

Belag:
2 EL kaltgeschlagenes Öl
60 g Zwiebeln
200 g Pilze (Pfifferlinge, Champignons o.ä.)
1 gehäufter TL Pizzagewürz
150 g Gouda, mittelalt oder Emmentaler
250 g grüne Paprikaschoten
250 g Tomaten
60 g vegetarische Pastete

Petersilie oder Schnittlauch

Das frisch gemahlene Weizenvollkornmehl in eine Schüssel geben, eine Vertiefung drücken und darin die in lauwarmem Wasser aufgelöste Hefe mit etwas Weizenvollkornmehl verrühren und mit Mehl bedeckt 10 Minuten gehen lassen.
Nun die weiche Butter und das Vollmeersalz dazugeben und alles gut zusammenkneten. Eine Kugel formen und auf einer bemehlten Arbeitsfläche in Springformgröße auswalken. Die gefettete Springform damit belegen und einen 2 cm hohen Rand hochziehen und abrädeln. Der Pizzateig ist fester als normaler Hefeteig und kann, ohne zu gehen, sofort belegt werden.
Den Teig mit Öl bestreichen, dann die kleingehackten Zwiebeln und die zerkleinerten Pilze darauf verteilen, mit Pizzagewürz bestreuen und mit dem grobgeriebenen Käse abdecken. Die Paprikaschoten in ca. 8 mm hohe Ringe schneiden und auf den Käse legen, in die Mitte der Ringe Tomatenscheiben (quer aufschneiden) geben und die Zwischenräume mit Pastetenstückchen ausfüllen. Bei 220° C, mittlere Schiene, ca. 30–35 Minuten backen. Die Mitte der Tomaten mit Petersilie oder Schnittlauch garnieren und warm servieren.

Die doppelte Menge der Zutaten ergibt ein großes Backblech.
Man legt 4 Reihen mit je 5 Paprikaringen und verfährt genau wie bei der Springform.

Pizza Vesuv

Teig:
250 g Weizenvollkornmehl
1/2 TL Vollmeersalz
6 EL Wasser
1 EL Schichtkäse
80 g Butter

2 EL Vollkornsemmelbrösel

Belag:
250 g Pilze (Champignons oder Pfifferlinge)
350 g Tomaten
60 g Oliven
1 Peperoni
2 TL Pizzagewürz
125 g Gruyères oder Appenzeller

1 Bund Schnittlauch

Das frisch gemahlene Weizenvollkornmehl in einer Schüssel mit Vollmeersalz, Wasser, Schichtkäse und der kalten Butter zu einem glatten Teig kneten, 30 Minuten ruhen lassen. Die Springform damit auslegen, 2 cm Rand hochziehen und abrädeln.
Mit Vollkorn-Semmelbrösel bestreuen, mit feingeschnittenen Pilzen und Tomatenscheiben (quergeschnitten) belegen, darauf fein geschnittene Oliven und Peperoni verteilen. Mit Pizzagewürz überstreuen und alles mit grobgeriebenem Käse abdecken.
Bei 225° C im vorgeheizten Ofen, mittlere Schiene, 30–35 Minuten backen.
Mit feingeschnittenem Schnittlauch bestreuen und warm servieren.
Das doppelte Rezept ergibt ein Backblech Pizza.

Quiche Lorraine

Teig:
200 g Weizenvollkornmehl
3 EL Wasser
1/2 TL Vollmeersalz
120 g Butter

3 EL Vollkornsemmelbrösel

Belag:
250 g Zucht- oder Waldpilze
250 g Gouda, mittelalt
4 Eier
1/8 l Sauerrahm
1/2 TL Paprika
1 TL Oregano
1/2 TL Selleriesalz
1 TL Basilikum
1 TL Thymian
Pfeffer aus der Mühle

1 EL gehackte Petersilie

Das frisch gemahlene Weizenvollkornmehl in einer Schüssel mit dem Wasser, Vollmeersalz und der kalten Butter zu einem glatten Teig verkneten, 30 Minuten ruhen lassen. Springform damit auslegen, einen 2 cm hohen Rand bilden und diesen abrädeln. Vollkorn-Semmelbrösel darauf verteilen.
Pilze fein aufschneiden und den Käse grob reiben. Die Eier mit dem Sauerrahm und den angegebenen Gewürzen gut verquirlen. Die Pilze und den Käse darunterheben, auf den Teigboden geben und glätten. Ca. 30–35 Minuten bei 210° C, mittlere Schiene, backen.
Springformrand lösen und mit Hilfe eines Kuchenretters auf eine Kuchenplatte legen und warm servieren. Mit Petersilie bestreuen.
Mittags zu Salaten oder abends zu Bier oder Wein sehr lecker.

Quiche Provence

Teig:
200 g Weizenvollkornmehl
100 g Schichtkäse
100 g Butter
1 gestrichener TL Vollmeersalz

3 EL Vollkornsemmelbrösel

Belag:
4 große Eier
1 gehäufter EL Weizenvollkornmehl
4 EL Sahne
1 TL Sojasauce
1/2 TL Kräutersalz
1 TL Curry
1/2 TL Rosmarin
1 EL gehackte Petersilie

250 g frische Champignons
1/2 frische Ananas, ca. 250 g netto
150 g Roquefort

Das frisch gemahlene Weizenvollkornmehl mit Schichtkäse, Vollmeersalz und der kalten, feingeschnittenen Butter rasch zusammenkneten. 1 Stunde kühl stellen. Dann den Teig in Springformgröße auswalken, die Springform belegen, einen 3 cm hohen Rand hochdrücken und abrädeln. Vollkornsemmelbrösel darauf verteilen.

Die Eier mit dem Schneebesen glattschlagen, Sahne, das frisch gemahlene Weizenvollkornmehl, Sojasauce, Kräutersalz, Curry, Rosmarin und die feingeschnittene Petersilie dazurühren.

Die feingeschnittenen, frischen Champignons, Ananas und den gewürfelten Roquefort in der Springform verteilen und mit der Eiersauce übergießen.

Bei 210° C im vorgeheizten Ofen, unterste Schiene, ca. 35–40 Minuten backen.

Warm servieren und frische Salate dazu reichen.

Ratatouille

500 g Auberginen
500 g Zucchini
500 g Tomaten
3 große Zwiebeln
250 g Champignons
500 g Paprikaschoten
1–3 Peperoni, je nach gewünschter Schärfe!
1/2 TL Vollmeersalz
1 TL gekörnte Hefebrühe
6–10 EL Olivenöl, kaltgepreßt

200 g Emmentaler

Auberginen mit der Schale in große Würfel schneiden, ebenso die Zucchini. Tomaten kurz in kochendes Wasser tauchen, enthäuten und vierteln. Zwiebeln grobwürfeln, Champignons halbieren, Paprikaschoten entkernen und grob schneiden, Peperoni mit den Kernen fein schneiden.

Das Gemüse in Olivenöl andünsten, mit Vollmeersalz und gekörnter Hefebrühe würzen, ständig rühren, bis es Saft zieht und im eigenen Saft ca. 30 Minuten leicht kochen lassen. Das Gemüse mit dem Sieblöffel in eine feuerfeste Form geben, mit dem geriebenen Käse bestreuen und ca. 3 Minuten unter den Grill schieben oder 10 Minuten bei 230° C im vorgeheizten Ofen auf mittlerer Schiene überbacken.

Dazu reicht man Naturreis.

Die Gemüsebrühe verteilt man in Tassen und reicht sie dazu.

Salbeinudeln

500 g Vollkornspinat-spaghetti
1 1/2 l Wasser
2 TL Vollmeersalz
2 TL gekörnte Hefebrühe
2 EL Olivenöl, kaltgepreßt

1/2–1 Tasse Salbeiblätter
200 g Schafskäse
150 g schwarze Oliven
6 EL Olivenöl, kaltgepreßt

Wasser mit Salz, gekörnter Hefebrühe und Olivenöl zum Kochen bringen, Nudeln einlegen und bei kleinster Hitze 12–15 Minuten köcheln lassen. Ein- bis zweimal vorsichtig umrühren. Restliches Kochwasser abgießen (für Suppe verwendbar).
Kleingeschnittene Salbeiblätter, kleingewürfelten Käse, Oliven und Olivenöl unterziehen. Alles in eine Servierschüssel geben und sofort auftragen.

Sesamnudeln

500 g Vollkornnudeln
1 1/2 l Wasser
2 TL Vollmeersalz
1 TL gekörnte Hefebrühe
2 TL Olivenöl, kaltgepreßt

200 g Sesam
1 TL Kräutersalz
4 TL Schnittlauch

Wasser mit Salz, gekörnter Hefebrühe und Öl zum Kochen bringen, Nudeln hineingeben und bei kleinster Hitze ca. 15–20 Minuten kochen lassen. Ab und zu umrühren.
Sesam in der Getreidemühle bei grober Einstellung quetschen und in einer großen Pfanne im eigenen Fett mit Kräutersalz leicht anrösten.
Nudeln in ein Sieb gießen, abtropfen lassen und unter den Sesam heben.
Mit Schnittlauch bestreut zu Salaten reichen.

Schweizer Käsewähe

Teig:
230 g Weizenvollkornmehl
1/2 TL Vollmeersalz
1/8 l Wasser
75 g Butter

Belag:
250 g Schichtkäse
gut 1/8 l Milch
2 gut gehäufte EL Weizenvollkornmehl
125 g Emmentaler oder Appenzeller
1 TL Kümmel
1 TL Sojasauce
1/2 TL Kräutersalz

zum Bestreichen:
1 Eigelb und 1 TL Milch

zum Garnieren:
1 Bund Schnittlauch

Das frisch gemahlene Weizenvollkornmehl in einer Schüssel mit Vollmeersalz vermengen, mit kaltem Wasser verrühren und mit der kalten, feingeschnittenen Butter zu einem glatten Teig kneten, 30 Minuten ruhen lassen.
Den Schichtkäse mit der Milch, dem frisch gemahlenen Weizenvollkornmehl und dem feingeriebenen Käse verrühren und mit Kümmel, Kräutersalz und Sojasauce würzen. Den Teig auswalken, in eine Springform legen, 2 cm Rand hochziehen und glatt abrädeln. Den Belag darauf verteilen und mit einem Pinsel den mit Milch verrührten Eidotter vorsichtig daraufstreichen.
Im vorgeheizten Ofen, 2. Schiene von unten, bei 200° C ca. 40 Minuten goldgelb backen.
Mit feingeschnittenem Schnittlauch bestreut warm servieren.
Dazu grüne Blattsalate.

Schweizer Kartoffelgratin

1 000 g Kartoffeln
1/2 Tasse Wasser
1 TL Kümmel

500 g Tomaten
200 g geriebener Schweizer Käse
Vollmeersalz
Pfeffer aus der Mühle

Petersilie oder Schnittlauch

Kartoffeln mit der Schale in etwas Wasser mit Kümmel gar kochen.
Abkühlen lassen, abschälen und in Scheiben schneiden. Tomaten ebenfalls in Scheiben schneiden.
In eine gefettete Auflaufform schichtweise Kartoffeln, Tomaten und Käse legen. Als oberste Schicht Käse. Jede Schicht leicht salzen und wenig pfeffern.
In der Röhre auf mittlerer Schiene bei 200° C 40 Minuten backen.
Mit gehackter Petersilie oder Schnittlauch servieren. Dazu grüne Salate reichen.

Silberstar-Kartoffeln

10–12 große Kartoffeln
4 EL Olivenöl, kaltgepreßt
Kräutersalz
Alufolie

Füllung:
50 g Butter
125 g Gouda
knapp 1/4 l Sahne
Vollmeersalz
Muskatnuß, gerieben
Pfeffer aus der Mühle
1 TL Majoran
1 Bund frische Kräuter

Die Kartoffeln (aus biologischem Anbau) sauber bürsten und mehrmals mit der Gabel einstechen. Mit Öl einpinseln und salzen. In Alufolie wickeln und auf dem Backblech auf mittlerer Schiene bei 200° C 45–60 Minuten, je nach Kartoffelgröße, backen.
Für die Füllung die Butter glattrühren, den feingeriebenen Käse und die Sahne dazugeben und mit den angegebenen Gewürzzutaten gut abschmecken.
Kräuter fein schneiden.
Alufolie der fertigen Kartoffeln oben

öffnen, Kartoffeln einschneiden, etwas aufklappen, Füllung hineingeben, mit gehackten Kräutern bestreuen und servieren.
Dazu reicht man grüne Salate.

Spargel im Blätterteig

1 000 g Spargel
2 l Wasser
1 TL Vollmeersalz

100 g Mandeln
6 EL Sauerrahm
1/2 TL Kräutersalz

1 Rezept Quarkblätterteig (s. S. 144)

zum Bestreichen:
1 Eidotter
1 EL Milch

Spargel sorgfältig von oben nach unten schälen, unten abschneiden und ins kochende Salzwasser geben. 20–30 Minuten, je nach Spargeldicke, kochen. Herausnehmen und abtropfen lassen.
Mandeln fein reiben, mit Sauerrahm und Kräutersalz verrühren.
Den Quarkblätterteig nach Rezept herstellen. Den mehrmals ausgewalkten und zusammengelegten Teig in 8 Teile schneiden, jedes Teil auf bemehlter Arbeitsfläche auswalken, mit dem Teigrädchen in Rechtecke ca. 12 x 14 cm schneiden. Je einen gehäuften Teelöffel Mandelmasse darauf verstreichen, Rand freilassen. 2–3 Stangen Spargel halbieren und auf jedes Teigteil legen. Teig von zwei gegenüberliegenden Seiten zur Mitte hin übereinanderlegen, die Enden jeweils zudrücken und mit dem Teigrädchen abrädeln.
Über ein Backblech Wasser laufen lassen, Blätterteigtaschen darauflegen und mit geformten Teigresten verzieren (z. B. kleine Brezeln formen

und darauflegen). Mit verdünntem Eidotter bestreichen.

Im vorgeheizten Backrohr bei 200° C, mittlere Schiene, 25–30 Minuten backen.

Dazu Pilzsauce (siehe S. 249) oder Kräuter-Sahne-Sauce (siehe S. 248) reichen.

Spargel in Pfannkuchen

1 000 g Spargel
2 l Wasser
2 TL Vollmeersalz

1 Rezept Vollkornpfannkuchen (s. S. 295)
2 EL frische Kräuter

1 Rezept Kräuter-Sahne-Sauce (s. S. 248)

Den Spargel sorgfältig vom Kopf her schälen, unten abschneiden und in kochendes Salzwasser geben. Je nach Spargeldicke 20–30 Minuten kochen. Mit einem Sieblöffel herausnehmen und warmhalten.

Die Pfannkuchen nach Rezept backen und bei 100° C im Backrohr warmhalten, bis alle gebacken sind.

Die Kräuter-Sahne-Sauce nach Rezept zubereiten. Statt Wasser kann das Spargelkochwasser verwendet werden.

Ca. 2–3 Stangen Spargel so auf einen Pfannkuchen legen, daß die Spargelspitzen über den Rand hinausschauen. Dann Pfannkuchen mit Spargel einschlagen. Auf eine große Platte schichten, mit Kräutern bestreuen und mit Kräuter-Sahne-Sauce reichen.

Spinatpfannkuchen Windsor

10 Pfannkuchen

750 g Spinat
50 g Zwiebeln
knapp 1/2 Tasse Wasser
40 g Weizenvollkornmehl
knapp 1/4 l Spinatbrühe

1 MS Thymian
2 MS Ingwer
2 MS Vollmeersalz
1 TL gekörnte Hefebrühe

200 g Gouda in Scheiben
2 Tomaten
1 Bund Schnittlauch

Pfannkuchen nach Rezept Vollkornpfannkuchen S. 295 zubereiten und in der Backröhre bei 100° C warmhalten.

Den Spinat gut waschen, abtropfen lassen, eventuell zerschneiden und mit wenig Wasser und Zwiebeln kurz dünsten. Wenn er zusammengefallen ist, in ein Sieb gießen. Den Spinat im Mixer zerkleinern oder durch den Gemüsewolf drehen, die Spinatsauce mit dem frisch gemahlenen Weizenvollkornmehl verrühren und mit dem gemixten Spinat aufkochen lassen.

Mit Thymian, Ingwer, Vollmeersalz und gekörnter Hefebrühe abschmecken.

Auf eine runde Platte, Porzellan oder Chromargan, einen Pfannkuchen legen, 2 EL Spinat darauf verstreichen, mit einem Pfannkuchen belegen. Diesen wieder mit Spinat bestreichen und so fort, bis Spinat und Pfannkuchen aufgebraucht sind.

Nun die Käsescheiben so daraufbreiten, daß ein Stück über den Pfannkuchenrand hängt und im Ofen an den Rand schmilzt. Im vorgeheizten Ofen bei 200° C 15–20 Minuten auf mittlerer Schiene backen.

Wie einen Kuchen in 8 Stücke aufschneiden, mit Tomatenscheiben und Schnittlauch garnieren.

Spinat-Ravioli

Nudelteig:
375 g Weizenvollkornmehl
1 TL Vollmeersalz
2 Eier
4 EL Sonnenblumenöl, kaltgepreßt
ca. 12 EL Wasser (je nach Eigröße)

Füllung:
200 g Spinat
1/2 TL Vollmeersalz
75 g Schafskäse
1 Ei
1 Eidotter
Pfeffer aus der Mühle

zum Bestreichen:
1 Eiweiß

zum Kochen:
2–3 l Wasser
2–3 TL Vollmeersalz

zum Anrichten:
50 g Butter
2 EL Schnittlauch

Das frischgemahlene Weizenvollkornmehl in eine Schüssel geben, eine Vertiefung drücken und darin Vollmeersalz, Eier und Öl verrühren. Soviel Wasser dazugeben, daß ein glatter, elastischer Teig geknetet werden kann. Den Teig einige Minuten auf den Tisch schlagen bzw. werfen, damit er elastisch und glänzend wird. Dann mit einer gewärmten Schüssel zugedeckt 30 Minuten ruhen lassen.
Teig vierteln und nacheinander die Teigstücke auf einer bemehlten Arbeitsfläche dünn (etwas dicker als Nudelteig) auswalken.
Mit einem Ravioli-Ausstecher oder einem Glas (Ø ca. 6 cm) Teigstücke ausstechen und alle nebeneinander auf die Arbeitsfläche legen. Restteig immer wieder zusammenkneten, bis alles ausgestochen ist.
Die Ränder der Teigstücke zuerst mit Eiweiß bestreichen, 1 TL Füllung in die Mitte geben, ein weiteres Teigstück gewölbt darüberlegen und ringsum festdrücken.
Die Teigmenge ergibt ca. 50 Ravioli.
Füllung: Spinat in feine Streifen schneiden, mit Salz bestreuen und einige Minuten ziehen lassen.

Mit der Hand den Spinat gut durchdrücken, daß er weich und geschmeidig wird. Schafskäse mit einer Gabel zerdrücken und mit Ei, Eidotter und Pfeffer unter den Spinat mischen.
Die Ravioli portionsweise ins kochende Salzwasser legen und jeweils 8–10 Minuten leise köcheln lassen. Mit einem Sieblöffel herausnehmen und in ein Sieb zum Abtropfen legen.
Butter in einer großen Kasserolle zerlaufen lassen, die Ravioli darin vorsichtig schwenken und mit Schnittlauch bestreut servieren.
Dazu Tomatensauce reichen.

Steierische Schopfnudeln

750 g Kartoffeln, netto

200–250 g Weizenvollkornmehl
50 g Butter
1 Ei
2 TL Kümmel
1 TL Vollmeersalz

2 l Wasser
2 TL Vollmeersalz
2 TL Olivenöl, kaltgepreßt

250 g würziger Reibkäse

Kartoffeln kochen, schälen, durch die Kartoffelpresse drücken und etwas auskühlen lassen.
Frischgemahlenes Weizenvollkornmehl, weiche Butter, Ei, Kümmel und Salz dazugeben und durchkneten. Die Mehlmenge hängt von der Kartoffelsorte ab. Der Teig soll glatt sein und nicht mehr kleben.
Auf bemehlter Arbeitsfläche den Teig zu Rollen (Ø 2 cm) und diese in 2 cm dicke Stückchen (= Schopfnudeln) schneiden.
Einen Teil der Schopfnudeln in das kochende Salzwasser mit Öl geben. Wenn sie nach ca. 5 Minuten nach oben steigen, mit dem Sieblöffel her-

ausnehmen und in eine gefettete Auflaufform legen. Mit einem Teil des geriebenen Käses bestreuen.
Die nächste Portion Schopfnudeln in das Wasser geben und ebenso verfahren wie oben, bis alle aufgebraucht sind.
Im vorgeheizten Ofen bei 150° C über die Schopfnudeln Käse schmelzen lassen und sofort servieren.
Dazu passen frische Salate oder gekochtes Gemüse.

Vollkornpfannkuchen

250 g Weizenvollkornmehl
2 EL Buchweizenvollkornmehl
1/2 l Milch
1/4 l Wasser
1 TL Vollmeersalz

4 Eier
100 g Butter oder Sonnenblumenöl, kaltgepreßt

Frischgemahlenes Weizen- und Buchweizenvollkornmehl in einer Schüssel mit Milch, Wasser und Salz gut verrühren und mindestens 30 Minuten quellen lassen.
Dann Eier im ganzen oder auch getrennt unterrühren, d. h. Eidotter dazurühren und Eiweiß zu Eischnee schlagen und unterziehen. Dies ergibt besonders lockere Pfannkuchen.
Butter oder Öl erhitzen. Den Teig jedesmal, bevor man ihn in die Pfanne gibt, mit dem Schöpfer umrühren, da sich das Vollkornmehl leicht absetzt.
Jeweils 1 Schöpfer Teig in das heiße Fett geben und Teig in der Pfanne verlaufen lassen. Bei mäßiger Hitze beidseitig hell backen. Vor dem Wenden ein Stückchen Butter auflegen.
Die Teigmenge ergibt ca. 10 Pfannku-

chen. In der Röhre bei 100° C warmhalten, bis alle gebacken sind.
Variation:
Pfannkuchen können süß, mit Rohmarmelade, oder Preiselbeerkompott bestrichen, oder pikant, mit geriebenem Käse bestreut, jeweils zusammengerollt gereicht werden.

Zucchini-Allerlei

250 g Zwiebeln
650 g Zucchini
350 g rote Paprikaschoten
125 g Wald- oder Zuchtpilze
1 Knoblauchzehe

6 EL Olivenöl, kaltgepreßt
1 TL gekörnte Hefebrühe
1/2 TL Vollmeersalz
Paprika
Pfeffer

250 g Tomaten
125 g Gouda

Die Zwiebeln halbieren und in Scheiben schneiden, die Zucchini halbieren und mit der Schale grob würfeln, die Paprikaschoten in lange Streifen schneiden, die Pilze etwas zerkleinern und die Knoblauchzehe fein schneiden.
Olivenöl erhitzen und das vorbereitete Gemüse mit etwas Vollmeersalz und Hefebrühe darin im eigenen Saft ca. 25 Minuten dünsten. Von der Kochstelle nehmen, mit Paprika und Pfeffer würzen, die kleingewürfelten Tomaten und den grobgeriebenen Gouda unterheben.
Mit Risotto, Polenta, Vollkornnudeln oder Kartoffelbrei reichen.

Zucchini, gefüllt

1 große Zucchini
(ca. 1 000 g)
1/2 TL Kräutersalz
1/2 TL gekörnte Hefebrühe

250 g Naturreis
3/8 l Wasser
1 gestrichener TL Vollmeersalz
1 TL gekörnte Hefebrühe
1 mittelgroße Zwiebel
1 Bund Suppengrün
250 g Wald- oder Zuchtpilze

2 TL Oregano
2 TL Basilikum
150 g Gouda in Scheiben
2 EL Tomatenwürzsauce

Die Zucchini waschen, der Länge nach halbieren, die Kerne mit einem Eßlöffel herausnehmen, leicht mit Kräutersalz und gekörnter Hefebrühe würzen und in eine gefettete, feuerfeste Form legen.
Bei frischen Zucchini ist die Schale so weich, daß sie mitgegessen werden kann.
Den Naturreis waschen und mit Wasser, Vollmeersalz, gekörnter Hefebrühe, gewürfelten Zwiebeln, dem feingeschnittenen Suppengrün und den kleingeschnittenen Pilzen zusetzen. Ca. 40 Minuten leicht kochen und 20 Minuten nachquellen lasen.
Basilikum und Oregano unter den Naturreis mischen und diesen gehäuft in die Zucchinihälften füllen. Bei 200° C, unterste Schiene, ca. 30 Minuten backen.
Dann die Käsescheiben auflegen und nochmals für 10 Minuten in die Röhre schieben. Mit etwas Tomatenwürzsauce garnieren. Dazu frischen Blattsalat, Tomaten- oder Gurkensalat.
Die Zucchini kann anstatt mit Reis auch mit der Masse für Grünkernfrikadellen Hawaii (siehe S. 300) gefüllt werden. Nach dem Backen Ananas und Käse auflegen und überbacken. Mit etwas Tomatenwürzsauce garnieren.

Zwiebel-Rührei

4 dicke Scheiben Vollkorntoastbrot

500 g Zwiebeln
40 g Butter
Selleriesalz

4 Eier
1/4 l Sauerrahm
2 EL Weizenvollkornmehl
1 TL Vollmeersalz
1 TL gekörnte Hefebrühe
1 TL Paprika, süß

In eine gefettete, feuerfeste Form die Toastscheiben legen. Die Zwiebeln werden halbiert, in feine Scheiben geschnitten, in Butter glasig gedünstet und mit Selleriesalz gewürzt.
Die Eier mit dem Schneebesen gut durchschlagen, Sauerrahm und das frisch gemahlene Weizenvollkornmehl dazugeben und mit Vollmeersalz, gekörnter Hefebrühe und Paprika würzen.
Mit dieser Sauce tränkt man etwas den Toast, gibt die Zwiebeln darauf und gießt die übrige Sauce über die Zwiebeln. Mit Paprika dünn bestreuen. Im vorgeheizten Ofen bei 200° C, mittlere Schiene, ca. 35 Minuten backen. Dazu reicht man Bohnensalat oder frische grüne Salate.

Frikadellen, Bratlinge

Auberginenscheiben gebacken

1 000 g Auberginen
Vollmeersalz
ca. 1/4 l Olivenöl, kaltgepreßt
2 TL Basilikum

Auberginen mit der Schale in 1 cm dicke Scheiben schneiden, beidseitig einsalzen und in eine Schüssel schichten. 1/2–1 Stunde ziehen lassen. Danach die Scheiben auf ein sauberes Geschirrtuch legen und trokken tupfen
In einer Bratpfanne im erhitzten Oli-

venöl – die Auberginenscheiben saugen viel Öl auf, was der Geschmacksverbesserung dient – beidseitig backen. Auf eine Platte legen, dünn mit Basilikum bestreuen und in der Röhre bei 100° C warmhalten.
Dazu Kartoffelsalat, frische Sommersalate oder Vollkornbrot reichen.
Die Auberginenscheiben schmecken auch kalt sehr gut.

Buchweizenfrikadellen

250 g Buchweizen, ungemahlen
50 g Sonnenblumenkerne
1 Bund Suppengrün
1/2 l Wasser
1 TL Vollmeersalz
1 TL gekörnte Hefebrühe
1 TL Gemüsebrühepaste

150 g Schichtkäse
3 EL Hefeflocken
2 TL Curry

4 EL Vollkornsemmelbrösel
40 g Butter

Buchweizen mit Sonnenblumenkernen, sehr klein geschnittenem Suppengrün und Wasser zum Kochen bringen. Salz, gekörnte Hefebrühe und Gemüsebrühepaste dazugeben. 10 Minuten leicht kochen, 20 Minuten quellen lassen.
Zu der abgekühlten Masse den Schichtkäse, Hefeflocken und Curry geben und gut vermengen. Mit feuchten Händen kleine Frikadellen formen und in Semmelbröseln wenden.
Die Teigmenge ergibt ca. 15 Frikadellen.
In Butter auf beiden Seiten leicht backen. Dazu Salate reichen.

Grünkernfrikadellen Hawaii

250 g Grünkern
1/2 l Wasser
2 Lorbeerblätter
1 TL gekörnte Hefebrühe
1 TL Kräutersalz

2 Eier
2 TL körniger Senf
1 TL Paprika
4 TL Majoran
Pfeffer aus der Mühle
2 Knoblauchzehen
1 EL Sojasauce

50 g Vollkornsemmelbrösel
50 g Butter
1 Ananas
8–10 Schreiben (ca. 150 g) Käse, z. B. Emmentaler, Gouda

Tomatenwürzsauce
1 EL gehackte Petersilie

Grünkern mittelfein schroten (Einstellung etwas feiner als für den Frischkornbrei) und mit Wasser, Lorbeerblatt, gekörnter Hefebrühe und Kräutersalz zusetzen.
Unter ständigem Rühren zum Kochen bringen, bei Bedarf noch einige EL Wasser zugeben, dann bei geringer Hitze ca. 20 Minuten ausquellen lassen.
Nach dem Auskühlen Eier, Senf, Gewürze, kleingeschnittene Knoblauchzehen und Sojasauce dazugeben und gut vermischen.
Den Teig in 8–10 Stücke teilen. Jedes Stück in Semmelbrösel wälzen und zu einer Frikadelle, in Größe einer Ananasscheibe, formen.
In einer Pfanne in Butter auf beiden Seiten bei mäßiger Hitze hellbraun backen und auf ein Backblech legen.
Von der reifen Ananas 8–10 Scheiben, jede Scheibe ca. 8 mm dick, abschneiden. Schale abschneiden und den mittleren Ananasstrunk mit dem Apfelausstecher ausstechen.
Auf jede Frikadelle 1 Scheibe Ananas und darauf 1 Scheibe Käse legen.
Im Ofen bei ca. 150° C Käse über die Ananasscheibe schmelzen lassen (ca. 5 Minuten) oder kurz unter den Grill schieben.
Frikadellen auf einer Platte anrich-

ten, in die Ananasscheibenmitte 1 TL Tomatenwürzsauce geben und mit Petersilie bestreuen. Dazu Salate, je nach Belieben, reichen.

Hirsefrikadellen

knapp 3/4 l Wasser
1 TL Vollmeersalz
1 TL gekörnte Hefebrühe
1 Bund Suppengrün
225 g Hirse, ungemahlen

3 TL Kräuter der Provence
200 g Emmentaler
Vollkornsemmelbrösel
Butter

Wasser mit Salz, gekörnter Hefebrühe, feinst geschnittenem Suppengrün (oder durch den Gemüsewolf drehen) zum Kochen bringen. Hirse hineingeben und 10 Minuten leicht kochen, 20 Minuten quellen lassen. Unter die heiße Hirse die Kräuter rühren und auskühlen lassen.
Dann fein geriebenen Käse dazugeben und durchkneten. Frikadellen formen und in Semmelbröseln wenden. Die Menge ergibt ca. 14 Frikadellen. In Butter beidseitig ausbacken. Mit Salaten reichen.

Käseküchle

1/2 l Wasser
1 gestrichener TL Kräutersalz
1 Bund Suppengrün
150 g Vollkornweizengrieß

200 g Gouda, mittelalt
Vollkornsemmelbrösel
Butter

Wasser mit Kräutersalz und feingeschnittenem Suppengrün zusetzen, beim Kochen Grieß einrühren, 2 Minuten kochen lassen, dann abkühlen.
Den grob geriebenen Käse einarbeiten und mit feuchten Händen flache Küchle formen. In Vollkorn-Semmelbrösel wälzen und in Butter beidseitig backen. Ergibt ca. 10 Stück.

Kräuterbratlinge

125 g Nackthafer
125 g Weizen
1/4 l Wasser
20 g Hefe

2 Eier
1 TL Kräutersalz
100 g Emmentaler
4 EL Kerbel oder andere Gartenkräuter

50 g Butter oder Sonnenblumenöl, kaltgepreßt

Hafer in der Getreidemühle grob, Weizen fein mahlen. Hefe in Wasser aufrühren und in das Getreide einrühren. Teig ca. 30 Minuten quellen lassen.
Dann Eier, Salz, fein geriebenen Käse und feingeschnittene Kräuter unterrühren.
In einer Pfanne Butter erhitzen und für jeden Bratling 1 EL Teig in die Pfanne geben. Bei mäßiger Hitze hell backen. Nach kurzer Zeit wenden und Rückseite auch backen.
In der vorgeheizten Röhre (100° C) warmhalten, bis alle, ca. 16 Stück, gebraten sind.

Variation:
Mit anderen Getreidearten, Käse und Kräutern erzielt man immer wieder neue Geschmacksvariationen.

Nußkroketten

250 g Vollkornbrot, einige Tage alt
gut 1/4 l Wasser
1 TL Gemüsebrühepaste

150 g Haselnüsse
150 g Hartkäse, z. B. Emmentaler, Appenzeller
2 Knoblauchzehen
2 TL Majoran
1 Bund Petersilie

40 g Butter

Das Brot grob schneiden, Wasser mit Gemüsebrühepaste erhitzen und das Brot darin einweichen.
Haselnüsse und Käse grob reiben, Knoblauchzehen fein schneiden, mit Majoran und gehackter Petersilie zum eingeweichten Brot geben.
Alles gut durchkneten, 10 Kroketten formen und in Butter in einer Pfanne backen.

Pilzküchle

500 g Wald- oder Zuchtpilze
20 g Butter
50 g Zwiebeln

3 Vollkornbrötchen, 1–2 Tage alt
1/8 l Milch
1/2 TL Vollmeersalz
1 TL gekörnte Hefebrühe
2 EL gehackte Petersilie
1 Ei
40 g Vollkornsemmelbrösel

Vollkornsemmelbrösel zum Wenden
Butter zum Backen

Die geputzten, gewaschenen und zerkleinerten Pilze mit den kleingeschnittenen Zwiebeln in Butter weich dünsten, ca. 10 Minuten.
Die Vollkornbrötchen fein aufschneiden, mit heißer Milch übergießen, durchziehen lassen und dann zerdrücken. Zu den Pilzen geben und kurze Zeit unter Rühren mitdünsten.
Die Masse etwas auskühlen lassen, mit Vollmeersalz, gekörnter Hefebrühe und Petersilie würzen und mit Ei und Vollkornsemmelbröseln vermengen.
Mit feuchten Händen Küchle formen und in Semmelbröseln wenden. Die Menge ergibt 8 Stück.
In Butter beidseitig leicht braten und mit buntem Kartoffelsalat und grünen Salaten reichen.

Pilzschnitzel

500 g Pilzkappen von Zucht- oder Waldpilzen

2 Eier
1/8 l Sauerrahm
2 MS Vollmeersalz
1/2 TL gekörnte Hefebrühe

Vollkornsemmelbrösel
Butter

Saft von 1 Zitrone, unbehandelt

Die ganzen Pilzkappen sorgfältig waschen, abtropfen lassen.
Die Eier mit Sauerrahm verrühren, mit Vollmeersalz und gekörnter Hefebrühe würzen. Die Pilze durch die Eiersauce ziehen, in Vollkorn-Semmelbröseln wenden und in Butter beidseitig ausbacken.
Bei Tisch mit Zitronensaft beträufeln.
Dazu frische oder gekochte Salate.

Reisfrikadellen

250 g Vollkornreis, Rundkorn
1/2 l Wasser
1 Bund Suppengrün
1 TL Vollmeersalz
1 TL gekörnte Hefebrühe

1 Bund Schnittlauch
125 g würziger Käse, z. B. Appenzeller, Gouda mittelalt
2 Eier

8 EL Vollkornsemmelbrösel
Butter

Reis im Sieb waschen. Wasser mit fein geschnittenem Suppengrün, Salz und gekörnter Hefebrühe zum Kochen bringen und Reis dazugeben. Bei mäßiger Hitze 40 Minuten kochen, dann 20 Minuten quellen lassen.
Ausgekühlten Reis mit fein geschnittenem Schnittlauch, geriebenem Käse, Eiern und 4 EL Semmelbrösel verrühren.
Aus dem Teig 10 Frikadellen formen, in Semmelbrösel wenden und in Butter ausbacken.

Sellerieschnitzel

600 g Sellerie

Kräutersalz
200 g würziger Käse in Scheiben
2 Eier

Vollkornsemmelbrösel
Butter

Sellerie im ganzen kochen (nicht zu weich), auskühlen lassen, schälen und in 1/2 cm dicke Scheiben schneiden. Leicht salzen, zwischen zwei Selleriescheiben eine passende Käsescheibe legen, zuerst in verquirltem Ei, dann in Vollkorn-Semmelbröseln wälzen und in Butter beidseitig ausbacken.
Dazu Kartoffelsalat, grüne Salate oder Risotto mit Meerrettichsauce.

Zucchini-Käse-Scheiben

1 000 g große Zucchini
Vollmeersalz

1 Ei
70 g Vollkornsemmelbrösel
Olivenöl, kaltgepreßt
200 g würziger Hartkäse, z. B. Gouda, mittelalt oder Bergkäse

Zucchini mit der Schale in 1 cm dicke Scheiben schneiden, einsalzen und ca. 15 Minuten ziehen lassen.
Ei glattschlagen und darin jede Zucchinischeibe wenden, dann beidseitig in die Semmelbrösel drücken und in das erhitzte Öl legen. Scheiben auf beiden Seiten backen und in der Röhre (100° C) warmhalten.
Käsescheiben auf die Hälfte der Zucchinischeiben verteilen und mit je einer Zucchinischeibe zudecken. Weitere 10 Minuten in der Röhre lassen, bis der Käse schmilzt.
Dazu Kartoffel- oder Bohnensalat oder frische Salate reichen.

Beilagen

Bohnensalat

1 000 g frische oder tiefgekühlte Bohnen
1/2 l Wasser
1 TL Vollmeersalz

75 g Zwiebeln
1 Knoblauchzehe
4–5 EL Obstessig
4 EL kaltgeschlagenes Öl
1 TL gekörnte Hefebrühe
1 EL Sojasauce
1 TL Bohnenkraut, frisch oder getrocknet
1/2 TL süßer Paprika

Bohnen waschen, schneiden oder in Stücke brechen und mit Vollmeersalz und Wasser ca. 30 Minuten kochen. Klein geschnittene Zwiebeln und Knoblauch mit Essig, Öl, gekörnter Hefebrühe, Sojasauce, fein geschnittenem Bohnenkraut und Paprika verrühren. Über die abgekühlten Bohnen geben, mischen und ca. 1 Stunde durchziehen lassen.

Bunter Kartoffelsalat

1 000 g kleine Kartoffeln
1/2 TL Kümmel
1 Tasse Wasser

5 EL kaltgeschlagenes Olivenöl
3 EL Obstessig
2 TL körniger Senf
50 g Zwiebeln
1/2 TL Vollmeersalz

1/4 l warmes Wasser
2 TL gekörnte Hefebrühe

1 grüne Paprikaschote
1 rote Paprikaschote
1 Bund Schnittlauch

Variation:
Statt Paprikaschoten kann 250–300 g Gemüse, z. B. Erbsen, Mais, gewürfelte Karotten, Champignons, Tomaten verwendet werden.

Kartoffeln kochen, etwas auskühlen lassen und schälen.
Das Öl mit dem Essig cremig rühren, Senf, Vollmeersalz und die kleingeschnittenen Zwiebeln dazugeben. Die Kartoffeln in Blättchen in die Sauce schneiden.
Warmes Wasser mit gekörnter Hefebrühe verrühren, über die Kartoffeln gießen und alles gut mischen.
Die Paprikaschoten in feine Streifen schneiden, dann würfeln und unter den Salat mengen. 1 Stunde ziehen lassen und nochmals mischen.
Mit feingeschnittenem Schnittlauch anrichten.

Curry-Reis

400 g Naturreis
1 l Wasser
1 Bund Suppengrün
1 TL Vollmeersalz
1 TL gekörnte Hefebrühe
1 gehäufter TL Curry

40 g Butter
2 EL Petersilie

Reis in einem Sieb gut waschen und mit klein geschnittenem Suppengrün, Salz, gekörnter Hefebrühe und Curry zusetzen. Nach dem Ankochen läßt man den Reis bei kleiner Hitze ca. 40 Minuten weiterkochen. Die letzten 20 Minuten läßt man ihn nur noch quellen.
Butter in Scheibchen auflegen und schmelzen lassen. Mit Petersiliengrün bestreut reichen.

Fränkischer Kartoffelsalat

1 000 g Kartoffeln
1 Tasse Wasser
1/2 TL Kümmel

5 EL kaltgeschlagenes Öl
3 EL Obstessig
2 EL Tomatenwürzsauce
1 TL Kräutersenf

1/4 l Wasser
1 TL gekörnte Hefebrühe
1/2 TL Vollmeersalz

1 Bund Zwiebelschlotten (6 Stück)
1 Bund Radieschen

Die Kartoffeln mit Wasser und Kümmel zusetzen und gar kochen. Etwas abkühlen lassen, schälen und fein scheibeln.
Öl mit Obstessig cremig rühren, Tomatenwürzsauce und Senf dazugeben.
Die Kartoffeln sowie die in feine Rädchen geschnittenen Zwiebelschlotten dazugeben und mit warmem Wasser, in dem die gekörnte Hefebrühe und das Vollmeersalz aufgelöst wurden, übergießen.
Alles gut vermengen und 30–60 Minuten durchziehen lassen. Mit fein gescheibelten Radieschen garnieren.

Gebackene Kartoffelscheiben

1 200 g Kartoffeln
Saft von 1 Zitrone, unbehandelt
4 EL Olivenöl, kaltgepreßt
1 TL Vollmeersalz
2 TL Majoran
2 TL Basilikum
Pfeffer aus der Mühle

Kartoffeln sauber bürsten, je nach Qualität und Jahreszeit mit oder ohne Schale zubereiten.
Kartoffeln in knapp 1 cm dicke Scheiben schneiden. Zitronensaft mit Öl, Salz und Gewürzen verrührt über die Kartoffelscheiben gießen und mischen.
In eine feuerfeste Form geben und im vorgeheizten Ofen bei 220° C, 2. Schiene von unten, 40–50 Minuten backen.

Grünkern, ganzes Korn

400 g Grünkern
1 l Wasser

2 TL gekörnte Hefebrühe
1 TL Gemüsebrühepaste
1 TL Vollmeersalz

1 Bund frischer Majoran, Bohnenkraut oder Petersilie
40 g Butter

Den Grünkern in einem Sieb waschen und über Nacht in Wasser einweichen. Mit gekörnter Hefebrühe und Gemüsebrühepaste und Salz gewürzt im Einweichwasser 30 Minuten kochen, 20 Minuten quellen lassen.
Gehackte Kräuter und Butter unterziehen und als Beilage reichen.
Als Hauptgericht 150 g geriebenen Hartkäse unterziehen und dazu frische Salate reichen.

Herzogin-Kartoffeln

1 Rezept Kartoffelnestchen (s. S. 313)

Die Zutaten, die Arbeitsweise und Backzeiten sind die gleichen wie bei Kartoffelnestchen (siehe S. 313).

Statt Nestchen werden mit dem Spritzbeutel kleine Häufchen gespritzt, mit Ei bestrichen und goldgelb gebacken.
Eine dekorative und feine Beilage zu Gemüse.

Käse-Gnocchi

knapp 1/2 l Wasser
1 TL Kräutersalz
30 g Butter
250 g Vollkorngrieß

2 Eier

2 l Wasser
2 TL Vollmeersalz

150 g Emmentaler
1 EL gehackte Petersilie

Das Wasser mit Salz und Butter zum Kochen bringen, den Grieß auf einmal hineinschütten und mit dem Kochlöffel unter ständigem Rühren bei kleiner Hitze zu einem Kloß abrühren, der sich vom Topf löst. Von der Kochstelle nehmen und die Eier nacheinander dazugeben, gut verrühren.
Von dem Teig mit einem Teelöffel kleine Nockerln (Gnocchi) abstechen, ins kochende Salzwasser geben und darin 5 Minuten ziehen lassen. Mit dem Sieblöffel herausnehmen und in eine gefettete, mit geriebenem Käse ausgestreute, feuerfeste flache Form legen und mit geriebenem Käse bestreuen.
Im vorgeheizten Ofen bei 200° C, mittlere Schiene, 15–20 Minuten, leicht überbacken.
Mit gehackter Petersilie bestreut servieren.
Als Beilage sehr gut zu Gemüse.

Kartoffelbrei

1 000 g Kartoffeln
1 Tasse Wasser
1/2 TL Kümmel
gut 1/4 l Milch
1–2 TL Vollmeersalz
20 g Butter
Petersilie

Die Kartoffeln im Ganzen gar kochen, schälen, sofort in die erwärmte Milch pressen und mit dem Schneebesen sahnig rühren. Je nach Kartoffelsorte und -frische noch Milch darzurühren. Mit zerlassener Butter übergießen und mit gehackter Petersilie bestreut servieren.

Kartoffelcroquetten

1 000 g Kartoffeln
2 Eier, getrennt
40 g Weizenvollkornmehl
2 TL Kümmel
1 TL Kräutersalz

Vollkornsemmelbrösel
40 g Butter

Die Kartoffeln werden mit der Schale in einem Topf mit 1 Tasse Wasser und 1 TL Kümmel gekocht, abgeschält und durch die Kartoffelpresse gedrückt.
Etwas auskühlen lassen, dann das Weizenvollkornmehl, die Eidotter und Salz daruntermengen und Croquetten formen. Eiweiß leicht schlagen, darin die Croquetten wälzen, dann in Semmelbrösel wenden und in Butter backen.
Ergibt ca. 10 Stück.
Dazu frische Salate reichen.

Kartoffelnestchen

1 000 g Kartoffeln
1 Tasse Wasser
1/2 TL Kümmel

1 TL Vollmeersalz
1 TL gekörnte Hefebrühe
Muskat
2 Eier
1 Eiweiß
75 g Butter

1 Eidotter

Kartoffeln mit Wasser und Kümmel gar kochen, abschälen und sofort durch die Kartoffelpresse drücken. Etwas abkühlen lassen, mit Vollmeersalz, gekörnter Hefebrühe und etwas abgeriebener Muskatnuß würzen, mit Eiern und Butter zu einem geschmeidigen Teig verarbeiten.
Aus diesem Teig mit dem Spritzbeutel auf ein gefettetes Blech zuerst kleine, runde Böden (Ø 8–10 cm) spritzen. Dann um die Böden einen gleichmäßig 2–3 cm hohen Ring spritzen. Die Nestchen oben mit Eigelb bestreichen und bei 200° C ca. 30 Minuten, mittlere Schiene, goldgelb überbacken.
Ergibt ca. 10 Nestchen. Mit Gemüsefüllung (z.B. S. 325) oder Pilzragout gefüllt servieren.

Kartoffelrösti

1 000 g Kartoffeln
Kräutersalz
100 g Butter
1 Bund Schnittlauch

Rohe Kartoffeln gut bürsten, Augen ausstechen und nach Möglichkeit mit der Schale in halbfingerlange, dünne Stifte schneiden. In einem Tuch trocknen.
In einer Pfanne bei mäßiger Hitze, zugedeckt in Butter braten, des öfteren wenden, mit Kräutersalz würzen und mit Schnittlauch bestreut servieren.

Garzeit ca. 30 Minuten.
Dazu frische Salate reichen.

Kartoffelrolle

750 g Kartoffeln
1 Tasse Wasser

125 g Weizenvollkornmehl
125 g Vollkorngrieß
2 TL Vollmeersalz
etwas Muskatnuß
2–3 Eier, je nach Größe

50 g Vollkornsemmelbrösel

Füllung:
50 g Butter
100 g Vollkornsemmelbrösel
etwas Selleriesalz

60 g zerlassene Butter

Die Kartoffeln kochen, schälen, durchpressen und auskühlen lassen.
Füllung: Butter zerlassen und die Vollkornsemmelbrösel darin leicht rösten. Mit Selleriesalz bestreuen.
Die erkalteten Kartoffeln mit dem frisch gemahlenen Weizenvollkornmehl, Grieß, Eiern und Salz verkneten. Den Teig auf einer mit Vollkornsemmelbrösel bestreuten Serviette auswalken (1 cm dick) in Topfbreite, mit den gerösteten Semmelbröseln bestreuen und mit Hilfe des Tuches aufrollen.
Nun die Rolle mit der zugebundenen Serviette in einen Topf mit kochendem Salzwasser legen und zugedeckt ca. 30 Minuten mehr ziehen als kochen lassen.
Mit der Serviette wieder herausheben und auf einer Platte in dicke Scheiben (ca. 12 Stück) schneiden.
Mit zerlassener Butter übergießen und zu Gemüse reichen.

Kartoffelsalat mit Rapunzel

1 000 g kleine Kartoffeln
1 TL Kümmel
1 Tasse Wasser

Salatsauce:
2 EL Sauerrahm
1 Joghurt
1 TL körniger Senf
2 EL kaltgeschlagenes Öl
1 gestrichener TL Vollmeersalz
1 gestrichener TL gekörnte Hefebrühe
1 gestrichener TL Dillspitzen

2 rotbackige Äpfel
2 milchsaure Gurken
75 g Zwiebeln
ca. 1/4 l verdünnter Obstessig

100 g Rapunzel (Feldsalat)

Kartoffeln mit wenig Wasser und Kümmel gar kochen, etwas auskühlen lassen und schälen.

Salatsauce: Sauerrahm, Joghurt, Senf und Öl rühren und mit Vollmeersalz, gekörnter Hefebrühe und Dillspitzen würzen.

Äpfel und Gurken fein würfeln, Zwiebeln fein schneiden, Kartoffeln scheibeln und unter die Salatsauce heben.

Mit soviel verdünntem Obstessig übergießen und mischen, daß der Kartoffelsalat saftig ist, 1 Stunde ziehen lassen.

Kurz vor dem Anrichten gut gewaschene Rapunzel unterheben.

Kartoffelsalat mit Selleriemayonnaise

750 g Kartoffeln
1 Tasse Wasser
1/2 TL Kümmel

Mayonnaise:
1 Eidotter
1/8 l kaltgeschlagenes Olivenöl
3 EL Obstessig
1 TL Curry
1/2 TL Vollmeersalz
200 g Joghurt
250 g Sellerie

75 g Zwiebeln
1/8 l Wasser
1 TL gekörnte Hefebrühe

zum Verzieren:
1 Bund Schnittlauch
1 hartgekochtes Ei

Die Kartoffeln mit Wasser und Kümmel zusetzen und gar kochen. Etwas abkühlen lassen, schälen und fein scheibeln.
Das Eidotter cremig rühren, langsam das Öl dazurühren und die fertige Mayonnaise mit Obstessig, Curry und Vollmeersalz würzen, mit Joghurt verlängern und den Sellerie fein dazureiben.
Nun die Kartoffeln, die feingeschnittenen Zwiebeln und die in 1/8 l warmem Wasser aufgelöste gekörnte Hefebrühe unter die fertige Selleriemayonnaise heben.
Mit feingeschnittenem Schnittlauch und Eischeiben garnieren.

Kräuterrisotto

20 g Butter
400 g Naturreis
1 l Wasser
1 TL Kräutersalz
2 TL gekörnte Hefebrühe

frisch gehackte Kräuter
20 g Butter

Zubereitung wie bei Risotto (siehe S. 318).
Statt Parmesan wird nach dem Garwerden 1 Tasse frisch gehackter Kräuter und Butter untergehoben.

Mehlklöße

350 g Weizenvollkornmehl
1/4 l Milch
20 g Hefe
3 Eier
1 gehäufter TL Vollmeersalz

3 Vollkornbrötchen
40 g Butter

2 l Salzwasser

In das frisch gemahlene Weizenvollkornmehl die lauwarme, mit Hefe verrührte Milch geben, gut verrühren und 10 Minuten stehenlassen, salzen und nacheinander die Eier unterrühren. Den Teig gut abschlagen, bis er Blasen wirft.
Vollkornbrötchen klein würfeln, in Butter leicht anrösten und unter den Teig heben.
Mit einem nassen Schöpflöffel Klöße abstechen und ins kochende Salzwasser legen. 20 Minuten leicht kochen lassen.
Die Menge ergibt 8 Klöße.
Dazu Pilzragout reichen.
Restliche Klöße kann man am nächsten Tag würflig schneiden, in Butter leicht anbraten, mit verquirlten Eiern übergießen und diese stocken lassen.
Mit Schnittlauch bestreut zu Salat reichen.

Polenta

220 g Maisgrieß (fein geschroteter Mais)
1 l Wasser
1 TL Gemüsebrühepaste
1 TL gekörnte Hefebrühe
1 TL Vollmeersalz

50 g geriebener Emmentaler
20 g Butter
1 EL gehackte Kräuter

In das kochende Wasser Mais, gekörnte Hefebrühe, Gemüsebrühepaste und Salz einrühren, 5 Minuten kochen (dabei öfters umrühren) und 20 Minuten bei kleinster Hitze quellen lassen.
Vor dem Anrichten die Butter und den geriebenen Emmentaler unterziehen und mit gehackten Kräutern garnieren.
Polenta ist eine beliebte Beilage zu Gemüsen und Salaten.

Risotto

20 g Butter
125 g Zwiebeln
400 g Naturreis
1 l Wasser
1 TL Kräutersalz
2 TL gekörnte Hefebrühe

Parmesankäse
Schnittlauch

Butter zerlassen, die feingeschnittenen Zwiebeln darin andünsten, den trockenen Reis dazugeben und ungefähr 10 Minuten unter wiederholtem Rühren ganz leicht rösten. Mit warmem Wasser aufgießen, Vollmeersalz und gekörnte Hefebrühe dazugeben und bei kleiner Hitze 30 Minuten kochen und 20 Minuten quellen lassen.
Er muß nach dem Garwerden locker und körnig sein.
Mit Parmesankäse und Schnittlauch bestreut servieren.

Schalenkartoffeln, gebacken

1 000 g Kartoffeln, möglichst gleicher Größe

Kümmel
Sesam
4 EL Olivenöl, kaltgepreßt
Kräutersalz

Die Kartoffeln waschen, sauber bürsten und halbieren. Die Schnittfläche in Kümmel bzw. Sesam drücken und auf ein gut gefettetes Blech setzen. Oben die Kartoffeln kreuzweise einschneiden, mit Olivenöl bestreichen und mit Kräutersalz bestreuen. Im vorgeheizten Ofen bei 200° C, mittlere Schiene, je nach Kartoffelgröße, ca. 30–40 Minuten backen.

Schwäbische Spätzle

500 g Weizenvollkornmehl
2 TL Vollmeersalz
1 TL gekörnte Hefebrühe
4 kleine oder 3 große Eier
3/8 l lauwarmes Wasser

2 l kochendes Salzwasser
und
2 EL kaltgeschlagenes Öl

40 g Butter
2 EL Schnittlauch

Das frisch und sehr fein gemahlene Weizenvollkornmehl mit Vollmeersalz, gekörnter Hefebrühe, Eiern und dem Wasser verrühren und glattschlagen. In mehreren Portionen in den Spätzleschaber füllen und ins kochende Salzwasser hineinschaben, ab und zu umrühren, so daß sie nicht zusammenkleben. Einmal aufkochen lassen und mit dem Sieblöffel herausnehmen oder in ein Sieb gießen. Kurz mit kaltem Wasser abbrausen.
Butter in einer Pfanne zerlassen, Spätzle darin schwenken und mit Schnittlauch bestreut reichen.
Spätzle sind eine vielseitige Beilage zu Gemüsen oder Salaten.

Schwemmklöße

60 g Butter
2 große Eier
Vollmeersalz
ca. 150 g Vollkorngrieß

1 1/2 l Salzwasser

Butter cremig rühren, Eier und Vollmeersalz dazurühren und langsam den Vollkorngrieß dazugeben. Höchstens einige Minuten stehenlassen, da sonst der Grieß zu fest wird.
Mit 2 Eßlöffeln Nockerl formen und in das kochende Salzwasser geben, leicht kochen lassen und nach 10 Minuten die Klößchen schwemmen, d. h. eine Tasse kaltes Wasser langsam über die kochenden Klöße gießen und wieder zum Kochen bringen. 10 Minuten ziehen lassen. Die Klöße gehen danach stark auf.
Ergibt ca. 12 Klöße.
Die Klößchen schmecken besonders gut zu zartem Gemüse wie Spargel, Schwarzwurzeln, Karotten mit Erbsen, Pilzen o. ä.

Semmelknödel

10 Vollkornbrötchen, 1–2 Tage alt
1/2 l Milch
1 TL Vollmeersalz

20 g Butter
1 kleine Zwiebel
2 EL gehackte Petersilie
2 Eier

1 1/2 l Salzwasser

Vollkornbrötchen in Scheiben schneiden, salzen, mit lauwarmer Milch übergießen und etwas ziehen lassen.
Zwiebel und Petersilie, fein geschnitten in Butter angedünstet, dazugeben und mit den Eiern zu einem Teig verarbeiten. Mit feuchten Händen Knödel formen.
In kochendes Salzwasser legen und zugedeckt zum Kochen bringen,

dann halboffen 20 Minuten leicht kochen lassen.
Die Menge ergibt 10 Semmelknödel.

Spargelsalat, gekocht

750 g Spargel, netto
gut 1/2 l Wasser
1 gehäufter TL Vollmeersalz

4 EL Obstessig
2 EL kaltgeschlagenes Sonnenblumenöl

Den Spargel sorgfältig von oben nach unten schälen und ins kochende Salzwasser geben, ca. 30 Minuten leicht kochen lassen.
Spargel herausnehmen, in eine tiefe Platte legen. Einen Teil des abgekühlten Kochwassers mit Obstessig und Öl verrühren und über den Spargel gießen. Restliches Kochwasser für Suppe verwenden.
1–2 Stunden ziehen lassen.

Vollkornspaghetti

500 g Vollkornspaghetti
1 1/2 l Wasser
1 TL gekörnte Hefebrühe
2 TL Vollmeersalz
2 TL kaltgepreßtes Öl

In die kochende Brühe das Öl und die Nudeln geben und bei kleinster Hitze ca. 15–20 Minuten ganz leicht kochen lassen. Wer die Nudeln weicher möchte, läßt sie noch 10 Minuten nachziehen.
Das Wasser ist dann vollständig aufgebraucht und muß nicht weggegossen werden.
Die angegebene Wassermenge und Kochzeit gilt auch für alle anderen Vollkornnudelarten wie Bandnudeln, Hörnchen, Makkaroni, Spirelli u. a.

Gemüse

Artischocken

4 Artischocken
1/2 l Wasser
Saft von 1 Zitrone, unbehandelt

Französische Mayonnaise (s. S. 246)

Artischocken sind keine Gemüsefrüchte, sondern Blütenknospen.
Von den Artischocken schneidet man den Stil und die Spitzen der Blätter mit der Schere weg. Zitronensaft ins Wasser geben und die Artischocken darin ca. 30 Minuten leicht kochen lassen.
Wenn sich die Blätter leicht ausziehen lassen, sind sie gar. Man richtet sie auf einer gewärmten Platte an. Beim Essen zupft man die Blätter von außen nach innen aus, tunkt sie in die Mayonnaise und zieht mit den Zähnen den dicken unteren Teil ab. Die Spitzen legt man dann weg. Hat man alle Blätter entfernt, so schneidet man mit einem scharfen Messer den Bast vorsichtig über dem Boden ab und hebt ihn weg. Nun ißt man den Artischockenboden mit Mayonnaise.
Die Böden der Artischocken gelten als Delikatesse.

Bohnen-Tomaten-Gemüse

1 000 g Bohnen
1/8 l Wasser
1 TL gekörnte Hefebrühe
1/2 TL Vollmeersalz
1 Zwiebel
1 Knoblauchzehe

400 g Tomaten
20 g Butter
1 EL Bohnenkraut, frisch oder getrocknet
1 Bund Petersilie

Die Bohnen in fingerlange Stücke schneiden oder brechen und mit wenig Wasser, Vollmeersalz, gekörnter Hefebrühe und der feingeschnittenen Zwiebel sowie dem Knoblauch ca. 30 Minuten dünsten.
Vor dem Servieren die gewürfelten Tomaten, Butter, Bohnenkraut und feingewiegte Petersilie unterziehen.
Mit neuen Kartoffeln oder Schwemmklößen reichen.

Broccoli

750 g Broccoli
1/8 l Wasser
1/2 TL Vollmeersalz

100 g Butter
125 g Vollkornsemmelbrösel
Selleriesalz

Broccoli, auch Spargelkohl genannt, ist eine italienische Abart unseres Blumenkohls. Er ist dunkelgrün und langstieliger als dieser und im Geschmack noch ein wenig pikanter. Er ist sehr viel einfacher im Garten selbst zu ziehen als Blumenkohl.
Broccoli waschen, in große Röschen teilen, Stiele mitverwenden und in wenig Salzwasser ca. 20–30 Minuten gar dünsten. Mit dem Sieblöffel auf eine gewärmte Platte heben.
Butter zerlaufen lassen, Vollkornsemmelbrösel mit etwas Selleriesalz gewürzt, darin wälzen und über den Broccoli verteilen.

Fenchel, gedünstet oder überbacken

1 000 g Fenchel
1/8 l Wasser
1/2 TL Vollmeersalz

100 g Butter
gehacktes Fenchelgrün

Von den Fenchelknollen die Strünke abschneiden, halbieren und gut waschen. In etwas Salzwasser ca. 30–40 Minuten bei kleiner Hitze dünsten. Man kann die Knollen auch in 1 cm dicke Scheiben schneiden und dünsten, dann verringert sich die Kochzeit.
Auf eine gewärmte Platte legen, mit zerlassener Butter begießen und mit gehacktem Grün bestreut servieren.
Dazu reicht man z. B. Käsegnocchi.

Variation:
Den gedünsteten Fenchel in eine gefettete, feuerfeste Form legen, statt Butter mit 150 g geriebenem Emmentaler oder Gouda, mittelalt, bestreuen und bei 200° C ca. 15–20 Minuten leicht überbacken.
Dazu reicht man z. B. Kräuterrisotto.

Gemüsefüllung für Kartoffelnestchen

300 g Karotten, netto
200 g Spargel, netto
100 g Erbsen, netto
125 g Pfifferlinge, netto
1/8 l Wasser
1/2 TL Selleriesalz
1 TL gekörnte Hefebrühe

30 g Weizenvollkornmehl
1/8 l Wasser

1 EL Sojasauce
2 EL Sauerrahm
1 EL gehackte Petersilie
1 EL gehackter Dill

Das geputzte, zerkleinerte Gemüse mit etwas Wasser zusetzen, mit Selleriesalz und gekörnter Hefebrühe würzen und gar kochen.
Das frisch gemahlene Weizenvollkornmehl mit Wasser anrühren, unter das Gemüse geben und einmal aufkochen lassen.
Mit Sojasauce, Sauerrahm, Dill und Petersilie abschmecken und in die Kartoffelnestchen füllen (siehe S. 313).

Pilzfrikassee

500 g Wald- oder Zuchtpilze
40 g Butter
Saft von 1 Zitrone, unbehandelt
gut 1/2 l Wasser
1/2 TL Vollmeersalz
1 TL gekörnte Hefebrühe

50 g Weizenvollkornmehl
1/8 l Wasser

1/8 l Weißwein
2 MS Pfeffer
2 EL Sojasauce
1 Eidotter
2 EL gehackte Petersilie

Die Pilze waschen, putzen und sehr fein schneiden. In Butter andünsten, mit Zitronensaft beträufeln und unter Zugabe von Wasser, Vollmeersalz und gekörnter Hefebrühe ca. 15 Minuten weichdünsten.

Das frisch gemahlene Weizenvollkornmehl mit Wasser anrühren, zu den Pilzen geben und 1 Minute kochen lassen.

Von der Kochstelle nehmen und mit Weißwein, Sojasauce und Pfeffer abschmecken, mit einem Eigelb abziehen und gehackte Petersilie unterheben.

Mit Reis, Semmelknödel, Mehlklößen oder neuen Kartoffeln anrichten.

Pilzragout

500 g Wald- oder Zuchtpilze
2 kleine Zwiebeln
20 g Butter
gut 1/4 l Wasser
Zitronenschale, unbehandelt

40 g Vollkornweizenmehl
1/8 l Wasser

1 TL gekörnte Hefebrühe
1/2 TL Vollmeersalz
1 EL Sojasauce
1 MS Pfeffer
Saft von 1 Zitrone, unbehandelt
1 Tasse Sauerrahm
2 EL gehackte Petersilie

Die gut geputzten und gewaschenen Pilze abtropfen lassen und grob zerkleinern.
Die kleingeschnittenen Zwiebeln in Butter andünsten, Pilze dazugeben und 5 Minuten dünsten.
Unter Zugabe von Wasser ca. 15 Minuten leicht kochen lassen. Zitronenschale 10 Minuten mitkochen lassen und dann herausnehmen.
Das frisch gemahlene Weizenvollkornmehl mit 1/8 l Wasser anrühren, zu den Pilzen geben und 1 Minute aufkochen lassen. Mit Vollmeersalz, gekörnter Hefebrühe, Sojasauce, Pfeffer gut abschmecken, Zitronensaft und Sauerrahm unterziehen.
Mit gehackter Petersilie servieren.
Dazu passen gut Semmelknödel, Mehlklöße oder Naturreis.

Rahmspinat

750 g Spinat, netto
1 kleine Zwiebel
1/2 Tasse Wasser

2 EL Weizenvollkornmehl
1 TL Vollmeersalz
1 TL gekörnte Hefebrühe
1 MS gemahlener Ingwer
1 MS Thymian
200 g Sauerrahm

Spinat gut waschen, abtropfen lassen und mit 1/2 Tasse Wasser und der gehackten Zwiebel ganz kurz kochen, so daß er eben erst zusammenfällt. Spinat nun in den Mixer füllen und zerkleinern oder durch den Gemüsewolf geben.
Durch die kurze Kochzeit behält der Spinat seine hellgrüne Farbe.
Nun Spinat wieder in den Topf geben, 2 EL frisch gemahlenes Weizenvollkornmehl mit etwas Wasser glattrühren, dazugeben und kurz aufkochen lassen.
Von der Kochstelle nehmen, mit Vollmeersalz, gekörnter Hefebrühe und Thymian würzen und den Sauerrahm unterheben.
Dazu Pellkartoffeln, in etwas kaltgeschlagenem Öl gewälzt, und Spiegeleier reichen.
Die Eier in erhitzter Butter in die Pfanne schlagen und auf kleinster Hitze stocken lassen (ca. 3 Minuten). Beim Zerschneiden soll der Dotter noch laufen.

Rosenkohlrührei

500 g Rosenkohl
1 Tasse Wasser
1/2 TL Selleriesalz

4 Eier
2 EL Sahne
1 MS Paprika
1 MS Selleriesalz
1 MS gemahlener Kümmel

20 g Butter

Den Rosenkohl bei kleiner Hitze mit Wasser und Selleriesalz 10–15 Minuten dünsten.
Eier und Sahne verquirlen und mit den angegebenen Gewürzen abschmecken.
Den Rosenkohl in einer Pfanne in Butter ganz leicht backen und mit der Eiersauce übergießen. Bei kleiner Hitze ca. 10 Minuten stocken lassen.
Mit Kartoffelsalat reichen.

Sellerie, gedünstet

700 g Sellerie, netto
Saft von 1 Zitrone, unbehandelt
knapp 1 Tasse Wasser
1 TL Vollmeersalz
2 EL Hefeflocken
2 EL Petersilie
60 g Butter

Sellerie schälen, in kleinere Stücke schneiden, mit Zitrone beträufeln und bei kleiner Hitze mit etwas Salzwasser garen lassen (ca. 20 Minuten).
Hefeflocken, gehackte Petersilie und Butterflöckchen untermengen.

Spargel

1 000 g Spargel, netto
1/2 l Wasser
1/2 TL Vollmeersalz
1 gehäufter EL gehackte Petersilie

Die Spargelstangen waschen, vom Kopf nach den Enden zu schälen und in Salzwasser ca. 30–40 Minuten, je nach Dicke, leicht kochen. Herausnehmen, abtropfen lassen und auf einer gewärmten Platte, mit Petersilie bestreut, anrichten.

Mit zerlassener Butter und neuen Kartoffeln oder Naturreis reichen. Man kann auch die Französische Mayonnaise (siehe Rezept S. 246) und Schwemmklöße (siehe Rezept S. 320) dazureichen.

Spargel in Buttersauce

(Die Buttersauce paßt auch zu Lauch, Schwarzwurzeln und Blumenkohl)

650 g Spargel, netto
3/8 l Wasser (bei tiefgekühltem Spargel verringert sich die Wassermenge um 1/8 l)
1 TL Vollmeersalz

50 g Weizenvollkornmehl
1/8 l Milch oder Sahne

1 Eidotter
Saft von 1 Zitrone, unbehandelt
30 g Butter
1 Bund Petersilie

Den frischen Spargel sorgsam von oben nach unten schälen, in fingerlange Stücke schneiden und in Salzwasser ca. 30 Minuten leicht kochen. Mit einem Sieblöffel den fertigen Spargel herausheben und das frisch gemahlene Weizenvollkornmehl, mit Milch oder Sahne glattgerührt, in das Spargelwasser einrühren und aufkochen lassen.
Von der Kochstelle nehmen, Eidotter und Zitronensaft unterziehen und den Spargel wieder in die Sauce geben. Die Butter darin zerfließen lassen und mit gehackter Petersilie bestreut reichen.
Mit Lauch, Schwarzwurzeln und Blumenkohl wird ebenso verfahren.
Den Lauch der Länge nach halbieren und gut gewaschen in fingerlange Stücke schneiden. Die Schwarzwurzeln mit Kartoffelschäler schälen und in Stücke schneiden. Den Blumenkohl in Röschen teilen.

Leckereien

Süßspeisen

Apfelküchle

250 g Weizenvollkornmehl
1/4 l Milch
2 Eier
1 TL Zimt
1 MS Vollmeersalz
3 EL Honig

100 g Butter

4–6 Äpfel, je nach Größe
1 Zitrone, unbehandelt
3 EL Preiselbeerkompott
(s. S. 360)

Das frisch gemahlene Weizenvollkornmehl verrührt man mit Milch, Eiern, Zimt, Vollmeersalz und Honig zu einem dicken Pfannkuchenteig.
Die Äpfel im ganzen schälen, Kernhaus mit Apfelausstecher ausstechen. Äpfel in ca. 8 mm dicke Scheiben schneiden und mit Zitronensaft beträufeln.
Die Teigmenge ist für ca. 25 Apfelscheiben berechnet.
Einen Teil der Butter in der Pfanne erhitzen, davon 1 EL heiße Butter zum Teig geben (damit dieser besser an den Äpfeln haftet) und die Apfelscheiben nach kurzem Eintauchen in den Teig in das heiße Fett geben und bei kleiner Hitze auf beiden Seiten backen.
Mit einem Tupfer Preiselbeerkompott in der Mitte reichen.

Äpfel im Schlafrock

Teig:
500 g Weizenvollkornmehl
Schale von 1 Zitrone, unbehandelt
1 MS Vollmeersalz
1 MS Vanille
1 Ei
1 Eiweiß
150 g Honig
100 g Butter
4 EL saure Sahne

Sonstige Zutaten:
Saft von 1 Zitrone, unbehandelt
12 mittelgroße Äpfel
1 Eigelb
1 EL Wasser

Füllung:
50 g Walnußkerne
50 g Rosinen, ungeschwefelt
1 EL Honig
2 MS Zimt

In das frisch gemahlene Weizenvollkornmehl gibt man Vollmeersalz, abgeriebene Zitronenschale und Vanille. Dann verrührt man Ei, Eiweiß, die saure Sahne und Honig in der Mitte, schneidet die kalte Butter darüber und knetet alles rasch zusammen. Den Teig 1 Stunde ruhen lassen.
Die Äpfel inzwischen im ganzen abschälen, das Kerngehäuse mit Apfelausstecher herausstechen und Äpfel mit Zitronensaft beträufeln.
Den Teig zu einer Rolle formen und in 12 Teile teilen. Jedes Teil mit dem Nudelholz etwas auswellen und 1 Apfel darauflegen. In das Apfelloch die Füllung geben. Nun den Teig um den Apfel wickeln und auf das ungefettete Blech legen.
Eigelb mit Wasser verrühren und die eingewickelten Äpfel damit bestreichen. Bei 180° C ca. 45 Minuten auf der 2. Schiene von unten backen.
Die Äpfel werden warm serviert. Bleiben welche übrig, schmecken sie auch kalt sehr gut.
Füllung: Gehackte Walnußkerne mit Rosinen, Honig und Zimt verkneten.

Aprikosen- oder Zwetschgenknödel

300 g Weizenvollkornmehl
1 TL Zimt
1 TL Backpulver
1 MS Vollmeersalz
250 g Schichtkäse
Schale von 1 Zitrone, unbehandelt
100 g Honig
125 g Butter

ca. 20 Aprikosen oder 30 große Zwetschgen, frisch oder tiefgekühlt

1 Eigelb
1 TL Milch

In das frisch gemahlene Weizenvollkornmehl gibt man Zimt, Backpulver, Vollmeersalz und reibt die Zitrone darüber. In einer Vertiefung verrührt man Schichtkäse und Honig mit dem Mehl, schneidet die kalte Butter darüber und knetet alles rasch zusammen. Den Teig läßt man 30–60 Minuten ruhen.

Dann formt man eine lange Rolle und schneidet sie in so viele Teile, wie man Obst hat. Die Aprikosen oder Zwetschgen werden im ganzen mit Stein mit dem Teig umwickelt. Den Teig dazu erst auf der Handfläche breitdrücken, dann Obst darauflegen und Teig um das Obst schließen. Auf das leicht gefettete Blech setzen.

Bei tiefgekühltem Obst läßt man dieses nicht zuerst auftauen, sondern wickelt den Teig rasch um die kalten Früchte. Bei tiefgekühltem Obst verlängert sich die Backzeit.

Ein Eigelb verrührt man mit 1 TL Milch und bestreicht die Knödel.

Im vorgeheizten Backofen bäckt man bei 200° C ca. 35 Minuten, mittlere Schiene. Etwas abkühlen lassen und servieren.

Bananen in Blätterteig

6–8 Bananen, je nach Größe
1 Eidotter
2 EL Milch

1 Rezept Quarkblätterteig
(s. S. 144)

Auf einer bemehlten Arbeitsfläche den Blätterteig portionsweise 2–3 mm dick auswalken. Mit dem Teigrädchen in Vierecke ca. 10 x 10 cm schneiden. Restteig wieder zusammenkneten und nochmals auswalken.

Die Teigmenge ergibt ca. 20 Vierecke auf 2 Backbleche passend.

Auf jedes Viereck ein entsprechend großes Stück Banane legen, das Teigstück zu einem Dreieck falten und fest andrücken.

Über das Backblech Wasser laufen lassen, die Teigstücke darauflegen und mit Eidotter, verrührt mit Milch, bestreichen.

Im vorgeheizten Ofen bei 220° C, mittlere Schiene, 15–20 Minuten backen.

Dazu frische Beerensauce (siehe S. 246) oder Preiselbeerkompott (siehe S. 360) reichen.

Bayerischer Scheiterhaufen

10 Vollkornbrötchen, 1–2 Tage alt
125 g Rosinen, ungeschwefelt
750 g Äpfel, netto

1/2 l Milch
2 MS Zimt
2 MS Vanille
2 Eier
100 g Honig

20 g Butter

Brötchen in feine Scheiben schneiden, schichtweise mit Apfelschnitzen und Rosinen in eine gefettete Auflaufform füllen (unterste und oberste Schicht sind Brötchen).
Milch leicht erwärmen, mit Honig, Eiern und Vanille verrühren und langsam über die Brötchen gießen, so daß die Milch auch die oberen Brötchen befeuchtet. Mit Butterflöckchen bestreuen.
45–50 Minuten bei 190° C, unterste Schiene, backen.

Germknödel

Vorteig:
550 g Weizenvollkornmehl
1/4 l Milch
60 g Hefe (= Germ)

60 g Butter
60 g Honig
1/2 TL Vollmeersalz
Schale von 1 Zitrone, unbehandelt
2 Eier

zum Kochen:
2–4 l Wasser, je nach Topfgröße
1–2 TL Vollmeersalz

zum Übergießen:
50 g Butter
50 g Honig
2 MS Zimt

Frischgemahlenes Weizenvollkornmehl in eine Schüssel geben, eine Vertiefung drücken und darin die in lauwarmer Milch aufgelöste Hefe mit etwas Mehl zu einem dicklichen Brei verrühren. Mit Mehl bestäubt 15 Minuten gehen lassen.
Zerlassene Butter, Honig, Salz, abgeriebene Zitronenschale und Eier zum gegangenen Vorteig geben, alles gut zu einem glatten Teig kneten und mit Mehl bestäubt ca. 45 Minuten gehen lassen.
Gegangenen Teig nochmals durchkneten und in 10 gleich große Teile schneiden. Aus jedem Teil einen Knödel drehen und zugedeckt ca. 15 Minuten gehen lassen.
Wasser mit Salz in einem sehr großen oder in 2 mittelgroßen Töpfen zum Kochen bringen. Knödel einlegen und zugedeckt 30 Minuten leise köcheln lassen. Die Knödel gehen stark auf. Mit einem Sieblöffel herausnehmen und auf eine Platte legen.
Butter zerlaufen lassen, mit Honig und Zimt verrühren und Germknödel damit übergießen.
Dazu Mohnsauce (siehe S. 248) oder rohes Zwetschgenmus (siehe S. 363) reichen.

Hirseauflauf

300 g Hirse
1 l Wasser
1 MS Vollmeersalz
1 Vanillestange
1 Zimtstange

75 g Butter
Schale von 1/2 Zitrone, unbehandelt
3 Eier, getrennt
100 g Honig
100 g Rosinen, ungeschwefelt

30 g abgezogene, gehackte Mandeln

Hirse mit Wasser, Vollmeersalz, Vanille- und Zimtstange zusetzen und 5 Minuten kochen lassen. Dann 20 Minuten auf der warmen Herdplatte quellen lassen.
Butter glattrühren, abgeriebene Zitronenschale, Eidotter und Honig dazu-, Hirse und Rosinen daruntermengen. Eiweiß zu Schnee schlagen und ebenfalls darunterheben.
In eine gefettete Auflaufform geben und mit den gehackten Mandeln bestreuen. Bei 200° C ca. 45 Minuten, mittlere Schiene, backen.
Dazu kann man rohes Apfelmus, rohes Pfirsichkompott oder jeden Obstsalat reichen.

Hirsetorte

200 g Hirse
3/4 l Wasser
Zitronenschale, unbehandelt
1 Zimtstange
1 Vanillestange
1 MS Vollmeersalz

100 g Butter
100 g Honig
2 Eidotter
100 g Sultaninen, ungeschwefelt
75 g Mandeln
200 g Weizenvollkornmehl
1 gehäufter TL Backpulver
1/4 l Milch
2 Eiweiß

Die Hirse mit Wasser und Gewürzen bei mäßiger Hitze ca. 10 Minuten kochen und 10 Minuten quellen lassen. Gewürze herausnehmen und die Hirse auskühlen lassen.

Butter, Honig und Eidotter schaumig rühren, Sultaninen, geriebene Mandeln und die abgekühlte Hirse dazugeben. Das frisch gemahlene Weizenvollkornmehl mit Backpulver mischen und abwechselnd mit Milch dazurühren. Den steifen Eischnee unterheben.

In eine gut gefettete, gebröselte Springform oder Auflaufform füllen und in dem auf 175° C vorgeheizten Ofen, unterste Schiene, ca. 1 Stunde backen.

Die Hirsetorte kann warm oder kalt mit rohem oder gekochtem Apfelmus gereicht werden.

Kaiserschmarren

6 Eidotter
3/8 l Milch
2 MS Vollmeersalz
80 g Honig
170 g Weizenvollkornmehl

6 Eiweiß

60 g Butter

Eidotter, Milch, Vollmeersalz und Honig mit dem frisch gemahlenen Weizenvollkornmehl verrühren. Den steifen Eischnee unterheben.

In 2 Pfannen das Fett erhitzen, den Teig hineingeben und auf kleinster Hitze ca. 10 Minuten stocken lassen. Wenden und die andere Seite auch ca. 10 Minuten stocken lassen. Mit 2

Gabeln in Stücke reißen und noch etwas abbacken lassen.
Mit Preiselbeerkompott und Apfelmus (beides mit Honig gesüßt) reichen.
Der Kaiserschmarren kann auch zu Salaten gegessen werden. Man läßt im Teig den Honig weg und nimmt auf dieselbe Menge nur 150 g Weizenvollkornmehl.

Kirschenmännle

750 g Kirschen, frisch oder tiefgekühlt
10 Vollkornbrötchen, 2 Tage alt
3/4 l Milch
2 Eier
150 g Honig
1 gehäufter EL Kakao, dunkel
1 TL Zimt
Saft und Schale von
1 Zitrone, unbehandelt

25 g Butter

Milch erwärmen, Eier und Honig mit dem Schneebesen einrühren. Brötchen fein schneiden, mit dem Gemisch übergießen. Kakao und Zimt darüberstreuen, Zitrone abreiben und entsaften und alles gut mit einem Kochlöffel oder mit sauberen Händen vermengen.
Kirschen unterheben und das Ganze in eine gefettete Auflaufform geben. Butterflöckchen darauflegen und bei 200° C 1 Stunde backen (2. Schiene von unten).
Bei tiefgekühlten Kirschen verringert sich die Milchmenge um 1/8 l.

Rahmapfelstrudel

1 Rezept Wiener Apfelstrudel (s. S. 346)

Guß:
1/4 l Milch
1/4 l Sahne
50 g Honig
2 MS Vollmeersalz
2 MS Vanille

Zubereitung wie beim Wiener Apfelstrudel, nur teilen wir den Strudelteig und walken ihn in 2 Stücken aus, damit der Strudel in eine Auflaufform paßt.
Jedes Teigstück mit der Hälfte der Zutaten belegen und mit Hilfe des Tuches in die Auflaufform gleiten lassen.
Für den Guß Milch, Sahne, Honig, Salz und Vanille gut verrühren und über den Strudel gießen. 45–60 Minuten bei 200° C, mittlere Schiene, backen.
Während des Backens ab und zu den Guß mit einem Pinsel auf den Strudel streichen. In der Auflaufform aufschneiden und herausnehmen.

Reisauflauf

400 g Naturreis (Rundkorn)
1 l Wasser
2 MS Vollmeersalz
1 Vanillestange

80 g Butter
120 g Honig
3 Eier, getrennt
2 MS Zimt
2 MS Vanille
Schale von 1 Zitrone, unbehandelt
120 g Rosinen, ungeschwefelt

30 g gehackte, abgezogene Mandeln

Reis mit Vollmeersalz, Vanillestange und Wasser zusetzen, ca. 40 Minuten leise kochen lassen, 10 Minuten nachquellen, dann etwas auskühlen lassen.
Butter glattrühren, Honig, Eidotter, Zimt, Vanille und Rosinen dazurühren, Zitrone abreiben und nun den Reis dazugeben. Eiweiß schaumig schlagen und darunterheben. In eine gefettete Auflaufform füllen und mit gehackten Mandeln bestreuen. Bei 200° C ca. 45 Minuten, mittlere Schiene, backen.
Man kann dazu mit Honig gemixtes Obst, wie Aprikosen, Pfirsiche, Zwetschgen oder rohes Apfelmus, reichen.

Reis-Kirschen-Auflauf

400 g Naturreis (Rundkorn)
1 l Wasser
2 MS Vollmeersalz
1 Stückchen Stangenzimt
1 Vanillestange

50 g Butter
3 Eier, getrennt
125 g Honig
1 MS Zimt
1 MS Vanille
Schale von 1 Zitrone, unbehandelt
800 g Kirschen, frisch oder tiefgekühlt

25 g Butter für Flöckchen

Reis in einem Sieb gut waschen, mit Vollmeersalz und Gewürzen zusetzen, auf kleiner Flamme ca. 40 Minuten leicht kochen und 10 Minuten nachquellen lassen. Etwas auskühlen lassen.

Butter schaumig rühren, Eidotter, Honig, Zimt, Vanille und abgeriebene Zitronenschale verrühren, Reis und Kirschen untermengen und Eischnee unterheben.

In eine gefettete Auflaufform geben, mit Butterflöckchen belegen und bei 175° C 45–60 Minuten auf der 2. Schiene von unten backen.

Bei der Verwendung tiefgekühlter Kirschen verringert sich die Wassermenge um 1/8 l.

Rohrnudeln

1 Rezept Wiener Buchteln (s. S. 348)

Sie werden wie Wiener Buchteln, jedoch ohne Füllung zubereitet.

Der Teig wird nicht ausgewellt, sondern zu einer Rolle geformt und in 12 Teile geschnitten. Jedes Teil wird mit leicht bemehlten Händen rund gerollt und in eine gut gebutterte Backpfanne gelegt – flüssige Honigbutter zwischen die einzelnen Nudeln.

15 Minuten gehen lassen und bei

200° C, unterste Schiene, ca. 40 Minuten backen.
Heiß stürzen und mit Vanillesauce reichen.

Schlesische Mohnklöße

250 g Mohn
100 g Rosinen, ungeschwefelt
75 g Mandeln
75 g Zitronat
1/2 TL Zimt
1/2 l Milch
50 g Honig

1/4 l Milch
1 EL Honig
1/2 TL Zimt
ca. 300 g Vollkornbrötchen

250 g Sahne

In einer Schüssel frischgemahlenen Mohn mit Rosinen, fein gehackten Mandeln, feinst geschnittenem Zitronat und Zimt mischen. Mit heißer Milch übergießen, umrühren und 15 Minuten quellen lassen. Dann Honig unterrühren.
Milch mit Honig und Zimt erwärmen. Brötchen (frisch oder 1 Tag alt) in 1 cm dicke Scheiben schneiden. Brötchenscheiben kurz beidseitig in die Milch tauchen und schichtweise eine Glasschüssel mit Mohnmasse und Brötchenscheiben füllen, beginnend mit Brötchenscheiben, abschließend mit Mohnmasse.
Einige Stunden im Kühlschrank durchziehen lassen.
Mit geschlagener Sahne verziert reichen.

Schweizer Früchtereis

400 g Naturreis (Rundkorn)
1 1/4 l Wasser
250 g Trockenfrüchte, gemischt und ungeschwefelt
1 Vanillestange
1 Zimtstange
Schale von 1 Zitrone, unbehandelt
1/2 TL Vollmeersalz

500 g Kirschen, frisch oder tiefgekühlt
500 g verschiedenes frisches Obst, netto
Saft von 1 Zitrone, unbehandelt, oder von 1 Grapefruit
2 MS Zimt

200 g Sahne

Den Reis in einem Sieb waschen und mit Wasser, Vollmeersalz, den zerkleinerten Trockenfrüchten (Feigen, Aprikosen, Sultaninen, Hutzeln o. ä.) zusetzen.
Die Zimtstange, Vanillestange und die ganze Zitronenschale für 20 Minuten mitkochen, dann herausnehmen. Den Reis 30 Minuten leicht kochen, 20 Minuten quellen lassen.
Die Früchte würfeln, mit Zitronensaft und Zimt mischen und ziehen lassen.
Reis in eine Servierschüssel geben, darüber einen Teil der Früchte und geschlagene Sahne häufen.
Restliche Früchte und Sahne dazu reichen.

Topfenstrudel, bayrisch

Strudelteig:
300 g Weizenvollkornmehl
1 Ei
2 EL kaltgeschlagenes Sonnenblumenöl
1 TL Obstessig
2 MS Vollmeersalz
1/8 l lauwarmes Wasser

Füllung:
60 g Butter
100 g Honig
2 Eigelb
500 g Schichtkäse
2 EL Sauerrahm
75 g dunkle Rosinen, ungeschwefelt
2 Eiweiß
1 MS Vollmeersalz

50 g zerlassene Butter

In das frisch gemahlene Weizenvollkornmehl rührt man das Ei, Obstessig, Vollmeersalz und Öl, gibt langsam das lauwarme Wasser dazu und knetet alles gut zu einem geschmeidigen Teig zusammen. Diesen wirft man nun solange auf die Arbeitsfläche, bis er glatt ist und glänzt (ca. 5 Minuten). Mit einer erwärmten Schüssel deckt man ihn zu und läßt ihn 30 Minuten ruhen.

Butter, Honig und Eigelb schaumig rühren, Schichtkäse, Sauerrahm und die Rosinen einrühren und den Eischnee, mit Salz steifgeschlagen, unterziehen.

Die Hälfte des Strudelteigs auf einer bemehlten Arbeitsfläche sehr dünn auswalken und auf ein Geschirrtuch legen. Mit zerlassener Butter bestreichen und die Hälfte der Füllung darauf verstreichen. Das Geschirrtuch leicht anheben, damit sich der Strudel locker zusammenrollt. Mit Hilfe des Geschirrtuches in eine Auflaufform gleiten lassen, die Ränder einschlagen.

Mit der 2. Teighälfte ebenso verfahren. Mit zerlassener Butter bestreichen und bei 190° C auf der 2. Schiene von unten ca. 45 Minuten goldbraun backen.

Vor dem Anrichten etwas abkühlen lassen.
Der Strudel kann warm oder kalt gegessen werden. Dazu Früchtekomplott reichen.

Wiener Apfelstrudel

Strudelteig:
50 g Butter
1 Ei
1 TL Obstessig
1 MS Vollmeersalz
250 g Weizenvollkornmehl
5–6 EL lauwarmes Wasser, je nach Eigröße

zum Bestreichen:
30 g Butter
1/8 l Sauerrahm
2 TL Honig

Füllung:
800 g Äpfel, netto
50 g Mandeln
100 dunkle Rosinen, ungeschwefelt
Zimt

30 g Butter

Die Butter mit Ei, Obstessig und Vollmeersalz glattrühren. Das frisch gemahlene Weizenvollkornmehl und das lauwarme Wasser dazugeben und alles zu einem geschmeidigen Teig sehr gut verkneten.
Den Teig nun ca. 5 Minuten auf die Arbeitsplatte werfen, damit er elastisch und glänzend wird. Mit einer angewärmten Schüssel zudecken und 30 Minuten ruhen lassen.
Die Äpfel (je nach Sorte) schälen und schnitzeln, die Mandeln reiben. Nun wird der Teig auf einer bemehlten Arbeitsfläche rechteckig in Breite des Backbleches so dünn wie möglich ausgewalkt, dann wird er auf ein großes Geschirrtuch gelegt. Am besten legt man das Nudelholz in die Mitte des Teiges, schlägt die eine Hälfte des Teiges vorsichtig darüber und hebt ihn so auf das Tuch. Jetzt bestreicht man ihn rasch mit zerlassener Butter, dann mit Sauerrahm, in den man Honig gerührt hat, breitet die Äpfel aus

und streut Rosinen, Mandeln und Zimt darauf.
Nun hebt man das Tuch an einer Seite leicht an, rollt den Strudel locker zusammen und drückt die Enden etwas an. Vom Tuch auf das gefettete Blech gleiten lassen, mit zerlassener Butter bestreichen.
Im Backofen bei 200° C auf mittlerer Schiene 45–50 Minuten backen.
Der Strudel kann warm oder kalt gegessen werden. Dazu Vanillesauce reichen.

Wiener Buchteln

Teig:
150 g Dinkelvollkornmehl
550 g Weizenvollkornmehl
1/4 l Milch
40 g Hefe

1/8 l Milch
75 g Butter
100 g Honig
Schale von 1/2 Zitrone, unbehandelt
2 MS Vollmeersalz
1 MS Vanille
1 Ei

Für die Backpfanne:
40 g Honig
60 g Butter

Füllung:
250 g Schichtkäse
1 Eidotter
50 g Honig
2 MS Zimt
50 g Sultaninen, ungeschwefelt

Das frisch gemahlene Dinkel- und Weizenvollkornmehl in eine Schüssel geben, eine Vertiefung drücken und darin die in lauwarmer Milch angerührte Hefe zu einem dicklichen Brei verrühren und mit etwas Mehl bedeckt 15 Minuten gehen lassen.
In der lauwarmen Milch die Butter, Honig, abgeriebene Zitronenschale, Vollmeersalz, Vanille und Ei verrühren und an den Teig geben, gut schlagen oder kneten. Mit feuchten Händen zu einer Kugel formen, die Schüssel mit Vollkornmehl ausstreuen, den Teig wieder hineinlegen, leicht mit Vollkornmehl bestäuben und 30–45 Minuten zugedeckt gehen lassen, bis er sich ungefähr verdoppelt hat.
Den Schichtkäse mit den angegebenen Zutaten glattrühren.
Den Teig auf einer bemehlten Arbeitsfläche durchkneten, fingerdick auswellen und mit einer Tasse Teigscheiben ausstechen. Die Teigscheiben mit der Hand etwas auseinanderziehen, 1 gehäufter TL Füllung daraufgeben und die Teigränder über der Füllung zusammendrücken und in der Hand zu einer Buchtel rund rollen.
Butter mit Honig verrührt in die Backpfanne streichen.

Die Buchteln mit der Verschlußseite nach unten nebeneinanderlegen und an die Stellen, wo sie sich berühren, etwas flüssige Honig-Butter geben, damit sie nicht zusammenbacken.
Nochmals 15 Minuten gehen lassen und bei 200° C, unterste Schiene, ca. 40 Minuten backen. Heiß stürzen. Schmecken warm und kalt gleich gut. Warm mit Vanillesauce reichen. Die Menge ergibt ca. 12 Buchteln.

Zwetschgendatschi

500 g Weizenvollkornmehl
1/8 l Milch
30 g Hefe

1/8 l Milch
50 g Butter
100 g Honig
2 MS Vollmeersalz
Schale von 1 Zitrone, unbehandelt

2 500 g Spätzwetschgen
Zimt

Das frischgemahlene Weizenvollkornmehl in eine Schüssel geben, eine Vertiefung eindrücken und darin die in lauwarmer Milch aufgelöste Hefe mit einem Teil des Mehles zu einem dicklichen Brei rühren. Mit Mehl bestreut ca. 15 Minuten gehen lassen.
In die lauwarme Milch, Butter, Honig und Salz verrühren, dieses zum gegangenen Teig gießen und die Zitronenschale dazureiben. Alles gut zu einem glatten Teig verkneten und ca. 45 Minuten gehen lassen.
Den gegangenen Teig auf einem gefetteten, bemehlten Backblech auswalken, einen 2 cm hohen Rand hochdrücken und dicht mit entkernten, 2mal eingeschnittenen Zwetschgen belegen.

Im vorgeheizten Ofen bei 200° C, 2. Schiene von unten, 30 Minuten backen. Noch warm mit Zimt bestreuen. Frisch und lauwarm gegessen, schmeckt der Datschi am besten.
Anmerkung: Tiefgekühlte Zwetschgen eignen sich nicht zum Belegen eines Hefeteiges. Diese werden besser auf Mürbteig verwendet.
Frühzwetschgen bilden beim Backen sehr viel Saft, deshalb auf einem Backblech mit allseitigem Rand backen.

Desserts

Äpfel in Gelee

4 süße Äpfel
Saft von 1/2 Zitrone, unbehandelt
Zitronenschale, unbehandelt
1 Zimtstange, 3 cm
1 Vanillestange
1/8 l Wasser

8 TL Preiselbeerkompott
knapp 1/2 l Apfelsaft
1 leicht gehäufter TL Agar-Agar

Äpfel schälen, Kernhaus ausstechen, mit Zitronensaft beträufeln und in etwas Wasser, dem ein Stück Zimtstange, Vanillestange und ein Stück Zitronenschale beigegeben ist, ca. 5 Minuten dünsten, bis sie weich sind. Die Garzeit hängt von der Apfelsorte ab.
In Portionsschälchen stellen, in die Apfelmitte Preiselbeerkompott füllen. Das Kochwasser mit Apfelsaft auf 1/2 l auffüllen und erhitzen. Agar-Agar mit etwas Apfelsaft anrühren, in dem heißen Saft verrühren und kurz quellen lassen.

Über die Äpfel gießen und kalt stellen.

Apfelmus, roh

800 g Äpfel
Saft von 1–2 Zitronen, unbehandelt
1–2 EL Honig
2 MS Zimt

1/8 l Sahne
einige Walnußkerne

Dazu eignen sich nur reife, wohlschmeckende Apfelsorten.
Den Zitronensaft mit Honig (die Menge ist von der Apfelsorte abhängig) und Zimt verrühren.
Die Äpfel vierteln, Kernhaus ausschneiden und auf einer feinen Reibe direkt in den Zitronensaft reiben, so daß die Schale übrigbleibt. Den geriebenen Apfel sofort unterheben.
Mit steifgeschlagener Sahne und einigen Walnußkernen garnieren und gleich servieren.
Das doppelte Rezept, ohne Sahne und Walnußkerne, eignet sich gut als Beilage zu Süßspeisen wie Kaiserschmarren, Hirsetorte, Reibekuchen etc.

Beerenleckerei

400 g rote und/oder schwarze Johannisbeeren
2 reife Bananen
Saft von 1/2 Zitrone, unbehandelt
1 MS Vanille
1 TL Honig
1/8 l Sahne

zum Verzieren:
4 Sträußchen Johannisbeeren
4 kleine Johannisbeerblätter

Die Bananen mit der Gabel zerdrücken und mit Zitronensaft, Vanille und Honig schaumig rühren. Die abgestreiften Beeren unterziehen, in Glasschälchen füllen und kühl stellen.
Die steifgeschlagene Sahne gehäuft darübergeben und mit den Johannisbeersträußchen und -blättern garnieren.

Birnenigel

2 reife Williams-Birnen
4 TL Rum
30 g Mandelstifte

1/4 l Wasser
1 gehäufter TL Agar-Agar
1 EL Kakao, dunkel

1/4 l Sahne
100 g Honig

Die Birnen halbieren, Kernhaus ausstechen und abschälen. Mit einer Gabel einstechen, mit Rum beträufeln und mit gestiftelten Mandeln spikken. In Portionsschälchen geben.
Wasser mit Agar-Agar und Kakao verrühren und nahezu bis zum Kochen bringen.
Die ungeschlagene Sahne und den Honig dazurühren und gleich über die vorbereiteten Birnen gießen. 1 Stunde kühl stellen.

Bunter Melonensalat

1 reife Honigmelone,
ca. 600 g
1 reife Netzmelone,
ca. 600 g
1 reife Wassermelone, ca.
600 g, eventuell vom Stück

Die Honig- und Netzmelone halbieren und mit einem Eßlöffel die Kerne herausnehmen. Mit einem Melonenmesser das Melonenfleisch als kleine Bällchen herausstechen.
Die Wassermelone in Scheiben aufschneiden, die Schale wegschneiden und die Kerne entfernen. In Würfel geschnitten mit den Melonenbällchen vermengen und 1/2 Stunde im Kühlschrank (zugedeckt) ziehen lassen. Kühl in Glaskelchen servieren.

Bunter Obstsalat

2 Orangen
2 Äpfel
250 g Himbeeren,
tiefgekühlt
1/4 frische Ananas
Saft von 1 Zitrone,
unbehandelt
1 EL Honig

1/8 l geschlagene Sahne
4 halbe Walnußkerne

Orangen schälen und quer in Scheiben schneiden. 4 Scheiben zum Verziehren zurückbehalten, den Rest kleinschneiden. Äpfel mit der Schale würfeln, mit Zitronensaft beträufeln, Ananas in Stückchen schneiden, Himbeeren auftauen und mit Honig süßen. Alles in einer Schüssel gut vermengen und in Portionsschälchen verteilen. In die Mitte eine Scheibe Orange legen, mit Sahnetupfer und Walnuß garnieren.

Erdbeercreme

500 g Erdbeeren, frisch oder tiefgekühlt
250 g Sahnequark
80 g Honig
1 MS Zimt
1 MS Vanille

1/8 l Sahne

Erdbeeren (einige zum Verzieren zurücklassen), Sahnequark, Honig, Zimt und Vanille im Mixer pürieren. Sahne steif schlagen, in die Garnierspritze abfüllen. Beerenquark in Portionsschälchen verteilen und mit Sahnetupfern und Erdbeeren verzieren.

Erdbeeren mit Sahne (halbgefroren)

3/8 l Sahne
1–2 EL Honig
1 MS Zimt
500 g frische Erdbeeren

Die steifgeschlagene Sahne mit Honig süßen und mit Zimt würzen. Die Erdbeeren in Scheiben schneiden und unterheben. Einige zum Verzieren zurücklassen.
In Glasschüsseln füllen und ca. 30 Minuten ins Tiefkühlfach stellen.

Erdbeerpudding

500 g frische oder tiefgekühlte Erdbeeren
1/2 l Apfelsaft
1 leicht gehäufter TL Agar-Agar
2 MS Zimt

1/8 l Sahne
1 gehäufter TL Honig

Die Erdbeeren vierteln, kleine im ganzen lassen.
In den Apfelsaft rührt man mit einem Schneebesen Agar-Agar und Zimt und bringt dies kurz vors Kochen. Nun gießt man zunächst einen Teil in bereitgestellte Puddingförmchen oder Tassen, gibt einen Teil der Erdbeeren darauf, gießt über diese wieder den angedickten Saft und gibt wieder eine Lage Früchte darüber. Mit Saft abschließen. 1–2 Stunden kühl stellen.

Mit einem Messerchen vorsichtig um den Rand der Förmchen fahren und den steifen Obstpudding auf ein Tellerchen stürzen. Mit steifgeschlagener Sahne, die mit Honig gesüßt wurde, garnieren und kalt servieren.
Tiefgekühlte Erdbeeren eignen sich für diesen Nachtisch besonders gut. Der durch das Auftauen entstandene rote Erdbeersaft, mit Apfelsaft auf 1/2 l aufgefüllt, gibt dem Pudding eine schöne Farbe.

Gefüllte Grapefruit

2 rote Grapefruits
200 g Sahnequark
2 EL Sanddornsaft, honiggesüßt

1/8 l Sahne
2 EL Sanddornsaft, honiggesüßt
20 Cashewkerne

Die Grapefruits gut waschen, in 2 Hälften teilen, das Fruchtfleisch mit dem Messer ringsherum lösen, mit einem Löffel herausnehmen und in kleine Stückchen schneiden.
Den Quark mit Sanddornsaft glattrühren und das kleingeschnittene Fruchtfleisch dazugeben.
Die Sahne steif schlagen und Sanddornsaft dazurühren. Kühl stellen.
Erst vor dem Servieren Quark in die Grapefruitschalen füllen, mit Sanddornsahne und einigen Cashewkernen garnieren.

Grapefruit Piz Palü

3 rote Grapefruits
3 TL Honig
1 MS Zimt

1/8 l Sahne

2 Grapefruits schälen und quer in Hälften aufteilen. In Portionsschälchen legen.
1 Grapefruit auspressen, den Saft mit Honig und Zimt verrühren, die vorbereiteten Grapefruits damit tränken und 30 Minuten kühl stellen.
Die steifgeschlagene Sahne darüberhäufen.

Heidelbeeren mit Vanilleeis

500 g Heidelbeeren
2 EL Honig
1/2 TL Zimt
1/4 l Rohmilch

Vanilleeis (s. S. 374)

Heidelbeeren mit Honig und Zimt mischen und mit einer Gabel andrücken. Milch darübergießen und einige Zeit kalt stellen. Die Milch dickt leicht an.
Vanille-Eis in Dessertschalen füllen und mit Heidelbeermilch übergießen.

Hirse mit frischen Zwetschgen oder Aprikosen

150 g Hirse
1/2 l Wasser
1 Vanillestange
1 MS Vollmeersalz

60 g Honig
2 EL Sahne
1 MS Zimt

750 Zwetschgen, frisch oder tiefgekühlt, oder 500 g reife Aprikosen
1/8 l geschlagene Sahne
1 TL Honig

Hirse in Wasser zusetzen, 10 Minuten leicht kochen und 10 Minuten ziehen lassen. Etwas abkühlen, ungeschlagene Sahne und Honig dazurühren. In Portionsschälchen geben und einstweilen kühl stellen.
Kurz vor dem Servieren Zwetschgen oder Aprikosen im Mixer fein pürieren und über die Hirse gießen.
In die Mitte honiggesüßte Sahne geben und servieren.

Kirschbecher

750 g Süßkirschen

250 g Sahnequark
200 g Sahne
1 MS Zimt
1 MS Vanille
50 g Honig

4 EL Mandeln
1 TL Kakao

Kirschen entsteinen, einige mit Stiel zum Verzieren zurücklassen. Sahne steifschlagen und einen Teil in die Garnierspritze füllen zum Verzieren.
Restliche Sahne mit Zimt, Vanille und Honig unter den Quark rühren.
Mandeln fein hacken.
In Gläser abwechselnd schichtweise die Quarkcreme, Kirschen, gehackte Mandeln füllen und jeweils Kakao darüberstreuen.
Mit Sahnetupfern und Kirschen verzieren.

Kirschgrütze

700 g Süß- oder Sauerkirschen, frisch oder tiefgekühlt
75 g Himbeeren, frisch oder tiefgekühlt
ca. 150 g Honig

1/2 l Apfelsaft
2 MS Zimt
150 g Perltapioka (Sago)

300 g Sahne

Kirschen entsteinen, einige zum Verzieren zurücklassen, Himbeeren und Honig dazugeben und gut verrühren. Die Honigmenge richtet sich nach der Obstsüße.
Apfelsaft mit Zimt zum Kochen bringen, Perltapioka einrühren und 15 Minuten unter öfterem Umrühren leicht köcheln lassen. Perltapiokabrei in das vorbereitete Obst rühren. Dann in eine Glasschüssel oder in Portionsschälchen füllen und im Kühlschrank erstarren lassen.
Mit steifgeschlagener Sahne und Kirschen verzieren, restliche Sahne dazu reichen.
Auch ungeschlagene Sahne schmeckt gut zur Grütze.

Melone mit Kirschsahne

2 Honigmelonen
1/4 l Sahne
4 EL Sanddornsaft, honiggesüßt
ca. 400 g entsteinte Kirschen

Die Melonen halbieren, mit einem Löffel die Kerne herausnehmen, nach Belieben den Rand auszacken und den Melonenboden etwas abschneiden.
Unter die steifgeschlagene Sahne den Sanddornsaft rühren. 1/4 der Sahne in die Garnierspritze abfüllen und unter den Rest der Sahne die Hälfte der entsteinten, feingeschnittenen Kirschen heben.

Die Melonen damit füllen, mit Kirschen und Sahnetupfern garnieren.

Melonenkörbchen mit Johannisbeeren

2 reife Honigmelonen
400 g Johannisbeeren
2 Bananen
2 MS Zimt
1/8 l Sahne

Die gekühlten Melonen halbieren und mit einem Eßlöffel die Kerne entfernen. Als Verzierung den Rand mit einem Messer auszacken und den Melonenboden etwas abschneiden, zum besseren Stand. Johannisbeeren abperlen. Vier Sträußchen zur Verzierung zurücklassen.
Die Bananen zerschneiden, mit der Gabel zerdrücken und cremig schlagen. Zimt, die abgeperlten Johannisbeeren und einen Teil der steifgeschlagenen Sahne unterziehen und in die Melonenkörbchen füllen. Mit steifgeschlagener Sahne und Johannisbeersträußchen garnieren.

Melonensalat

2 reife Honigmelonen
250 g Kirschen
2 Bananen
2 EL Portwein

200 g Sahnequark
1 EL Honig
3 MS Ingwer, gemahlen
1 EL Portwein

Die Melonen halbieren, mit einem Löffel zuerst die Kerne herausnehmen, dann das Fruchtfleisch. Dieses wird in Würfel geschnitten, mit entsteinten Kirschen, gescheibelten Bananen und Portwein vermischt. Die Schalen der Melonen auszacken und das gemischte Obst einfüllen.
Sahnequark mit Honig, Ingwer und Portwein verrühren und über das Obst geben. Mit einem Kirschenpaar garnieren.

Obstsalat Semiramis

1 Apfel
1 Banane
1 Birne
1 Orange
1/4 frische Ananas
125 g blaue Weintrauben
1/2 gelbe Honigmelone
Saft von 1 Zitrone, unbehandelt

2 Eidotter
1 EL Honig
1 MS Vollmeersalz
1 Prise Pfeffer
1/8 l Sahne
50 g Walnußkerne

Apfel und Birne nur schälen, wenn die Schalen zu hart sind. Das angegebene Obst klein würfeln, die Weintrauben halbieren und die Kerne herausnehmen. Die Honigmelone halbieren, mit einem Löffel die Kerne herausnehmen, schälen und dann würfeln. Das Obst mit Zitronensaft beträufeln.
Eidotter, Honig, Vollmeersalz und Pfeffer mit dem Schneebesen schaumig schlagen, bis es eine dicke Creme wird. Die geschlagene Sahne unterheben, über das Obst geben und vorsichtig vermengen. Mit grob gehackten Walnußkernen verzieren.

Preiselbeerkompott, roh

500 g Preiselbeeren, frisch oder tiefgekühlt

175 g Honig
2 gestrichene TL Dänisch-Agar
1/2 TL Zimt
2 MS Vanille

Preiselbeeren sauber verlesen, dann waschen, tiefgekühlte auftauen. Mit Honig, Dänisch-Agar, Zimt und Vanille kurz mixen, ein Teil der Beeren soll ganz bleiben.
Unter Rühren mäßig erwärmen, nicht über 40° C. Abfüllen und im Kühlschrank aufbewahren (ca. 4 Wochen haltbar).
Verwendung für Salate, Kuchen, Torten oder zu Süßspeisen.
Das fertige Kompott aus frischen Preiselbeeren kann auch eingefroren werden.

Rhabarbergrütze

500 g Rhabarber, netto
1/2 l Apfelsaft
2 MS Zimt
120 g Perltapioka

125 g Honig
1/8 l Sahne

Rhabarber waschen, schälen (frischer, junger Rhabarber braucht nicht geschält zu werden), in 1 cm dicke Stücke schneiden und mit Apfelsaft und Zimt zum Kochen bringen. Perltapioka dazugeben und unter mehrmaligem Rühren 15 Minuten kochen lassen.
Leicht abgekühlt Honig dazugeben, in Dessertschalen füllen und kühl stellen.
Mit geschlagener Sahne verzieren.

Rhabarberkaltschalte

500 g Rhabarber, netto
1/8 l Wasser

100 g Honig
2 MS Zimt

4 große Anisplätzchen (s. S. 207)

Vanillecreme:
1/4 l Milch
1 Vanillesaucenpulver, ungefärbt
1/2 gestrichener TL Agar-Agar

1 Eidotter
1 EL heller Honig
1 Eiweiß

Den Rhabarber (nur bei harter Haut schälen) in 1 cm breite Stücke schneiden und mit wenig Wasser 3–5 Minuten kochen lassen. Abgekühlt Honig und Zimt unterrühren.
Die Anisplätzchen in Kompottschalen legen, darüber den Rhabarber und auf diesem die Vanillecreme verteilen, 1 Stunde kühl stellen.
Vanillecreme: In die erhitzte Milch das mit etwas Milch (von der Gesamtmenge) angerührte Vanillesaucenpulver und Agar-Agar einrühren und aufkochen lassen. Unter Rühren abkühlen, Eidotter, Honig und Eischnee unterheben.

Rhabarber natur mit Bananen

400 g Rhabarber
2 Bananen
Saft von 1/2 Zitrone, unbehandelt
2 EL Honig
2 MS Zimt
1/8 l Sahne

Den Rhabarber schälen, der Länge nach in 4 Teile schneiden und dann in feine Scheibchen schneiden.
Die Bananen mit einer Gabel zerdrücken, mit Zitronensaft und Honig schaumig schlagen. Den Rhabarber, Zimt und die steifgeschlagene Sahne unterziehen. In Glasschalen füllen und 30 Minuten kühl stellen.

Rhabarber natur mit Birnen

500 g Birnen
350 g Rhabarber
Saft von 1 Zitrone, unbehandelt
1 EL Honig

1/8 l Sahne
3 EL Sanddornsaft, honiggesüßt

Zitronensaft mit Honig verrühren, die Birnen hineinraspeln (wenn möglich mit Schale), den Rhabarber sehr fein schneiden und untermischen. Kühl stellen.
Die Sahne steif schlagen, den Sanddornsaft unterziehen und gehäuft auf den Rhabarber geben.

Rohes Fruchtkompott

1 000 g reifes Obst der Jahreszeit, z. B. Pfirsiche, Aprikosen, Birnen, Nektarinen, Kiwis, Erdbeeren, Kirschen
Saft von 1 Zitrone, unbehandelt
2 MS Zimt
1–2 EL Honig

Das Obst entkernen, bei Bedarf schälen. Zitronensaft mit Zimt und Honig verrühren, die Honigmenge ist abhängig von der Obstsüße. Das Obst unterheben und ca. 15 Minuten ziehen lassen.
Fruchtkompott eignet sich als Beilage zu Süßspeisen oder mit geschlagener Sahne als Dessert.

Rohes Zwetschgenmus

1 000 g reife Zwetschgen, frisch oder tiefgekühlt
1/2 TL Zimt
1–2 EL Honig

Zwetschgen entkernen, tiefgekühlte auftauen. Im Mixer mit Zimt und Honig zermusen. Für reife Spätzwetschgen ist Honig nicht nötig.
Zwetschgenmus eignet sich als Beilage zu Kartoffelpuffer und zu verschiedenen Süßspeisen.

Sahnequark mit Früchten

250 g Schichtkäse
200 g Sahne
50–75 g Honig, je nach Obstsüße
2 MS Zimt

500 g Obst der Jahreszeit netto, z. B. Aprikosen, Erdbeeren, Ananas, Himbeeren, Brombeeren, Heidelbeeren

Schichtkäse, geschlagene Sahne, Honig und Zimt verrühren und einen Teil in die Garnierspritze füllen. Ebenso einen kleinen Teil des Obstes zum Garnieren zurücklassen.
Das Obst, eventuell kleingeschnitten je nach Art, unter den Sahnequark heben. In Dessertschalen oder Gläser füllen und mit Obst und Sahnequark garnieren.
Gekühlt servieren.

Schokoladencreme

1/2 l Wasser
100 g sehr fein gemahlenes Weizen- oder Dinkelvollkornmehl
2 gestrichene EL dunkler Kakao oder Karobe
1 MS Vollmeersalz
1 MS Vanille

100 g Honig
1/4 l Sahne

1/4 l Wasser zum Kochen bringen. Das sehr fein gemahlene Weizen- oder Dinkelvollkornmehl mit Kakao, Salz und Vanille in 1/4 l Wasser glattrühren und in das kochende Wasser einrühren, 1 Minute kochen lassen.
Im Wasserbad unter Rühren abkühlen lassen, Honig unterrühren.
Sahne steif schlagen, einen Teil zum Verzieren gleich in die Garnierspritze abfüllen und den Rest mit dem Schneebesen unter die erkaltete Creme ziehen.
In Glasschälchen füllen, mit Sahne garnieren und kalt stellen.

Vanilleäpfel

4 mittelgroße Äpfel
1/2 Tasse Wasser
1/2 Zitrone, unbehandelt

1/4 l Wasser
50 g Weizenvollkornmehl
1 Eidotter
3 EL Sahne
60 g Honig
1 Eiweiß
1 MS Vanille

4 EL Preiselbeerkompott (s. S. 360)

Äpfel im ganzen schälen, Kernhaus ausstechen und mit Zitronensaft beträufeln. In wenig Wasser bei kleiner Hitze dünsten, bis sie mürbe sind.
In Kompottschüsselchen legen, in die Mitte der Äpfel je 1 EL Preiselbeerkompott füllen.
Das frisch gemahlene Weizenvollkornmehl mit Wasser kalt anrühren und unter Rühren einmal aufkochen lassen. Im kalten Wasserbad unter ständigem Rühren Eidotter, Sahne, Honig und Vanillegewürz dazugeben, Eischnee darunterheben und über die Äpfel verteilen.
1–2 Stunden kühl stellen.

Windbeutel, gefüllt

375 g Erdbeeren oder Sauerkirschen
2 EL Honig
1 MS Zimt
1/8 l Sahne

12 Windbeutel (Grundrezept s. S. 119)

Die Erdbeeren in Scheiben schneiden, vorsichtig mit Honig und Zimt mischen.
Die Sahne steif schlagen und unterziehen. Die Windbeutel auseinanderschneiden, mit der Erdbeercreme füllen und Deckel wieder aufsetzen, 30 Minuten kühl stellen.
Die Sauerkirschen entsteint verwenden, die Himbeeren im ganzen.

Winterlicher Obstsalat

150 g Trockenfrüchte (Aprikosen, Pflaumen, Datteln, Feigen)

500 g Äpfel
250 g Orangen
1 große Banane
Saft von 1 Zitrone, unbehandelt
2 TL Honig
2 MS Zimt
50 g gehackte Walnüsse

1/8 l Sahne

Trockenfrüchte in wenig Wasser ca. 2 Stunden einweichen und fein schneiden. Äpfel, Banane und Orangen würfeln, Nüsse grob hacken. Honig in Zitronensaft auflösen und mit Zimt unter das Obst mengen, 30 Minuten ziehen lassen.
In Portionsschälchen verteilen und mit einem Sahnehäubchen verzieren.

Zitronencreme mit frischen Beeren

1/4 Wasser
1 MS Vollmeersalz
Saft und Schale von 1 Zitrone, unbehandelt
100 g Hirse

Saft von 1 Zitrone, unbehandelt
175 g Honig
200 g Sahne

300 g Himbeeren, Brombeeren, Preiselbeeren, frisch oder tiefgekühlt

Wasser mit Salz, fein geriebener Zitronenschale, Saft und frischgemahlener Hirse unter Rühren zum Kochen bringen. 1 Minute kochen, dann abkühlen lassen. Frisch gepreßten Zitronensaft und Honig darin glatt verrühren.
Sahne steif schlagen, einen Teil zum Verzieren in eine Garnierspritze füllen, Rest unter die Zitronencreme heben.
Schichtweise Beeren und Creme in Gläser füllen, mit Sahne und Beeren verzieren und kühl stellen.

Eis

Aprikoseneis

300 g reife Aprikosen
80 g heller Honig
1 MS Zimt
1 MS Vanille
1/4 l Sahne

Die voll ausgereiften Aprikosen (vor der Eiszubereitung 1–2 Stunden in den Kühlschrank legen) mit Honig, Zimt und Vanille mixen und unter die steifgeschlagene Sahne heben.
In Gefrierboxen einfüllen und in den Gefrierschrank stellen. In Scheiben oder Würfel geschnitten servieren.

Bananeneis

2 reife Bananen
Saft von 1 Zitrone, unbehandelt
80 g heller Honig
1/4 l Sahne

Bananen (vor der Eiszubereitung 1–2 Stunden in den Kühlschrank legen) mit der Gabel zerdrücken und schaumig schlagen, Zitronensaft und Honig dazugeben.
Sahne steif schlagen und unter weiterem Rühren die Bananen darunterheben. In eine Gefrierbox füllen und in den Gefrierschrank stellen.

Banane Surprise

4 dicke Scheiben Vanilleeis (s. S. 374)

50 g Bitterschokolade
8 EL Sahne
2–4 Bananen, je nach Größe

1/8 l Sahne

Vanilleeis in dicke Scheiben schneiden und auf Teller legen. Schokolade in kleiner Pfanne zum Schmelzen bringen und mit kleinem Schneebesen Sahne einrühren, bis alles glatt ist.
Bananen der Länge nach halbieren und auf das Eis legen. Darauf nun die heiße Schokolade verteilen und mit steif geschlagener Sahne verzieren.

Birne Helene

4 dicke Scheiben Vanilleeis (s. S. 374)

2 große, weiche, saftige Birnen
50 g Bitterschokolade
8 EL Sahne

1/8 l Sahne

Birnen schälen, halbieren, mit Zitronensaft beträufeln und kühlstellen.
Vom Vanilleeis dicke Scheiben schneiden, in 4 flache Portionsschalen legen und je eine halbe Birne darauflegen.
Die Schokolade in einer kleinen Pfanne schmelzen, mit etwas Sahne glattrühren und über die Birnen gießen.
Mit geschlagener Sahne verzieren und sofort servieren.

Eisbombe Charlotte (für ca. 12 Personen)

1 Erdbeersahneroulade
(s. S. 160)

Creme:
500 g Erdbeeren
160 g heller Honig
1 MS Zimt
1 MS Vanille
1/4 l Sahne
2 Eidotter
2 Eiweiß

Die Erbeersahneroulade nach Rezept zubereiten und sehr kalt stellen. In ca. 1 1/2 cm breite Stücke schneiden und eine runde Form oder Schüssel mit den Scheiben auslegen, am Rand die Stücke aufstellen.
Die Erdbeeren fein scheibeln, mit der Gabel zerdrücken und mit Honig, Zimt und Vanille vermengen. Die Sahne steif schlagen, die Eidotter dazurühren. Die Erdbeeren sowie den steifgeschlagenen Eischnee unterziehen.
Diese Erdbeercreme in die ausgelegte Form gießen, mit den restlichen Rouladenscheiben belegen und zugedeckt in den Tiefkühlschrank geben. Mindestens 1 Tag kühlen.
1–2 Stunden vor dem Verzehr aus dem Gefrierschrank herausnehmen und so weit auftauen lassen, daß die Roulade weich ist.
Auf eine Platte stürzen und mit einem in heißes Wasser getauchten Messer in Stücke teilen.

Eiscreme Cassatta

1/4 Sahne
80 g heller Honig
1 Eidotter
1 MS Zimt
1 MS Vanille

1 EL Zitronat
1 EL Orangeat
1 gehäufter EL Sultaninen, ungeschwefelt
1 EL Rum, 40%ig

1 Eiweiß
1 MS Vollmeersalz

Das Zitronat und Orangeat sehr fein würfeln, die Sultaninen fein schneiden, mit Rum vermengen. Kühl stellen und ziehen lasen.
Die Sahne sehr steif schlagen, Honig, Eidotter, Zimt und Vanille unter weiterem Schlagen hinzufügen.
Mit einem Schneebesen die mit Rum getränkten Früchte und den Eischnee unterheben.
In eine Gefrierbox füllen und sofort in den Gefrierschrank stellen.

Eis-Früchte-Becher

500 g reife Früchte der Jahreszeit
1/8 l Sahne
Eissorte nach Wahl

Früchte der Jahreszeit, auch gemischt, klein würfeln, Eis in Würfel schneiden, Sahne steif schlagen und in Garnierspritze füllen.
In hohe Gläser schichtweise Eiswürfel und Obst geben und mit der Garnierspritze die Sahne dazwischen spritzen.
Als Verzierung Sahnetupfer spritzen und ein Stück Obst auflegen.

Eistorte Corinna (für ca. 12 Personen)

Vanilleeis (s. S. 374)
Erdbeereis (s. S. 372)
Schokoladeneis (s. S. 374)

1/4 l Sahne
4 Scheiben Vollkornwaffeln

Das Vanilleeis wie beschrieben zubereiten und statt in eine Gefrierbox in eine schön gewölbte, vorgekühlte Porzellan- oder Chromargan-Schüssel gießen. Zugedeckt in den Gefrierschrank stellen.

Nach ca. 1–1 1/2 Stunden, wenn das Eis anfängt fest zu werden, das Erdbeereis wie beschrieben zubereiten und auf das Vanilleeis gießen. Zugedeckt in den Gefrierschrank stellen.

Nach weiteren 1–1 1/2 Stunden, wenn das Erdbeereis anfängt fest zu werden, das Schokoladeneis wie beschrieben zubereiten und auf das Erdbeereis gießen. Zugedeckt bis zum nächsten Tag oder auch länger tiefkühlen.

Vor dem Verzehr die Schüssel mit Eis kurz in warmes Wasser stellen (1/2–1 Minute) und das Eis auf eine Tortenplatte stürzen. Mit einem großen Messer, das immer wieder in heißes Wasser getaucht wird, die Torte schneiden.

Jedes Stück mit der Garnierspritze mit steifgeschlagener Sahne verzieren. Die Waffeln in kleine Dreiecke zerschneiden und auf jedes Tortenstück stecken.

Erdbeereis

1/4 l Sahne
2 Eidotter
100 g heller Honig
400 g Erdbeeren
1 MS Zimt
1 MS Vanille

2 Eiweiß
1 MS Vollmeersalz

Die Erdbeeren fein scheibeln, dann mit der Gabel zerdrücken, nicht mixen.
Die Sahne steif schlagen, die Eidotter, den Honig und die Erdbeeren unterziehen, mit Zimt und Vanille würzen und den Eischnee unterheben. In Gefrierformen einfüllen und sofort in die Tiefkühltruhe legen, mindestens 4 Stunden gefrieren lassen.
In Würfel oder Scheiben geschnitten servieren.

Heidelbeereis

600 g Heidelbeeren
2 Eigelb
2 MS Vanille
1 gestrichener TL Zimt
150 g Honig
1/4 l Sahne

2 Eiweiß
1 MS Vollmeersalz

Heidelbeeren kurz mixen, damit noch einige Beerenstücke erhalten bleiben.
Eigelb mit Vanille, Zimt und Honig verrühren. Steif geschlagene Sahne und Eischnee unterheben. Gemixte Heidelbeeren unterziehen. In Gefrierboxen füllen und in den Gefrierschrank stellen.

Heidelbeereis marmoriert

1 Rezept Vanilleeis
(s. S. 374)
1/2 Rezept Heidelbeereis
(s. S. 372)

Vanilleeis und Heidelbeereis nach Rezept zubereiten. Jeweilige Eissorte in einer gesonderten Gefrierbox in den Tiefkühlschrank stellen.
Nach 30–60 Minuten ist das Eis dickflüssig. In eine vorgekühlte Schüssel

zuerst das Heidelbeereis geben, darauf das Vanilleeis. Nun eine Gabel spiralförmig einmal durch die Schüssel ziehen, damit eine Marmorierung entsteht. Im Tiefkühlschrank gefrieren lassen.

Mandel- oder Haselnußeis

100 g Mandel- oder Haselnußmus
125 g Honig
1/2 TL Zimt
1 MS Vanille
2 Eidotter

1/4 l Sahne
2 Eiweiß
1 MS Vollmeersalz

In einer großen Schüssel das Nußmus mit Honig, Zimt, Vanille und Eidotter gut verrühren. Sahne steif schlagen, ebenso das Eiweiß mit Salz, und beides unter die Nußcreme heben. In eine Gefrierbox füllen und in den Gefrierschrank stellen.

Pfirsich Melba

4 dicke Scheiben Vanilleeis (s. S. 374)
4–6 reife Pfirsiche, je nach Größe
Saft von 1/2 Zitrone, unbehandelt
2 EL Johannisbeermarmelade (Seite 404)
1 EL Portwein

1/8 l Sahne

Die gut ausgereiften Pfirsiche kurz in kochendes Wasser tauchen, die Haut abziehen, entkernen, mit Zitronensaft beträufeln und kühl stellen.
Die Johannisbeermarmelade mit Portwein verrühren, die Sahne steif schlagen und in eine Garnierspritze füllen.
Das Vanilleeis, in Scheiben geschnitten, in die Portionsschalen legen, die gekühlten Pfirsichhälften daraufgeben und das Johannisbeerengemisch über die Pfirsiche gießen. Mit Sahnetupfern garnieren.

Schokoladeneis

75 g Bitterschokolade
8 EL Sahne

2 Eidotter
75 g Honig

1/4 l Sahne
2 Eiweiß
1 MS Vollmeersalz

In einer kleinen Pfanne die Schokolade zerlaufen lassen, mit der Sahne glatt verrühren und abkühlen lassen. Eigelb mit Honig gut verrühren und die abgekühlte Schokolade unterziehen.
Die Sahne steif schlagen, die Schokoladencreme und das mit Salz steifgeschlagene Eiweiß unterheben. In eine Gefrierbox gießen und zugedeckt in den Gefrierschrank stellen.

Vanilleeis

1/4 l Sahne
100 g Blütenhonig, flüssig
2 MS Vanille
2 Eier, getrennt
1 MS Vollmeersalz

Sahne steif schlagen, eine geschmacklich gute Sorte flüssigen hellen Honig darunterrühren, Vanillegewürz und Eidotter dazugeben.
Eiweiß mit Salz zu Schnee schlagen und darunterheben. In eine Gefrierbox gießen und in den Gefrierschrank stellen.
1 Tag gefrieren lassen. Das fertige Eis in Scheiben schneiden oder mit den Portionierer entnehmen. Restliches Eis wieder zurück in den Gefrierschrank stellen.

Vanilleeis mit Himbeeren

Vanilleeis (s. S. 374)
250 g Himbeeren, frisch oder tiefgekühlt
1 EL Honig

Himbeeren und Honig verrühren, etwas erwärmen und über das in Scheiben geschnittene Eis verteilen. Sofort servieren.
Dazu Vollkornwaffeln reichen.

Walnuß-Stratiatella

100 g Honig
2 Eidotter

75 g Walnußkerne
50 g Bitterschokolade

1/4 l Sahne
2 Eiweiß
1 MS Vollmeersalz

Honig und Eidotter glattrühren. Walnußkerne und Bitterschokolade grob raspeln und dazugeben.
Sahne steif schlagen, ebenso Eiweiß mit Salz, und beides unter die Nußmasse heben. In eine Gefrierbox füllen und in den Gefrierschrank stellen.

Zitroneneis

1/4 l Sahne
90 g Honig
2 Eidotter
2 MS Zimt
2 Eiweiß
1 MS Vollmeersalz

Saft von 2 Zitronen, unbehandelt (knapp 1/8 l)

Unter die sehr steif geschlagene Sahne Honig, Eidotter, Zitronensaft und Zimt rühren. Eiweiß mit Salz steif schlagen und unterheben. In eine Gefrierbox gießen und in den Gefrierschrank stellen. 1 Tag gefrieren lassen.

Eisgetränke

Aprikosenmilch mit Bananeneis

3/8 l Rohmilch
300 g reife Aprikosen
2 EL Honig
2 MS Vanille

Bananeneis (s. S. 367)

Die Milch mit den entsteinten Aprikosen, Honig und Vanille mixen.
Bananeneis in Würfel schneiden, in Gläser füllen und mit der Aprikosenmilch übergießen.
Mit Trinkhalm und Teelöffel servieren.

Bananenmilch mit Zitroneneis

3/8 l Rohmilch
2 reife Bananen
2 MS Zimt
1 TL Honig

Zitroneneis (s. S. 375)

Die kalte Milch, die kalten Bananen, Zimt und Honig mixen.
Einige Würfel Zitroneneis in Gläser füllen und mit Bananenmilch übergießen.
Mit Trinkhalm und Teelöffel servieren.

Erdbeermilch mit Vanilleeis

3/8 l Rohmilch
300 g Erdbeeren
1 EL Honig
1 MS Vanille

Vanilleeis (s. S. 374)

Die kalte Milch mit den Erdbeeren, Honig und Vanille mischen.
Das Vanilleeis in Würfel schneiden, 5–6 Stück in jeden Becher füllen und die Erdbeermilch darübergießen.
Mit Trinkhalm und Teelöffel servieren.

Eiskaffee

Gekühlter, leicht gesüßter Kaffee
Vanilleeis (s. S. 374)
steifgeschlagene Sahne

Den Kaffee etwas abkühlen lassen, mit einer guten, neutral schmeckenden Honigsorte leicht süßen. Kalt stellen.
Das Vanilleeis in Würfel schneiden, einige dieser Würfel in hohe Gläser geben, den gekühlten Kaffee darübergießen und mit der Garnierspritze Sahne daraufspritzen.
Mit Löffel und Trinkhalm servieren.

Eistee Privat

Gekühlter, leicht mit Honig gesüßter Tee, z. B. Rotbusch-, Nußblätter- oder leichter Schwarz-Tee
pro Person 1 Orange
Zitroneneis (s. S. 375)
Zitronenscheiben zum Verzieren

In hohe Gläser einige Würfel Zitroneneis geben, den Saft von 1 Orange darübergießen und mit gekühltem, leicht gesüßtem Tee aufgießen.
Auf den Rand der Gläser eine Zitronenscheibe stecken.
Mit Trinkhalm und Teelöffel servieren.

Herzhaftes am Abend

Bohnensalat El Paso

250 g Kidney-Bohnen (rot)
3/4 l Wasser
1 TL Vollmeersalz

4 EL Obstessig
4 EL Olivenöl, kaltgepreßt
1/2 TL Vollmeersalz
2 TL Salatkräuter
1 EL Kapern
3 Zwiebelschlotten
350 g Paprikaschoten, rot und grün
350 g Tomaten
100 g Maiskörner, frisch oder tiefgekühlt

Bohnen über Nacht oder 12 Stunden einweichen. Im Einweichwasser ca. 45 Minuten kochen, bis sie gar sind. Salz dazugeben und abkühlen lassen. Obstessig mit Öl cremig rühren, Salz, Salatkräuter und Kapern dazurühren. Zwiebelschlotten fein schneiden, Paprikaschoten in feine Streifen schneiden, Tomaten würfeln.
Bohnen abgießen und mit Maiskörnern in die Salatsauce geben. Salat 2–3 Stunden durchziehen lassen.

Fenchel garniert

2 kleine runde Fenchelknollen (ca. 600 g)
Saft von 1/2 Zitrone, unbehandelt
3 Orangen
15 schwarze Oliven

Käsecreme:
100 g Schafskäse
100 g Sahnequark
Pfeffer aus der Mühle
30 g Walnußkerne
Fenchelgrün

Fenchel in 1/2–1 cm dicke Scheiben schneiden, auf eine Platte legen und mit Zitronensaft beträufeln (ergibt ca. 15 Scheiben). Orangen schälen und quer in 1 cm dicke Scheiben schneiden, auf die Fenchelscheiben legen.
Schafskäse mit einer Gabel zerdrücken, Sahnequark, Pfeffer, fein gehackte Walnußkerne und fein geschnittenes Fenchelgrün dazurühren.
Käsecreme in einen Spritzbeutel mit großer Sterntülle füllen und in die Orangenmitte einen großen Tupfer spritzen.
Mit einer Olive garniert anrichten.
Dazu Vollkornbrot reichen.

Gefüllte Avocados

2 große Avokados
1/2 Zitrone, unbehandelt

75 g Roquefort
75 g Sahnequark
Pfeffer aus der Mühle
2 EL gehackte Petersilie
4 EL Walnußkerne

Reife Avocados der Länge nach halbieren, Kern herausnehmen und mit Zitrone beträufeln.
Roquefort mit einer Gabel zerdrücken, Sahnequark, Pfeffer, Petersilie und fein gehackte Walnußkerne unterrühren. Diese Masse in die Avocadohälften füllen oder mit einer Garnierspritze, große Sterntülle, spritzen. Mit einem halben Walnußkern garnieren.
Dazu Vollkornbrot reichen.

Gefüllte Eier

1 Aubergine (ca. 250 g)
6 Eier, hartgekocht

50 g Zwiebeln
2 EL Olivenöl, kaltgepreßt
100 g Tomaten
1 TL Vollmeersalz
1 EL Basilikum, frisch oder tiefgekühlt
Pfeffer aus der Mühle

zum Verzieren:
12 grüne Oliven gefüllt

Aubergine im Rohr bei 200° C, mittlere Schiene, ca. 30 Minuten backen, bis sie weich ist. Zwischendurch einmal wenden. (Diesen Backvorgang vollzieht man während einer anderweitigen Benützung der Backröhre.)
Weiche Aubergine auf ein Holzbrett legen, der Länge nach aufschneiden und Schale abziehen. Das Fruchtfleisch fein schneiden oder hacken. (So vorbereitet kann das Fruchtfleisch 1–2 Tage im Kühlschrank in einer dicht verschlossenen Dose aufbewahrt werden.)
Zwiebeln fein schneiden, in Öl glasig dünsten und mit klein gewürfelten Tomaten zur Aubergine geben. Eier schälen, quer durchschneiden, Eidotter herausnehmen, diese mit einer Gabel zerdrücken und dazugeben.
Mit Salz, fein gehacktem Basilikum und Pfeffer würzen.
Die Masse nun gehäuft auf die Eihälften geben, mit gescheibelten Oliven verzieren.
Gekühlt zu Vollkornbrot reichen.

Gefüllte Käsetaschen

Teig:
250 g Weizenvollkornmehl
250 g Butter
250 g Schichtkäse
1/2 TL Vollmeersalz

Füllung 1:
150 g Schafskäse
50 g Schichtkäse
1 Ei
1 Prise Muskatnuß
1 EL Dill

Füllung 2:
150 g Spinat, netto
2 MS Vollmeersalz
50 g Schafskäse
1 Ei
Pfeffer aus der Mühle

zum Bestreichen:
2 EL Milch
2 EL Olivenöl, kaltgepreßt
50 g geriebener Hartkäse

In einer Schüssel frischgemahlenes Weizenvollkornmehl, klein geschnittene Butter, Schichtkäse und Salz rasch zusammenkneten und 15 Minuten kühl stellen.
Auf einer leicht bemehlten Arbeitsfläche den Teig zu einem Längsstreifen auswalken, vierfach zusammenlegen und wieder kühlen. Dies noch 3mal wiederholen, dabei den Teig in entgegengesetzter Richtung auswalken und wieder zusammenlegen.
Den so vorbehandelten Teig teilen, auf einer bemehlten Arbeitsfläche 2–3 mm dick auswalken und mit dem Teigrädchen Quadrate 10 x 10 cm schneiden.
Auf die Teigquadrate je 1 TL Füllung (Herstellung siehe unten) geben und diese dann zu Dreiecken zusammenschlagen, Ränder andrücken. Mit der zweiten Teighälfte ebenso verfahren. Die Menge ergibt 18–20 Gebäckstücke, 2 Backbleche.
Über das Backblech Wasser laufen lassen und die Teigdreiecke drauflegen. Mit dem Milch-Öl-Gemisch bestreichen und mit fein geriebenem Käse bestreuen.
Eine Tasse Wasser auf das Backblech oder im Ofen unter das Blech stellen und bei 220° C, mittlere Schiene, 15–20 Minuten backen. Die Teigtaschen

können warm oder kalt gereicht werden.

Füllung 1: Schafskäse klein schneiden und mit Schichtkäse, Ei, Muskatnuß und fein geschnittenem Dill zu einer Paste rühren.

Füllung 2: Spinat in 1 cm breite Streifen schneiden, mit Salz bestreuen und mit der Hand gut durchdrücken, daß er weich und geschmeidig ist. Zerdrückten Schafskäse, Ei und Pfeffer dazumengen.

Jede Füllung reicht für das Rezept von 18–20 Teigtaschen aus.

Gefüllte Tomaten

200 g Roter Camarque-Reis
knapp 1/2 l Wasser
1 TL Vollmeersalz
1 TL Basilikum
1 TL Oregano

10 eingelegte Peperoni (nicht scharf)
20 grüne Oliven, gefüllt
100 g Bergkäse
2 EL Schnittlauch
2 EL Obstessig
2 EL Olivenöl, kaltgepreßt

8 mittelgroße Tomaten
2 EL Schnittlauch

Reis in einem Sieb waschen und in Wasser mit Salz und Gewürzen zusetzen. 40 Minuten kochen, dann 20 Minuten quellen und abkühlen lassen.

Peperoni, Oliven, Bergkäse und Schnittlauch fein schneiden und mit Essig und Öl verrühren. Abgekühlten Reis dazugeben, mischen und ca. 2 Stunden durchziehen lassen.

Von den Tomaten Kappe abschneiden und das Fruchtfleisch mit einem Eßlöffel vorsichtig herausnehmen (anderweitig zu verwenden). Tomaten innen leicht salzen, Reissalat einfüllen, mit Schnittlauch bestreuen und Kappe in die Füllung einstecken.

Käsesalat mit Birnen

2 EL kaltgeschlagenes Öl
4 EL Zitronensaft
Pfeffer aus der Mühle
1 EL Petersilie
2 EL Korinthen und 2 EL Wasser
250 g Tilsiter
500 g Birnen
1 EL Pistazien oder Pinienkerne

Öl und Zitronensaft cremig rühren, Pfeffer und feingehalte Petersilie sowie die etwa 1 Stunde eingeweichten Korinthen mit dem Einweichwasser dazugeben.
Den Schnittkäse in fingerlange Streifen schneiden, die Birnen mit Schale fein würfeln und beides unter die Salatsauce heben. 30 Minuten ziehen lassen.
Dieser Salat kann in ausgehöhlten Tomaten, Paprikaschoten oder in einer mit Salatblättern ausgelegten Schüssel serviert werden. Mit Pistazien oder Pinienkernen bestreuen.

Käsesalat mit Oliven

4 EL Zitronensaft
2 EL kaltgeschlagenes Öl
Pfeffer aus der Mühle
1 EL Schnittlauch
250 g Emmentaler
250 g Tomaten
75 g gefüllte Oliven

Zitronensaft und Öl cremig rühren, Pfeffer und feingeschnittenen Schnittlauch dazugeben.
Den Emmentaler und die Tomaten fein würfeln, die Oliven scheibeln und alles unter die Salatsauce heben, 30 Minuten ziehen lassen.
In grünen Paprikaschoten oder auf Salatblättern servieren.

Käsesalat mit Paprika

2 EL Obstessig
2 EL Wasser
2 EL kaltgeschlagenes Öl
Pfeffer aus der Mühle
1 TL Kümmel

250 g Sauermilchkäse (Handkäse)
1 rote Paprikaschote
1 Zwiebel
2 kleine milchsaure Gurken
1 EL Schnittlauch

oder:
250 g Sauermilchkäse
1 grüne Paprikaschote
1 Zwiebel
3 Tomaten
1 EL Schnittlauch

Obstessig, Wasser und Öl verrühren, mit Pfeffer und Kümmel würzen.
Den Käse, die Paprikaschoten, die Zwiebel und die Gurken klein würfeln, unter die Salatsauce mischen und 30 Minuten kühl stellen.
Auf Salatblättern, in ausgehöhlten Tomaten oder Paprikaschoten, mit Schnittlauch bestreut, servieren.

Käsevesper

200 g Weichkäse, z. B. Camembert oder Brie-Rohmilchkäse oder Limburger, 40%
100 g Zwiebeln
400 g Tomaten
250 g Schlangengurken

Kräutersalz
Pfeffer aus der Mühle
2 EL Sonnenblumenöl, kaltgepreßt
2 EL Obstessig
Petersiliengrün

Käse in Scheiben schneiden. Zwiebeln in Ringe schneiden und leicht einsalzen. Tomaten und Gurken in Scheiben schneiden.
Tomatenscheiben auf eine Platte legen, leicht salzen und pfeffern und mit Zwiebelringen belegen. Darauf fächerförmig abwechselnd Käse- und Gurkenscheiben legen.
Essig und Öl cremig rühren und über den Käse gießen.
Platte mit Tomatenvierteln und Petersiliengrün garnieren.
Dazu Vollkornbrot reichen.

Knoblauchtoast

Vollkorn-Toastbrot (s. S. 101)
100 g Butter
2 MS Kräutersalz
2 Knoblauchzehen

Alufolie

Das Brot in Scheiben schneiden, die unten noch zusammenhängen. Butter und Salz mit den sehr fein geschnittenen Knoblauchzehen verrühren und zwischen die Scheiben streichen.
Das Brot nun in eine Alufolie einwickeln und bei 250° C, mittlere Schiene, 30 Minuten backen. Etwas abkühlen lassen, jedoch warm servieren.

Kräuteravocados in Tomaten

2 Avocados
50 g Zwiebeln
1/2–1 TL Kräutersalz
1 großer Bund frische Kräuter, z. B. Kerbel, Schnittlauch, Basilikum
Pfeffer aus der Mühle

4 mittelgroße Tomaten

Avocados halbieren, Kern herausnehmen und mit einem Eßlöffel das Fruchtfleisch herausnehmen. Dieses mit einer Gabel fein zerdrücken und klein gewürfelte Zwiebeln, Salz, fein geschnittene Kräuter und Pfeffer unterheben.
Von den Tomaten die Kappe abschneiden, mit einem Teelöffel aushöhlen (Furchtfleisch anderweitig verwenden) und innen leicht einsalzen. Angemachte Avocados gehäuft einfüllen, Deckel aufsetzen und kurz kühl stellen.

Kräutertoast

Vollkorn-Toastbrot (s. S. 101)
100 g Butter
1/2 TL Kräutersalz
3 EL frische Kräuter, feingewiegt

Die Butter und Salz mit 3 EL Kräutern, z. B. Petersilie, Schnittlauch, Kerbel, Majoran, Thymian etc. verrühren. Alles Weitere wie bei Knoblauchtoast.

Nudelsalat

250 g Vollkornhörnle oder Spirelli
1–2 Peperoni
3/4 l Wasser
1 TL Vollmeersalz
1 TL gekörnte Hefebrühe
1 TL Olivenöl, kaltgepreßt

500 g Tomaten
400 g Paprikaschoten, grün und rot
2 milchsaure Gurken
1 Zwiebel
6 EL Obstessig
3 EL Sonnenblumenöl, kaltgeschlagen
200 g Schafskäse

zum Verzieren:
2 Tomaten
1 hartgekochtes Ei
1 Bund Schnittlauch

Wasser mit Salz, gekörnter Hefebrühe und Öl zum Kochen bringen, die Nudeln und die feingeschnittenen Peperoni dazugeben und ca. 10 Minuten leicht kochen und 10 Minuten quellen lassen.
Die Tomaten, Paprikaschoten, Gurken und Zwiebel fein würfeln und mit Obstessig und Sonnenblumenöl unter die erkalteten Nudeln mischen. Schafskäse würfeln und unterheben. Im Kühlschrank 1 Stunde durchziehen lassen. Mit Tomatenachteln, Eischeiben und feingeschnittenem Schnittlauch garnieren.

Pikante Eier

5 hartgekochte Eier
2 MS Vollmeersalz
1 EL Obstessig
2 EL Olivenöl, kaltgepreßt
10 schwarze Oliven
1 EL kleine Kapern
1 EL Schnittlauch

Hartgekochte, abgekühlte Eier schälen, quer aufschneiden und Eidotter herausnehmen.
Mit einer Gabel die Dotter fein zerdrücken, Salz, Essig, Öl, fein geschnittene Oliven und Kapern unterrühren und Masse in die Eihälften füllen.
Mit fein geschnittenem Schnittlauch bestreut zu Vollkornbrot reichen.

Pikante Torte

Brot:
600 g Weizenvollkornmehl
1/8 l lauwarmes Wasser
30 g Hefe

gut 1/4 l lauwarmes Wasser
2 TL Vollmeersalz

Füllung 1:
150 g Butter
3 TL Schabzigerklee
1 Knoblauchzehe
1 kleine Zwiebel
1/2 TL Kräutersalz
3 EL frische Garten- oder Wildkräuter

Füllung 2:
200 g Roquefort
75 g Butter
1 kleine Zwiebel
4 EL Sauerrahm

zum Verzieren:
125 g Butter
100 g Schichtkäse
3 EL Tomatenwürzsauce

2 Bund Schnittlauch
einige Scheiben dunkles Scheiben-Vollkornbrot
2 hartgekochte Eier
Oliven, Radieschen oder kleine Gurken

Das frischgemahlene Weizenvollkornmehl in eine Schüssel geben, eine Vertiefung drücken und darin die in lauwarmem Wasser aufgelöste Hefe mit etwas Mehl zu einem dicklichen Brei verrühren. Mit Mehl bestäubt 15 Minuten gehen lassen.
Das lauwarme Wasser mit Vollmeersalz dazurühren und zu einem glatten, lockeren Teig kneten. In einer bemehlten Schüssel 30–45 Minuten gehen lassen.
Wenn sich das Teigvolumen verdoppelt hat, nochmals auf einer bemehlten Arbeitsfläche durchkneten, eine Kugel formen und in Springformgröße auswalken. In eine gefettete, bemehlte Springform legen, 15 Minuten gehen lassen und bei 200° C, 2. Schiene von unten, 30–40 Minuten backen.
Auf einem Gitter auskühlen lassen, wie eine Torte zweimal quer durchschneiden und füllen:
Füllung 1: Butter cremig rühren, Schabzigerklee, fein geriebenen Knoblauch und Zwiebel, Kräutersalz und fein gehackte Kräuter unterrühren.
Füllung 2: Weichen Käse und weiche Butter verrühren, geriebene Zwiebel und Sauerrahm dazugeben.

1. Boden mit Kräuterbutter bestreichen
2. Boden mit Käsecreme bestreichen und wieder aufeinandersetzen.
In 12 oder 16 Teile schneiden.
Die weiche Butter mit Schichtkäse und Tomatenwürzsauce verrühren und die Oberseite und den Rand der Torte damit bestreichen.
Schnittlauch fein schneiden und an den Rand andrücken.
Mit zerschnittenen Brotscheiben, Eischeiben, Oliven, Gurken oder Radieschen die Torte hübsch verzieren.
1/2 Tag unter einer Tortenhaube kühlstellen.
Mit Messer und Gabel essen.
Die Torte ist ein Blickfang für das kalte Büffet oder ein festliches Abendessen.

Reis-Champignon-Salat

150 g Naturreis
100 g Butter
3/8 l Wasser
1/2 TL Vollmeersalz
1 TL gekörnte Hefebrühe

Mayonnaise:
1 Eidotter
1/8 l Sonnenblumenöl, kaltgeschlagen
1 EL Obstessig
1 TL Hefepaste

1 rote Paprikaschote
2 milchsaure Gurken
250 g frische Champignons

zum Garnieren:
1 milchsaure Gurke
1 Bund Schnittlauch

Den trockenen Reis in Butter leicht anrösten, mit warmem Wasser aufgießen, Vollmeersalz und gekörnte Hefebrühe dazugeben und ca. 30 Minuten leicht kochen, 20 Minuten quellen lassen. Der Reis muß locker und körnig sein.

Für die Mayonnaise ein Eidotter cremig rühren und das Öl tropfenweise dazurühren, mit Obstessig und Hefepaste abschmecken.

Den abgekühlten Reis, die würflig geschnittene Paprikaschote, die Gurken und die gescheibelten Champignons unter die Mayonnaise heben, 30 Minuten kühl stellen.

Mit feingeschnittenem Schnittlauch und Gurkenscheibchen garnieren.

Reis-Käse-Salat

150 g Naturreis
10 g Butter
3/8 l Wasser
1/2 TL Vollmeersalz
1 TL gekörnte Hefebrühe

4 EL Obstessig
4 EL kaltgeschlagenes Öl
200 g würziger Hartkäse, in Scheiben
250 g Tomaten
1 Birne
1 grüne Paprikaschote
75 g Oliven
2 TL Kapern
1 Bund Schnittlauch

Den trockenen Reis in Butter leicht anrösten und mit warmem Wasser aufgießen, Vollmeersalz und gekörnte Hefebrühe dazugeben und ca. 30 Minuten leicht kochen, 20 Minuten quellen lassen. Der Reis muß locker und körnig sein.

Obstessig und Öl cremig rühren, den Käse in feine Streifen schneiden, die Tomaten, Paprikaschote und Birne würfeln, die Oliven fein scheibeln, den Schnittlauch fein schneiden.

Alle Zutaten mit dem abgekühlten Reis unter die Salatsauce heben und gut mischen, 30 Minuten durchziehen lassen.

Reissalat Hawaii

150 g Naturreis
10 g Butter
3/8 l Wasser
1/2 TL Vollmeersalz
1 TL gekörnte Hefebrühe

2 EL Obstessig
2 EL kaltgeschlagenes Öl
1 EL Sojasauce
1/2 TL Curry

1/4–1/2 frische Ananas, je nach Größe
40 g gekeimte Sojabohnen (s. S. 423)
2 hartgekochte Eier

zum Garnieren:
1 hartgekochtes Ei

Den trockenen Reis in Butter leicht anrösten, mit warmem Wasser aufgießen, Vollmeersalz und gekörnte Hefebrühe dazugeben und ca. 30 Minuten leicht kochen, 20 Minuten quellen lassen. Der Reis muß locker und körnig sein.
Obstessig mit Öl cremig rühren, Sojasauce und Curry dazugeben. Den abgekühlten Reis, die feingeschnittenen Ananasstückchen, die gekeimten Sojabohnen und die feingewürfelten Eier unter die Salatsauce heben, 1 Stunde durchziehen lassen.
Mit Eischeiben garnieren.

Reissalat italienisch

250 g Naturreis
2 EL Olivenöl, kaltgepreßt
knapp 3/4 l Wasser
1 TL Vollmeersalz
1/2 TL gekörnte Hefebrühe

4 EL Obstessig
2 EL Olivenöl, kaltgepreßt
50 g Zwiebeln
1 EL Kapern
75 g schwarze Oliven
150 g Schafskäse
250 g Tomaten
1 Bund Basilikum

Reis in Olivenöl unter Wenden ca. 5 Minuten dünsten, Wasser, Salz und gekörnte Hefebrühe dazugeben und 30 Minuten leicht kochen, dann 20 Minuten quellen lassen.
Obstessig mit Öl cremig rühren. Klein gewürfelte Zwiebeln, Kapern, Oliven, klein gewürfelten Schafskäse und Tomaten und fein geschnittenes Basilikum dazugeben.
Alles über den abgekühlten Reis geben, vorsichtig mischen und ca. 1 Stunde durchziehen lassen.

Schlemmersonne

Vollkorn-Toastbrot
(s. S. 101)
Butter
Käsescheiben (Gouda, mittelalt oder Emmentaler)
Eier

Die mit Butter bestrichenen Brotscheiben mit je einer Käsescheibe belegen.
Für 2 Toastbrote ein Eiweiß sehr steif schlagen, mit Kräutersalz, Muskat und Pfeffer leicht würzen, auf dem Brot verteilen und je 1/2 Eidotter in die Mitte geben.
Sofort unter dem Grill oder im vorgeheizten Ofen bei 230° C ca. 10 Minuten backen, bis die Spitzen des Eischnees sich leicht färben.

Sellerietoast

Vollkorn-Toastbrot
(s. S. 101)
Sellerie, im ganzen gekocht
Butter
Kräutersalz
frisch geriebener Meerrettich
Käsescheiben (Gouda, mittelalt oder Emmentaler)
Schnittlauch, Radieschen

Den Sellerie in dünne Scheiben schneiden. Die mit Butter bestrichenen Brotscheiben mit einer Scheibe Sellerie belegen, leicht mit Kräutersalz würzen, 1 TL Meerrettich (pro Toast) darauf verteilen, mit einer zugeschnittenen Käsescheibe bedecken und unter dem Grill oder im vorgeheizten Ofen bei 230° C ca. 10 Minuten backen.
Mit Schnittlauch oder Radieschen garnieren.

Tomatentoast

Vollkorn-Toastbrot
(s. S. 101)
Butter
Tomaten
Kräutersalz
Käsescheiben (Gouda, mittelalt oder Emmentaler)
Schnittlauch

Auf die mit Butter bestrichenen Brotscheiben Tomatenscheiben legen, leicht salzen oder würzen und eine zugeschnittene Käsescheibe darauflegen. Unter den Grill schieben oder bei 230° C im vorgeheizten Ofen ca. 10 Minuten backen.
Mit Schnittlauch bestreut servieren.

Windbeutel, pikant gefüllt

1 Rezept Windbeutel
(s. S. 119)

Füllung 1.
50 g Roquefort
50 g Butter
1 EL Sahnequark
1 EL Zitronensaft
1 MS Paprika
1 EL Schnittlauch

Füllung 2.
100 g Frischkäse
30 g Butter
1 EL Sahnequark
1 EL frisch geriebener Meerrettich
2 MS Hefepaste
1 EL frischer Dill

Füllung 3.
100 g Frischkäse
30 g Butter
1 EL Sahnequark
2 EL Tomatenwürzsauce
1 EL gehackte Petersilie

Füllung 4.
100 g Frischkäse
30 g Butter
1 EL Sahnequark
1 EL Currysauce
1 kleine milchsaure Gurke
1 EL gehackte Petersilie

Den Käse mit der weichen Butter und dem Quark verrühren, die angegebenen Gewürze und Kräuter fein geschnitten dazugeben.
Jede Füllung (1–4) ist für 8 Windbeutel ausreichend.
Die Windbeutel aufschneiden, füllen und die Deckel wieder aufsetzen.
Auf einer Platte hübsch anrichten.
Gut für ein kaltes Büffet geeignet.

Zwiebelkuchen Bretagne

Teig:
600 g Weizenvollkornmehl
2 TL Koriander, gemahlen
20 g Hefe
1/8 l lauwarmes Wasser
1 TL Vollmeersalz
1/4 l lauwarmes Wasser

Belag:
750 g Zwiebeln
40 g Butter
Selleriesalz

2 gehäufte EL Weizenvollkornmehl
1/4 l Sauerrahm
500 g Schichtkäse
2 Eier
1 TL Vollmeersalz

zum Bestreuen:
Rosenpaprika

In das frisch gemahlene Weizenvollkornmehl (Koriander gleich mitmahlen) eine Vertiefung drücken und die mit Wasser angerührte Hefe darin zu einem dicklichen Teig verrühren, mit etwas Weizenvollkornmehl bestreuen und 10 Minuten gehen lassen.
Dann Vollmeersalz und Wasser dazugeben und alles zu einem geschmeidigen Teig kneten. 1 Stunde gehen lassen.
Zwiebeln schälen, halbieren, in feine Scheiben schneiden, in Butter glasig dünsten und mit Selleriesalz würzen.
Das frisch gemahlene Weizenvollkornmehl, Sauerrahm und Schichtkäse mit dem Schneebesen verrühren, Eier und Vollmeersalz dazugeben und 2/3 der gedünsteten Zwiebeln darunterheben.
Teig auf ein gefettetes Blech legen und auswalken. Rand drücken und die Zwiebel-Schichtkäse-Masse auf den Teig streichen. Das restliche Drittel der Zwiebeln darüber verteilen und hauchdünn mit Paprika bestreuen. Bei 225° C ca. 30 Minuten, mittlere Schiene, goldgelb backen.
Warm servieren, mit Salaten als Beilage.
Auch für die Party zu Bier und Wein sehr gut.

Zwiebelkuchen Marseille

Teig:
175 g Weizenvollkornmehl
1/2 TL Vollmeersalz
5 EL Wasser
75 g Butter

Belag:
500 g Zwiebeln
30 g Butter
Selleriesalz

1/8 l Sauerrahm
1 gehäufter EL Weizenvollkornmehl
2 Eier
Selleriesalz
1 TL gekörnte Hefebrühe
Pfeffer aus der Mühle

Paprika

Das frisch gemahlene Weizenvollkornmehl mit Vollmeersalz und etwas Wasser vermengen und mit der kalten, feingeschnittenen Butter zu einem geschmeidigen Teig kneten.
Eine Springform damit auslegen, Rand ca. 2 cm hochdrücken und mit dem Backrädchen gleichmäßig abrädeln, 30 Minuten ruhen lassen. Mit der Gabel einige Male einstechen und bei 200° C auf mittlerer Schiene 10 Minuten vorbacken.
Zwiebeln schälen, halbieren, in dünne Scheiben schneiden, in Butter glasig dünsten und mit Selleriesalz würzen.
In den Sauerrahm das frisch gemahlene Weizenvollkornmehl, die Eier und die gedünsteten Zwiebeln einrühren und mit Vollmeersalz, gekörnter Hefebrühe und Pfeffer abschmecken.
Auf den vorgebackenen Teig streichen, mit Paprika bestreuen und bei 200° C ca. 25–30 Minuten weiterbacken.
Warm servieren. Schmeckt zu Wein oder Bier vorzüglich.

Brotaufstriche, pikant und süß

Aubergine pikant

1 Aubergine (250 g)

3 EL Zitronensaft
4 EL Olivenöl, kaltgepreßt
1/2 TL Vollmeersalz
Pfeffer aus der Mühle
1 Knoblauchzehe
1 TL Basilikum
1/2 TL Oregano
1 EL kleine Kapern
10 schwarze Oliven

zum Verzieren:
4 schwarze Oliven

Gewaschene Aubergine im vorgeheizten Ofen bei 200° C, mittlere Schiene, auf einem Gitter ca. 30 Minuten backen. Zwischendurch einmal wenden. (Am besten legt man sie mit in die Röhre, wenn diese anderweitig benützt wird.)
Wenn die Aubergine weich ist, herausnehmen, der Länge nach aufschneiden und die Schale abziehen. Auf einem Holzbrett das Fruchtfleisch fein hacken. Anschließend mit Zitronensaft, Öl, Salz und Pfeffer gut verrühren. Feingeriebene Knoblauchzehe, Basilikum, Oregano, Kapern und klein geschnittene Oliven dazugeben.
In ein Keramiktöpfchen füllen, mit Oliven verzieren und gekühlt zu Vollkornbrot reichen.

Auberginen-Nußaufstrich

1 Aubergine (250 g)

3 EL Zitronensaft
1/2 TL Vollmeersalz
4 EL Olivenöl, kaltgepreßt
Pfeffer aus der Mühle
1 Knoblauchzehe
75 g Walnußkerne

zum Verzieren:
Walnußkerne

Aubergine gewaschen bei 200° C, mittlere Schiene, ca. 30 Minuten auf einem Gitter in der Backröhre backen. Zwischendurch einmal wenden. Wenn die Aubergine weich ist, herausnehmen, der Länge nach aufschneiden und schälen. Auf einem Holzbrett das Fruchtfleisch fein hakken. Zitronensaft, Salz, Öl und Pfeffer unterrühren. Knoblauchzehe und Walnüsse fein reiben und unterziehen.
In ein Keramiktöpfchen füllen, mit Walnußkernen verzieren und kühl stellen.

Aufstriche mit Avocados

1 Avocado
1 MS Kräutersalz
1 MS Pfeffer
1 kleine Zwiebel
1 kleine milchsaure Gurke
1 Bund Schnittlauch

Die Avocado halbieren, entsteinen und das Fruchtfleisch mit einem Teelöffel herausnehmen. Mit einer Gabel zerdrücken, mit Salz, Pfeffer, feingeschnittener Zwiebel, Gurke und Schnittlauch würzen und wieder in die Schale füllen.

1 Avocado
60 g Frischkäse
60 g Pistazien
1 TL Kräutersenf
2 MS Vollmeersalz
Pfeffer aus der Mühle
1 rote Paprikaschote

Das Fruchtfleisch zerdrücken und mit Frischkäse, gehackten Pistazien, Senf, Salz und Pfeffer vermengen. Von der Paprikaschote den Deckel abschneiden, die Kerne herausnehmen und mit der Avocadocreme füllen.

1 Avocado
50 g Champignons
1 kleine grüne Paprikaschote
1 kleine Zwiebel
2 MS Paprika
2 MS Kräutersalz

Das Fruchtfleisch mit der Gabel zerdrücken, Champignons, Paprikaschote und Zwiebel fein schneiden und mit Paprika und Kräutersalz vermischen.
In die beiden Avocadohälften wieder einfüllen und hauchdünn mit Paprika bestreuen.

Bohnenkraut-Butter

150 g Butter
2 EL Tomatenmark
1 kleine Zwiebel
2 EL Hefeflocken
1/2 TL Kräutersalz
1 Bund frisches Bohnenkraut
7 grüne Oliven

Unter die cremig gerührte Butter das Tomatenmark, fein geriebene Zwiebel, Hefeflocken und Salz rühren. Bohnenkraut sehr fein schneiden, Oliven dünn scheibeln und unterheben.
In ein Keramiktöpfchen füllen und gekühlt servieren.

Camembert angemacht

200 g Rohmilch-Camembert
75 g Butter
50 g Zwiebeln
2 MS Paprika
Pfeffer aus der Mühle
3–4 EL Joghurt
Rosenpaprika

Den weichen, reifen Camembert und die weiche Butter mit der Gabel fein zerdrücken, mit den feingehackten Zwiebeln, Paprika und Pfeffer würzen und das Joghurt unterrühren.
In einer kleinen Schüssel gehäuft anrichten, hauchdünn mit Rosenpaprika bestreuen und 1 Stunde kühl stellen.

Camembert Champignon

100 g Rohmilch-Camembert
50 g Butter
3 EL Joghurt
100 g Champignons, roh
1 EL feingeschnittenen Schnittlauch

Den reifen Camembert und die weiche Butter mit einer Gabel fein zerdrücken und das Joghurt unterziehen.
Die Champignons (1–2 zum Verzieren zurücklassen) fein schneiden und hacken und mit dem Schnittlauch unter die Käsemasse mischen. 30 Minuten kühl stellen.
Gehäuft in einer kleinen Schüssel anrichten und mit senkrecht aufgeschnittenen Champignons verzieren.

Camembert pikant

200 g Camembert-Rohmilchkäse
75 g Butter
75 g Zwiebeln
2 TL Kümmel
2 EL Schnittlauch

Weichen, reifen Camembert und weiche Butter mit einer Gabel fein zerdrücken. Zwiebeln fein schneiden, mit Kümmel und einem Teil des fein geschnittenen Schnittlauchs unter den Käse ziehen.
In eine kleine Schüssel füllen und mit Schnittlauch bestreut anrichten.

Kapernbutter

2 EL Kapern
150 g Butter
1 EL Tomatenmark
3 EL Hefeflocken
1/2 TL Kräutersalz
1 TL Oregano

Kapern mit dem Wiegemesser fein zerkleinern und zur cremig gerührten Butter geben. Tomatenmark, Hefeflocken, Salz und Oregano dazurühren.
In ein Keramiktöpfchen füllen und gekühlt servieren.

Karottenbutter

150 g Butter
150 g Karotten
2 EL Hefeflocken
1 TL Kräutersalz
1 TL Sojasauce
Pfeffer aus der Mühle
1 Bund Schnittlauch

Weiche Butter cremig rühren. Sehr fein geriebene Karotten, Hefeflocken, Salz, Sojasauce und Pfeffer dazurühren. Fein geschnittenen Schnittlauch unterziehen.
In ein Keramiktöpfchen füllen und kühl stellen.

Kerbelbutter

150 g Butter
4 TL Hefeflocken
1/2 TL Kräutersalz
4 EL Kerbel
1 Knoblauchzehe

Butter cremig rühren, Hefeflocken und Salz dazurühren. Kerbel und Knoblauch sehr fein schneiden und unterziehen.
In ein Keramiktöpfchen füllen und kühl stellen.

Kräuterquark

250 g Schichtkäse
100 g Sauerrahm
1 TL Hefepaste
1 MS Kräutersalz
1–2 Knoblauchzehen
1 großer Bund frischer Kräuter (Petersilie, Schnittlauch, Borretsch, Kerbel, Dill)

zum Verzieren:
1 Tomate

Den Schichtkäse mit Sauerrahm glattrühren, Hefepaste, Kräutersalz und die feingeschnittenen Knoblauchzehen dazugeben. Die frischen, feingehackten Kräuter unterziehen. Mit Tomatenachteln garnieren.

Lauchbutter pikant

150 g Butter
75 g Lauch
1/2 TL Kräutersalz
2 TL Schabzigerklee
2 EL Hefeflocken

Weiche Butter cremig rühren. Lauch sauber waschen, sehr fein schneiden und mit Salz, Schabzigerklee und Hefeflocken unter die Butter rühren.
In ein Keramiktöpfchen füllen und kühl stellen.

Lauch-Curry-Butter

5 EL Sonnenblumenöl, kaltgepreßt
175 g Lauch

150 g Butter
1 TL Kräutersalz
1 TL Curry
3 EL Hefeflocken
Pfeffer aus der Mühle

Lauch gut waschen, sehr fein schneiden und 2–3 Minuten in Sonnenblumenöl dünsten.
Weiche Butter cremig rühren. Abgekühlten Lauch, Salz, Curry, Hefeflocken und Pfeffer unterrühren.
In ein Keramiktöpfchen füllen und kühl stellen.

Marmelade aus frischem Obst

750 g frisches Obst (z. B. Erdbeeren, rote oder schwarze Johannisbeeren, Himbeeren, Brombeeren, Zwetschgen, Aprikosen)
250 g Honig
2 gehäufte TL Dänisch-Agar

Das frische Obst wird mit Honig und Dänisch-Agar kurz gemixt und unter ständigem Rühren erwärmt, jedoch nicht über 40° C. In Gläser abfüllen und im Kühlschrank aufbewahren. Haltbarkeit ca. 3–4 Wochen im Kühlschrank.
Die Marmelade kann auch aus tiefgekühlten Johannisbeeren, rot und schwarz, Brombeeren und Zwetschgen zubereitet werden. Der Saft, der beim Auftauen entsteht, wird mitverwendet.

Meerrettichquark

250 g Schichtkäse
100 g Joghurt
1 EL kaltgeschlagenes Öl
1 TL Hefepaste
1/2 TL Kräutersalz
1 EL frisch geriebener Meerrettich
2 EL gehackte Petersilie oder Schnittlauch
1 EL Tomatenwürzsauce

zum Verzieren:
Petersilie oder Schnittlauch

Schichtkäse und Joghurt mit dem Schneebesen glattrühren und sämtliche Zutaten unterrühren. Etwas Petersilie oder Schnittlauch zum Garnieren zurücklassen.

Nußbutter

150 g Butter
100 g Haselnuß- oder Mandelmus
100 g Honig
4 MS Zimt

Butter cremig rühren, Nußmus, Honig und Zimt dazurühren.
In ein Glas oder Keramiktöpfchen füllen und kühl stellen.

Olivenbutter

100 g schwarze Oliven
150 g Butter
3 EL Hefeflocken
2 MS Vollmeersalz
2 TL Basilikum

Oliven entkernen, sehr klein schneiden und zur cremig gerührten Butter geben. Hefeflocken, Salz und Basilikum dazurühren.
In ein Keramiktöpfchen füllen und gekühlt servieren.

Paprikaquark

250 g Schichtkäse
2 EL kaltgeschlagenes Öl
6 EL Buttermilch
1 EL Tomatenwürzsauce
1 TL Hefepaste
1/2 TL Vollmeersalz
1/2 TL Paprika, scharf
200 g grüne Paprikaschoten
100 g Tomaten
1 kleine Zwiebel
1 Bund Schnittlauch

zum Verzieren:
Rosenpaprika

Schichtkäse, Öl und Buttermilch glattrühren, Würzsauce, Hefepaste und Vollmeersalz dazurühren. Die Tomaten und die Paprikaschoten sehr fein würfeln, Zwiebeln und Schnittlauch fein schneiden und unter den Schichtkäse ziehen.
Dünn mit Rosenpaprika bestreut anrichten

Quark pikant

250 g Schichtkäse
6 EL Buttermilch
2 EL Kräutersenf
2 EL kaltgeschlagenes Sonnenblumenöl
1 TL Hefepaste
2 MS Selleriesalz
1 kleine Zwiebel
2 kleine milchsaure Gurken
1 EL Kapern
1 hartgekochtes Ei
1 Bund Petersilie

zum Verzieren:
1 hartgekochtes Ei

Den Schichtkäse mit Buttermilch glattrühren, Senf, Öl, Hefepaste und Selleriesalz dazugeben. Die Zwiebel fein gerieben, die Gurken fein geraffelt, die Kapern und das hartgekochte Ei fein geschnitten und die Petersilie gehackt unterziehen.
Mit Eischeiben garnieren.

Sakuska

12 EL Olivenöl, kaltgepreßt
100 g Zwiebeln
2 Knoblauchzehen
375 g Paprikaschoten, grün und gelb
250 g Auberginen
150 g Karotten
2 TL Vollmeersalz
1 TL Oregano
2 TL Basilikum
Pfeffer aus der Mühle
200 g Tomatenmark

Zwiebeln und Knoblauch fein würfeln und in Öl andünsten. Paprikaschoten, Auberginen und Karotten sehr klein schneiden oder mit der Rohkostmaschine, große Lochtrommel, raspeln. Zu den Zwiebeln geben und ca. 10 Minuten mitdünsten. Mit Salz, Oregano, Basilikum und Pfeffer würzen.
Tomatenmark dazugeben, nochmals kurz mitdünsten und alles abkühlen lassen.
Kühlstellen (hält ca. 14 Tage im Kühlschrank) und zu Vollkornbrot reichen.

Salbeibutter

- 150 g Butter
- 1/2 TL Kräutersalz
- 2 Knoblauchzehen
- 2 EL Salbeiblätter
- 1 EL Tomatenmark
- 3 EL Hefeflocken
- 10 schwarze Oliven

Butter mit Salz cremig rühren, fein gewürfelten Knoblauch, sehr fein geschnittene Salbeiblätter, Tomatenmark, Hefeflocken und klein geschnittene Oliven unterziehen.
In ein Keramiktöpfchen füllen und gekühlt servieren.

Schabzigerkleebutter

- 150 g Butter
- 3 EL Schabzigerklee
- 1 Knoblauchzehe
- 1 kleine Zwiebel
- 1/2 TL Kräutersalz
- 3 EL frische Garten- oder Wildkräuter

Butter cremig rühren, Schabzigerklee, klein gewürfelten Knoblauch, geriebene Zwiebel, Salz und fein gehackte Kräuter dazugeben.
In ein Keramiktöpfchen füllen und gekühlt servieren.

Schokonußbutter

- 150 g Butter
- 100 g Haselnußmus
- 100 g Honig
- 4 TL Kakao

Butter cremig rühren, Nußmus, Honig und Kakao dazurühren.
In ein Glas oder Keramiktöpfchen füllen und kühl stellen.

Tomatenquark

250 g Schichtkäse
2 EL kaltgeschlagenes Öl
6 EL Buttermilch
1 TL Kräutersenf
1 TL Hefepaste
1/2 TL Kräutersalz
1/2 TL Paprika
150 g Tomaten
50 g Zwiebeln
1 Bund Schnittlauch

zum Verzieren:
1 Tomate

Den Schichtkäse mit Öl und Buttermilch glattrühren, Senf, Hefepaste, Kräutersalz und Paprika dazurühren. Die Tomaten fein würfeln, die Zwiebeln und den Schnittlauch fein schneiden und unter den Quark ziehen.
Mit Tomatenachteln verziert anrichten.

Trockenfrucht-Marmelade

250 g Trockenfrüchte, z. B. Feigen, Aprikosen, Pflaumen
1/4 l Wasser
Saft von 1/2 Zitrone
2 MS Zimt

Trockenfrüchte waschen, in Stücke schneiden und ca. 3 Stunden einweichen. Wasser abgießen und Früchte durch den Gemüsewolf lassen. Zitronensaft und Zimt unterrühren und in ein Glas abfüllen.
Im Kühlschrank ca. 14 Tage haltbar.

Zwiebelschmalz

8 EL Sonnenblumenöl, kaltgepreßt
250 g Zwiebeln
2 TL Kräuter der Provence
1 TL Kräutersalz
1 Apfel (ca. 100 g)
100 g Butter

Zwiebeln klein würfeln und in Öl glasig dünsten. Kräuter, Salz und fein geriebenen Apfel dazugeben, kurz mitdünsten und auskühlen lassen.
Butter cremig rühren und ausgekühlte Zwiebelmasse dazugeben. In ein Keramiktöpfchen füllen und kühl stellen.

Anhang

Allgemeine Hinweise

Eier	in rohem Zustand zu essen ist nur dann ratsam, wenn diese frisch von freilaufenden Hennen aus ökologischer Tierhaltung stammen. Aus gesundheitlichen und Gründen des Tierschutzes sollten Legebatterie-Eier nicht verwendet werden. Wichtig ist, die Eier vor dem Aufschlagen mit Wasser abzuwaschen.
Honig	für den Rohverzehr (z. B. in Eis, Desserts) sollte Qualitätshonig vom Imker sein. Honig zum Backen sollte immer eine geschmacksneutrale Sorte sein, weil ein penetranter Geschmack auch im Gebäck nicht verschwindet. Der Backhonig soll flüssig, zähflüssig oder cremig sein. Fester Honig ist ungeeignet für Gebäck. Fester Honig wird im warmen Wasserbad bei ca. 40° C in 1–2 Stunden verflüssigt.

Flüssigkeits-zugabe	im Gebäck (z. B. in Brot, Brötchen, Kuchen) kann nie ganz genau angegeben werden, weil die Mehlfeinheit der verschiedenen Haushaltsgetreidemühlen die Flüssigkeitsaufnahme bestimmt.
Marmelade	wird immer dort (z. B. bei Gebäck, Gerichten, Kuchen-, Tortenfüllungen und Desserts) als Rohmarmelade verwendet, wo innerhalb weniger Tage der Verzehr erfolgt. Rohmarmelade kann z. B. nicht bei Weihnachtsplätzchen, bei denen nach dem Backen die Marmelade hinzugefügt wird und die über einen längeren Zeitraum lagern, verwendet werden. Hier ist erhitzte Marmelade, honiggesüßt, angebracht.
Käse	sollte möglichst Rohmilchkäse sein. In jüngster Zeit wird Kunstkäse angeboten, der nicht nur negative Auswirkungen auf die Gesundheit, sondern auch auf die Koch- und Backeigenschaften hat. Lieber weniger und seltener Käse verwenden und dafür gute Rohmilchqualitäten auswählen.
Rührkuchen	Wenn ein Rührkuchen in der Backröhre gut aufgeht, aber kurz nach dem Herausnehmen mehr oder weniger zusammensackt, ist das ein Hinweis, daß er noch nicht ganz durchgebacken war. Auch wenn bei der Probe mit dem Holzstäbchen kein Teig mehr hängen bleibt, der Kuchen aber eingesackt ist, war er noch nicht ganz fertiggebacken. Um dies beim nächsten Mal zu verhindern, bleibt der Rührkuchen noch 5–15 Minuten in der abgeschalteten Backröhre.

Schonend tiefkühlen

Einfrieren von Backwaren

Gut zum Einfrieren eignen sich frisch gebackene Brötchen, Hefebrot und Hefegebäck.
Sauerteigbrot kann zwei Tage liegen, ehe man es einfriert.
Das Brot kann vorher halbiert, geviertelt oder aufgeschnitten werden, je nachdem wie groß die aufgetauten Stücke sein sollen. In Gefrierbeutel geben; die Stücke können einzeln entnommen werden.
Kuchen, Tortenböden und Torten können auch eingefroren werden, jedoch ohne Schlagsahne. Auch in einzelnen oder mehreren Stücken, je nach Verbrauch, ist das Einfrieren möglich.
In Beutel oder Alufolie verpackt einfrieren.
Küchle und Faschingskrapfen leicht warm in Gefrierbeuteln einfrieren. Können stückweise entnommen werden und schmecken, im Ofen aufgetaut, wie frisch.
Fertiggebackenes wie Pizza, Gemüsepastetchen oder Wähe können stückweise frisch eingefroren werden. In Alufolie eingeschlagen oder mit Pappunterlage in Gefrierbeutel legen.

> Backwaren sollten nicht länger als 3 Monate tiefgefroren aufbewahrt werden.

Einfrieren von Gemüse

Eingefroren wird nur ganz frisches, einwandfreies Gemüse ohne Blanchieren. Das aufgetaute Gemüse eignet sich nur bedingt für Rohkost, jedoch bestens für Gemüse, Suppen und Eintöpfe.

Auberginen

Waschen, mit der Schale würfeln und in Portionen einfrieren. Man kann sie zusammen mit Paprika und Zucchini für Ratatouille oder ähnliche Gerichte einfrieren.

Blumenkohl oder Broccoli

Die Blätter abschneiden, waschen und gut abtropfen lassen. Das Gemüse als ganzen Kopf oder in Röschen geteilt, je nach der gewünschten Zubereitungsart. In Gefrierbeutel geben und einfrieren.

Bohnen

Die Bohnen waschen, vorne und hinten abschneiden, brechen oder schnitzeln, je nach Sorte, und in Portionen in Gefrierbeutel geben. Nach Belieben auch mit Karotten und Petersilienwurzel zusammen für Fränkischen Bohnentopf.

Erbsen oder Maiskörner

Diese braucht man nicht portionsweise abzupacken, weil sie einzeln gefrieren und sich immer wieder bei Bedarf aus dem Gefrierbeutel nehmen lassen (nicht vorher waschen).

Karotten

Zarte Karotten nur bürsten und gescheibelt oder gewürfelt in Portionen in Gefrierbeutel geben und einfrieren.

Kohlrabi

Nur zarte Kohlrabi verwenden. Schälen und gebrauchsfertig geschnitten, eventuell schon mit Karotten gemischt zur Suppe, in Gefrierbeutel geben und einfrieren.

Lauch

Die Lauchstangen der Länge nach halbieren, gut waschen, aufschneiden und portionsweise in Gefrierbeutel geben.

Paprika

Waschen, entkernen und im ganzen einfrieren; geeignet zum Füllen oder in Streifen oder Stücke geschnitten zum Gemüse. Portionsweise in Gefrierbeutel geben.

Pilze

Die ganz frischen Pilze putzen, waschen, abtropfen lassen, eventuell auf einem Tuch trocknen, und die Pilzhüte (für Pilzschnitzel) im ganzen, die anderen geschnitten, in Portionen abgewogen, in Beutel einfrieren.

Rosenkohl

Festgeschlossene Röschen in Gefrierbeutel geben. Gefroren können sie nach Bedarf entnommen werden.

Spargel

Den frischen, zarten Spargel sorgfältig von oben nach unten schälen, waschen und naß in Verbrauchsportionen in Gefrierbeutel geben und einfrieren.
Dünner Spargel kann in 1 cm kleinen Stückchen portionsweise für Suppen oder in fingerlangen Stücken für Gemüse eingefroren werden.

Tomaten

Die Tomaten waschen, trocknen und in Gefrierbeutel einfrieren. Man kann sie stückweise entnehmen. Hält man sie beim Auftauen unter warmes Wasser, sind sie gleich abgeschält. Als Salat nicht mehr zu gebrauchen, jedoch im ganzen gedünstet, als Soße oder zu Gemüse gut zu verwenden. Die Tomaten können auch vorher enthäutet, gemixt und in Becher oder Dosen gefüllt, eingefroren werden.

Zucchini

Die Zucchini können mit der Schale in Würfel, Scheiben oder bei größeren der Länge nach halbiert und entkernt in Gefrierbeutel eingefroren werden.

Gemüse sollte nicht länger als 9 Monate tiefgefroren aufbewahrt werden.

Einfrieren von Küchenkräutern

Peperoni

Peperoni waschen und in feine Stücke schneiden, am besten zieht man hierzu Gummihandschuhe an, da die Peperoni sehr scharf sind.
Die Stückchen in eine Gefrierdose mit Deckel geben und einfrieren. Nach Bedarf entnehmen.
(Zum Würzen von Pasta asciutta, serbischer Bohnensuppe etc.)

Petersilie, Dill, Basilikum

Petersilie gut waschen, abtropfen lassen und von den Stielen abzupfen. Auf einem sauberen Geschirrtuch nochmals leicht trockenklopfen. Nun in einen großen Gefrierbeutel geben, verschließen und in das Gefrierfach legen. Nach 24 Stunden herausnehmen und fest zerdrücken, eventuell mit dem Nudelholz über die Tüte rollen. Nun den zerkleinerten Inhalt rasch in eine Plastikbüchse geben. Deckel schließen und zurück ins Gefrierfach. Das muß alles sehr schnell gehen, damit die Petersilie nicht auftaut.
Man kann nun jederzeit das Essen mit gehackter Petersilie würzen und verschönern, besonders im Winter, wenn frische Kräuter nur selten zu bekommen sind.
Auf die gleiche Weise werden auch Dill und Basilikum eingefroren und verwendet.

Schnittlauch

Den gewaschenen, trockenen Schnittlauch fein schneiden und gleich in eine Gefrierdose mit Deckel geben.

Einfrieren. Nach Bedarf mit einem Teelöffel entnehmen und auf die Speisen oder Brote streuen.

Suppengrün

Für den Wintervorrat und die eilige Hausfrau ist es sehr praktisch, Suppengrün immer frisch und gebrauchsfertig im Gefrierfach des Kühlschranks zu haben (Karotten, Petersiliengrün und -wurzel, Sellerie, Selleriekraut, Lauch).
Im gleichen Verhältnis wie ein Bündel Suppengrün, nur die vielfache Menge davon (je nach Größe des Haushalts), werden obengenannte Gemüse gewaschen, in große Stücke geschnitten und in einer Küchenmaschine zerkleinert (z. B. durch den Gemüsewolf geben).
Die Masse in das Eiswürfelgitter fest hineindrücken und in einen Gefrierbeutel geben und sofort in das Gefrierfach legen.
Nach 24 Stunden herausnehmen, die Schale kurz unter kaltes Wasser halten und die Würfel herauspressen. Die Würfel in einem Tiefkühlbeutel sofort in das Gefrierfach zurücklegen. Je nach Bedarf die Würfel entnehmen und den Beutel wieder verschließen.
Im Sommer und Herbst, wenn mehr Küchenkräuter im Garten anfallen, als man verwenden kann, friert man den Rest für den Wintervorrat ein. Diese Kräuter eignen sich besonders gut für Salatsaucen und zum Überstreuen der Gerichte.
Einige Dosen Kräuter kann man auch im kleinen Gefrierfach lagern.

Küchenkräuter sollten nicht länger als 6 Monate im Tiefkühlschrank aufbewahrt werden.

Einfrieren von Obst

Eingefroren wird nur ganz frisches, einwandfreies Obst. Das Eingefrorene läßt sich zum Backen ebenso verwenden wie roh. Das sich beim Auftauen absondernde Obstwasser wird mitverwendet.

Aprikosen

Die Aprikosen werden gewaschen, getrocknet und im ganzen für Aprikosenknödel eingefroren. Man kann sie stückweise aus dem Beutel nehmen.

Erdbeeren

Die frischen Erdbeeren waschen, die Blüte entfernen und portionsweise in Beutel füllen. Sie lassen sich gut für Erdbeerquark und Erdbeerpudding verwenden, jedoch nicht mehr für Erdbeereis.

Himbeeren, Brombeeren

Vorsichtig waschen, abtropfen lassen, die Blüte entfernen und, in Gefrierdosen gefüllt, einfrieren.
Ideal für Vanilleeis mit Himbeeren, als Kuchenbelag oder für Rohmarmelade.

Johannisbeeren schwarz und rot, Schwarzbeeren

Die Johannisbeeren waschen, abperlen und in Gefrierdosen gefüllt, einfrieren. Als Kuchenbelag, zum Frischkorngericht, zum Dessert und für Rohmarmelade zu verwenden.

Kirschen, Sauerkirschen

Die gewaschenen Kirschen entstielen und in Gefrierbeutel geben.

Zwetschgen

Große, feste Zwetschgen waschen, trocknen und im ganzen für Zwetschgenknödel einfrieren.
Für Kuchen werden die gewaschenen Zwetschgen entkernt, eingeschnitten und portionsweise in Beutel eingefroren. Zum Mixen, aufs Frischkorngericht oder als Rohkompott werden die Zwetschgen entkernt und halbiert eingefroren.

Obst bleibt maximal bis zu 9 Monaten als Tiefkühlgut wohlschmeckend.

Herstellung von milchsaurem Gemüse

Durch die Herstellung von Spezial-Gärkrügen mit 5–25 l Inhalt ist es auch im Familienhaushalt wieder möglich, selbst milchsaures Gemüse einzulegen.
Diese Art der Haltbarmachung von Gemüse ist das natürlichste biologische Verfahren. Das Gemüse wird mit wenig Salz ohne Zuckerzusatz eingelegt. Das Salz schützt das Gemüse vor Fäulnis, bis die Milchsäuregärung abgeschlossen ist. Um den Beginn der Gärung in einem neuen Sauerkrauttopf zu beschleunigen, gibt man eine Tasse fertigen Sauerkrautsaft hinzu.
Die Gärtöpfe haben am oberen Rand eine Rille, in die man Wasser füllt und den Deckel hineinsetzt. Damit ist der Inhalt praktisch luftdicht abgeschlossen.
Der Gärtopf bleibt ca. 14 Tage in der Küche bei Zimmertemperatur stehen. Sobald die Gärung in Gang kommt, entweichen Gase durch die Wasserrinne, es blubbert! Dieses Blubbern läßt gegen Ende der Gärung an Intensität nach. Nach 14 Tagen stellt man den Gärtopf an einen kühlen Ort. Nach ca. 6 Wochen kann das erste Gemüse entnommen werden.
Wegen des verdunstenden Wassers muß die Wasserrille im Gärtopf des öfteren gereinigt und nachgefüllt werden.

Sauerkraut

Sauerkraut ist milchsauer vergorenes Weißkraut. Das Kraut sollte aus biologischem Anbau stammen.
Zur Füllung eines 10-l-Gärtopfes braucht man ca. 9 kg festes Weißkraut der Herbsternte. Es wird gewaschen, in

Stücke geschnitten und mit der Rohkostmaschine oder dem Krauthobel fein gehobelt.
Den Boden des gut gesäuberten Gärkruges legt man mit Weißkrautblättern aus, gibt die erste Schicht gehobeltes Kraut hinein und überstreut dünn mit Salz und Gewürzen. Nun stampft man das Kraut mit einem Holzstampfer solange, bis Saft kommt.
Es hat sich bewährt, das gesamte gehobelte Kraut in einer Wanne mit der Gesamtmenge Salz zu bestreuen und zu mischen. Nach 2–3 Stunden ist das Kraut weicher und läßt sich leichter stampfen.
Man braucht für 1 000 g Kraut 3 g Vollmeersalz, also 27 g für 9 000 g Kraut. An Gewürzen werden Kümmel, Senfkörner, Lorbeerblätter und Wacholderbeeren sparsam dazwischengestreut.
Man gibt nun Lage für Lage gehobeltes Kraut, mit Vollmeersalz und Gewürzen dazwischen, in den Gärtopf und stampft, bis sich eine Lake gebildet hat.
Wenn der Topf gut 3/4 voll ist, legt man ein Weißkrautblatt darauf und dann die beiden Spezial-Holzbrettchen oder Spezial-Steine.
Die Holzbrettchen beschwert man mit einem großen, glatten Kieselstein. Brettchen und Stein müssen vorher in verdünntem Essigwasser ausgekocht werden. Die Sauerkrautlake muß 1–2 cm über den Brettchen stehen.
Wenn das Weißkraut trotz festen Stampfens zuwenig Lake absondert, gießt man nach dem Einstampfen so viel abgekochtes erkaltetes Salzwasser (20 g Vollmeersalz pro 1 l Wasser) dazu, daß dieses 1–2 cm über den Holzbrettchen steht. Nun füllt man die Rille des Topfes mit Wasser, setzt den Deckel hinein und läßt ihn 14 Tage bei Zimmertemperatur stehen.
Es kommt vor, daß in den ersten Tagen durch die Gärung die Sauerkrautlake so steigt und in die Rille drängt, daß

man etwas abschöpfen muß. Man bewahrt sie im Kühlschrank auf und kann sie nach 2 Wochen wieder dazugießen. Die Brettchen dürfen nie trocken liegen.
Nach 14 Tagen stellt man den Gärtopf an einen kühlen Ort. Nach ca. 6 Wochen ist das Sauerkraut eßfertig. Nach der portionsweisen Entnahme von Sauerkraut muß über dem restlichen Kraut immer 1–2 cm Brühe stehen.
Das rohe Sauerkraut findet Verwendung zu Sauerkrautsalaten (siehe Rezepte) oder ist auch, mit kaltgeschlagenem Öl und Pellkartoffeln, das schnellste vollwertige Essen.

Milchsaures Allerlei

Zum Einlegen von Mischgemüse eignen sich Karotten, Blumenkohl, feste halbreife Tomaten, Bohnen, Erbsen, kleine Maiskolben, Kohlrabi, kleine Gurken, kleine Zwiebeln, rote und grüne Paprikaschoten.
Für die Füllung eines 10-l-Topfes braucht man:

ca. 6 kg Gemüse
ca. 3 l abgekochtes, erkaltetes Salzwasser (25 g Vollmeersalz auf 1 l Wasser)

und folgende Gewürze:

3 EL getrocknete Dillspitzen
3 EL getrockneten Estragon
5 Lorbeerblätter
7 Knoblauchzehen, mit je 1 hineingesteckter Nelke
10 Pimentkörner
2 EL Senfkörner
1 Stange frischen Meerrettich, in Scheibchen geschnitten

Außer den Bohnen, die man 15–20 Minuten nicht zu weich kocht, wird alles übrige Gemüse roh eingelegt. Man schneidet oder würfelt alles, je nach Gemüseart, klein und gibt es in eine große Schüssel. Dazu gibt man alle Gewürze.
Gut gemischt, schichtet man nun das Gemüse in den mit Krautblättern ausgelegten Boden des Gärtopfes, bis er zu gut 3/4 voll ist. Das Ganze wird mit dem erkalteten Salzwasser übergossen und mit Krautblättern abgedeckt.
Die in Essigwasser ausgekochten Brettchen werden daraufgelegt und mit dem ebenfalls ausgekochten, glatten Kieselstein beschwert. Das Salzwasser muß 1–2 cm über den Brettchen stehen.
Die Rille des Topfes mit Wasser füllen, den Deckel daraufgeben und 10 Tage bei Zimmertemperatur stehenlassen. Ab und zu muß nachgeschaut werden, ob genug Wasser über den Brettchen steht. Bei Bedarf muß noch etwas abgekochtes Salzwasser nachgegossen werden.
Nach 14 Tagen stellt man den Gärtopf an einen kühlen Ort. Nach ca. 4–6 Wochen ist das Gemüse fertig. Wenn es noch zu hart ist, läßt man es noch etwas länger gären. Nach der Gemüseentnahme muß über dem Rest immer einige Zentimeter Gemüsebrühe stehen.
Auch dieses Gemüseallerlei, einschließlich Gemüsesaft, ist, mit kaltgeschlagenem Öl gemischt, besonders geeignet als Vorspeise und schmeckt vorzüglich zu Pellkartoffeln oder zu Butterbroten.

Keime und Sprossen

Zutaten	**Arbeitsweise**
Sonnenblumenkerne, Kürbiskerne, Linsen	30–60 Minuten in Wasser einweichen, in ein Sieb gießen und darin feucht halten, d. h. täglich 3–4 mit Wasser übersprühen. Keimdauer ca. 1–2 Tage
Kichererbsen, Mungbohnen, (grüne Sojabohnen) Gerste	In Wasser ca. 12 Stunden quellen lassen, dann im Sieb täglich 3–4mal mit Wasser besprühen. Keimdauer ca. 2 Tage
Weizen, Dinkel, Roggen	Etwa 12 Stunden in Wasser einweichen, in ein Sieb gießen und mit Wasser überbrausen. Dann 12 Stunden im Sieb stehen lassen, anschließend wieder 12 Stunden ins Wasser geben, dann im Sieb abbrausen und je nach Zimmertemperatur noch 1–2 Tage im Sieb lassen, öfters mit Wasser übersprühen und vorsichtig durchschütteln. Keimdauer 2–4 Tage
Hirse, Hafer, Buchweizen	Nur im Sieb täglich 3–4mal mit Wasser überbrausen. Keimdauer 1–2 Tage
Alfalfa	In Wasser 2 Stunden quellen lassen, dann im Sieb täglich 3–4mal mit Wasser besprühen. Keimdauer 3–4 Tage

Kresse	1 Stunde im Wasser quellen lassen. Dann auf Platte oder Backblech gießen, die mit angefeuchtetem Küchenpapier belegt sind. 2mal täglich mit Wasser besprühen. Keimdauer 3–4 Tage Grüne Kresse zum Schneiden: Sprießzeit ca. 8 Tage.

Die Selbstbereitung von Keimen und Sprossen kann das ganze Jahr über erfolgen, wenngleich im Winter Gekeimtes zur Abrundung der Frischkost gern verwendet wird. Dazu sind keine besonderen Gerätschaften erforderlich, es genügen Schüsseln und Siebe.
Keime sind am wertvollsten, wenn sie 2–3 mm lang sind. Das Gekeimte kann im Kühlschrank in einer Plastikdose 2–3 Tage aufbewahrt werden. Es kann zum Frischkorngericht gereicht oder auf Salate gestreut werden.

Das Getreide – Grundlage der Vollwertkost

Der Weizen

Für den Weizen gibt es vielfältige Verwendungsmöglichkeiten in der menschlichen Ernährung.
Der Weizen ist das wichtigste Brotgetreide der Erde. Er trägt seinen Mineral- und Vitamingehalt vornehmlich in den Randschichten, wo auch das Eiweiß angereichert ist. Besonders reich ist sein Gehalt an Kieselsäure, daher ist es unbedingt notwendig, das ganze Korn für die Ernährung zu verarbeiten.
Weizen und seine Produkte sind leicht verdaulich und haben harmonisierende und entlastende Wirkung auf die Körperfunktionen.

Der Roggen

Der Roggen ist das wichtigste einheimische Brotgetreide und die neben dem Weizen am meisten angebaute Getreideart.
Er enthält viele wichtige Mineralien, insbesondere Kieselsäure. Dieses für das Knochengerät, die Haare, Nägel und Zähne wichtige Mineral kommt hier besonders reichlich vor. Außerdem sind wichtige Vitamine enthalten, die für den geregelten Ablauf der Körpervorgänge von großer Bedeutung sind.
Der hohe Kaliumgehalt wirkt wohltuend auf die Leber.

Die Gerste

Die Gerste ist neben dem Weizen das älteste Getreide. Außer Fett, Eiweiß und Kohlenhydraten enthält sie wichtige Mineralien und Vitamine.
Gerste wirkt durch ihren hohen Kieselsäuregehalt vorbeugend gegen Bindegewebsschwäche, Bandscheiben- und Gelenkschäden. Gerstengerichte sollten bereits Kindern gereicht werden.
Bei Erkrankungen des Magens und des Darmes leistet Gerste auf Grund ihrer Schleimbildung wertvolle Heilhilfe. Sie wirkt stärkend auf die Lungen. Das »Barley water« (Gerstenwasser) aus England ist als Volksheilmittel bekannt.

Der Hafer

In früherer Zeit war der Hafer für die Bewohner der nördlichen Breiten die bevorzugte Nahrung. Ebenso wichtig war er für die Tiere.
Wie Gerste und Dinkel gehört Hafer zu den Spelzgetrei-

den und muß vor Gebrauch seiner natürlichen Hülle entledigt werden.
Neben Kohlenhydraten enthält er viel Fett und Eiweiß und ist reich an Vitaminen und Spurenelementen.
Der Hafer wird seit langer Zeit als kraftspendende und aktivierende Nahrung sehr geschätzt. Er gibt dem geistig Schaffenden wie dem Muskelarbeiter belebende Wirkung. Für den Mineralhaushalt des menschlichen Körpers liefert er wichtige Spurenelemente. Besonders geschätzt wird er bei Eisenmangel.
Nackthafer ist eine spelzenlose Züchtung neuester Zeit.

Der Grünkern

Der Grünkern ist ein in der Milchreife geernteter Dinkel oder Spelzweizen. Sofort nach der Ernte werden die Körner gedarrt und dann entspelzt.
Der feine Geschmack wirkt anregend und belebend auf die menschlichen Verdauungsdrüsen. Er ist geschätzt wegen seines hohen Eiweißgehalts und der Spurenelemente Phosphor und Eisen.

Die Hirse

Die Hirse muß vor ihrer Verwendung für die menschliche Nahrung geschält werden, wie es auch bei Hafer und Gerste erforderlich ist.
Ihre wichtigen Bestandteile liegen nicht so sehr in den äußeren Randschichten, weshalb sie auch nach dem Schälen noch ein vollwertiges Lebensmittel ist.
Sie enthält neben Magnesium, Fluor, Kali auch Phosphor und Eisen. Sie ist das mineralstoffreichste Getreide der Welt.
Hirse wird bei Hauterkrankungen und zur Erhöhung der

Sehkraft verwendet. Die in ihr enthaltene Kieselsäure schützt vor Haarausfall und Bruch der Nägel.

Der Reis

Der Reis ist das Hauptnahrungsmittel der Menschen des Fernen Ostens. Nach der Entspelzung, d. h. von der unverdaulichen Strohhülse befreit, heißt der so behandelte Reis Halbrohreis.
Der Halbrohreis ist von dem sogenannten Silberhäutchen und dem Keim umgeben. Dieses Silberhäutchen enthält Eiweiß, Fett, Vitamine und andere Wirkstoffe.
Der gereinigte Halbrohreis, genannt Naturreis mit dem Silberhäutchen, ist immer ungeschält und unpoliert. Er ist daher ein vollwertiges Naturprodukt.
Wegen seiner Armut an Natrium wird der Reis bei Nierenkrankheiten, Bluthochdruck und Wasseranschwellungen gegeben. Bei diesen Krankheiten muß die Nahrung möglichst natriumarm gehalten werden, da Natrium Wasser im Organismus bindet.

Der Mais

Der Mais stammt aus dem Lebensraum der Indianer und wurde von ihnen als Korn gezüchtet.
Wir haben ihn als Zusatznahrungsmittel übernommen. Hauptanbaugebiete in Europa sind die Mittelmeerländer und der Balkan. Das Maiseiweiß ist kleberfrei und wird deshalb von Menschen sehr gut vertragen, die allergisch gegen Klebereiweiß sind.
Maiseiweiß und Bohneneiweiß lassen sich zu einer hohen Eiweißqualität kombinieren.

Der Buchweizen oder das Heidekorn

Der Buchweizen ist ein Knöterichgewächs wie Sauerampfer und Rhabarber, zählt also nicht zur Familie der Gräser wie alle anderen Getreidearten.
Der Fruchtknoten erinnert an eine Buchecker, was zur Bezeichnung Buchweizen geführt haben dürfte.
Die mineralische Ausstattung des Buchweizens ist bedeutend. Eisen, Phosphor, Kalzium, Kalium, Magnesium, Zinn und Kieselsäure kommen reichlich vor. Aber auch wichtige Vitamine zählen zu seinen Bestandteilen. Ganz wichtig ist der reiche Lezithingehalt des Buchweizens. Das Mehl des Buchweizens besitzt alle guten Eigenschaften von Getreidemehlen. Er ist ein wertvolles, aufbauendes Nahrungsmittel, das leider in jüngster Zeit wegen des unrentablen Anbaus in Vergessenheit geriet.

Kleine Teekunde

Anis

Eine Abkochung von Anis wirkt anregend auf die Verdauungsorgane, hemmend auf Gärungsvorgänge, entblähend. Bei Asthma, krampfartigem Husten, schwerem Bronchialkatarrh mit Eibischwurzel, Fenchel und Thymian mischen.

Apfelschalen

Ein Aufguß von getrockneten Apfelschalen (10 Minuten ziehen lassen) wirkt gegen Rheumatismus, Leber- und Nierenerkrankungen. Durststillend, kühlend.

Baldrian

Bei Angst- und Krampfzuständen, Kopfschmerzen nach geistiger Überanstrengung, Asthma, nervösen Magenbeschwerden, nächtlichem Aufschrecken der Kinder und Einschlafstörungen. 10 g Baldrian auf eine Tasse Wasser; 12 Stunden einweichen, aufkochen, 10 Minuten ziehen lassen. In kleineren Gaben wirkt er anregend auf Herz und Kreislauf.

Benediktenkraut

Der Teeaufguß (2 TL auf 1 Tasse) regt die Magen- und Darmtätigkeit an, wirkt bei entzündlichen Erkrankungen des Darmes und der Gallenblase. Der Tee ist bitter. Wunden und Geschwüre heilen gut bei Anwendung von Bädern oder Umschlägen mit dem Teeaufguß. Durch Zusatz von Kamille und Scharfgarbe wird die Wirkung gesteigert.

Eibisch

Eine Abkochung der Wurzel und Blätter hilft bei Darmkatarrh und Magenschleimhautentzündung. Mit Kamille erzielt man verstärkte Wirkung. Ein Kaltauszug der Wurzel (1 TL auf 1 Tasse Wasser über Nacht stehenlassen) hilft bei hartnäckigem Husten (3 Tassen täglich).

Fenchel

Eine Abkochung wirkt krampflösend und entgiftend im Magen-Darm-Kanal, hemmt abnorme Gärung und wirkt durchblutungsfördernd auf die Beckenorgane der Frauen. Wegen seiner Inhaltsstoffe Terpene fördert er bei starker Bronchitis den Auswurf und ist krampflösend bei Keuchhusten.

Hagebutte

Bei leichter Abkochung über längere Zeit genommen harntreibend. Über Nacht eingeweicht und kurz gekocht, ergibt er ein durststillendes Getränk.

Kakaoschalen

Die Schale der Kakaobohne birgt den feinen und wertvollen Geschmack, wirkt anregend auf die Nerven und durch den natürlichen Gehalt an Theobromin heilsam auf die Nieren.
Eine Abkochung (10 Minuten) mit einer Vanillestange ist wertvoller als Kakao und Schokolade.
Mit geschlagener Sahne besonders gut.

Kamille

Ein Aufguß der frischen oder getrockneten Kamille hat eine entzündungshemmende, heilende Wirkung, krampflösend auf Verdauungs- und Beckenorgane, entblähend.
Für Einläufe, Spülungen, Dampf- und Vollbäder bestens geeignet.

Lindenblüten

Ein Aufguß der Blüten und Blätter ist ein schweißtreibendes Mittel, steigert die Abwehrkräfte des Körpers bei Grippe und Erkältungen.

Malve

Eine Abkochung ist bei entzündlichen Erkrankungen der Schleimhäute (Mund, Bronchien, Magen, Darm) angezeigt. Durststillend, erfrischend.

Melisse (Zitronenmelisse)

Ein Aufguß wirkt beruhigend, krampfstillend und entblähend. Bei nervösen Kopfschmerzen, Herzklopfen oder Schlafstörungen.

Pfefferminze

Der Aufguß macht die Magenschleimhaut unempfindlich, dadurch gut bei Übelkeit und Brechreiz. Leber- und Gallentätigkeit werden angeregt. Er wirkt entspannend und beruhigend auf die Verdauungsorgane. Bei Magengeschwüren und Magenschleimhautentzündung unangebracht.

Salbei

Der Aufguß wirkt gegen übermäßige Schweißabsonderung und Magenschleimhautentzündung, allgemein entspannend und beruhigend.
Spülungen bei Zahnfleischentzündung, Mandelentzündung und Rachenkatarrh

Schafgarbe

Ein Aufguß wirkt mild anregend auf die Tätigkeit der Verdauungsdrüsen, besonders der Leber. Entzündungshemmend, entspannend, auch bei Krampfzuständen der Beckenorgane und bei Kreuzschmerzen.

Taubnessel, weiße

Ein Aufguß der Blüten und Blätter ist schleimlösend und harntreibend. Besondere Wirkung auf das Gefäßsystem der Organe des kleinen Beckens. Kräftigungsmittel besonders in der Mischung mit Schafgarbe.

Tausendgüldenkraut

Bittermittel, Kaltauszug über Nacht, kurz aufkochen, mehrmals täglich 30 Minuten vor dem Essen trinken. Regt die Magen- und Darmmuskulatur an und ist ein allgemein kräftigendes Mittel bei Appetitlosigkeit und bei Salzsäuremangel des Magens. Muß über längere Zeit genommen werden.

Thymian

Der Aufguß hat eine krampflösende, sekretverflüssigende, auswurffördernde und stark desinfizierende Wirkung. Bei Asthma, Bronchitis, des weiteren bei krampfartigen, infektiösen Magen- und Darmerkrankungen und bei entsprechenden Zuständen der Blase und Niere sowie bei Blasenkatarrh.
Nicht bei Kropfleiden verwenden.

Veilchen

Ein Aufguß von Blüten und Blättern wirkt hautreinigend und ist ein gutes Hustenmittel.

Weißdorn

Ein Aufguß von Weißdorn (30 Minuten ziehen lassen) kräftigt die Herzmuskulatur, fördert und verbessert die Durchblutung der Kranzgefäße. Beruhigendes, ausgleichendes, blutdruckregulierendes Herzmittel.
Ist über Monate zu trinken, kein Sofortmittel.
Durch das Süßen mit echtem Honig erhöht sich die Wirksamkeit des Tees.

Tees sind Heilmittel und haben bei Dauergebrauch über Wochen medizinische Wirkung.
Für den gesunden Menschen ist es ratsam, nicht ständig die gleiche Teesorte zu nehmen. Es ist Abwechslung notwendig.
Wer die Möglichkeit und die Kenntnisse hat, kann im eigenen Garten oder in Feld und Flur selbst Teekräuter sammeln und trocknen.
Dazu sind beispielsweise die Blätter von
Brennessel, Brombeere, Erdbeere, Frauenmantel, Himbeere, Melisse, Pfefferminze, Salbei, Schwarze Johannisbeere, Walnußbaum
sowie
Holunderbeeren und -blüten, Ringelblumen-Blütenblätter, Thymianblätter und -blüten, Dillsamen, Hagebutten geeignet.
Die Teeblätter und -blüten werden an einem sauberen, trockenen Ort, z. B. Hausspeicher, auf sauberes Papier (kein Zeitungspapier!) ausgebreitet und sind bei entsprechenden Temperaturen nach einigen Tagen getrocknet. Mit einem Dörrgerät können sie in wenigen Stunden getrocknet werden.
Alle getrockneten Blätter und Blüten werden bis zum Herbst in Blechdosen oder -Eimern aufbewahrt.

Dann werden die Teeblätter und -blüten in einer großen Schüssel mit Handschuhen gerebelt und nach Wissen und Belieben eine Hausteemischung hergestellt.
Jede Mischung erhält durch Art und Menge der einzelnen Kräuter ihre Geschmacksnote.

Begriffserläuterungen

Agar-Agar: Ein Produkt aus Meeresalgen, und zwar aus der Gruppe der Rotalgen. Es enthält reichlich Pektin und wird als pflanzliches Geliermittel verwendet.

Dänisch-Agar: Ein Geliermittel sehr hoher Quellfähigkeit. Wird aus einer in der Ostsee (Dänemark) vorkommenden Rotalge gewonnen.

Eischnee: Ist steif geschlagenes Eiweiß. Mit 1 MS Vollmeersalz läßt es sich besser steif schlagen.

Frischkäse: Ohne Reifung aus Frischmilch hergestellter Käse.

Gemüsebrühepaste: Rein vegetarische Würze mit Hefe-Extrakt, pflanzlichen Ölen und Gemüse (z. B. Karotten, Lauch, Zwiebeln, Sellerie, Petersilie), Gewürzen und Meersalz.

Hefebrühe, gekörnte: Rein vegetarische Würze mit Hefe-Extrakt, pflanzlichen Ölen, Gewürzen und Meersalz.

Hefeflocken: In Flockenform getrocknete Hefen auf Melassebasis.

Hefepaste: Hefeextrakt aus dem Zellsaft entbitterter Melasse- oder Bierhefe mit Gewürzauszügen.

Käse, würzig: Rohmilchkäse wie Bergkäse, Appenzeller, Greyerzer, mittelalter Gouda.

Karobe oder Karube: Getrocknetes, gemahlenes Johannisbrot. Sie ist wohlschmeckend und kann an Stelle von Kakao verwendet werden. Da sie natürliche Süße enthält, kann die Honigmenge in den Rezepten je nach Geschmack verringert werden.

Kräuter der Provence: Kräutermischung aus Rosmarin, Oregano, Thymian, Basilikum und Salbei.

Kräutersalz: Eine Mischung von getrockneten und anschließend pulverisierten Kräutern, Gewürzen, Gemüse oder Gewürzpulvermischungen und Meersalz.

Kräutersenf: Aus Senfmehl unter Zugabe von Essig, Salz, verschiedenen Gewürzen und Trinkwasser hergestellt. Zucker als Zutat sollte nicht vorkommen.

Lebkuchengewürz: Mischung aus Zimt, Koriander, Nelken, Anis, Muskatblüte, Sternanis, Kardamom, Fenchel.

Öl, kaltgepreßt oder kaltgeschlagen: Es weist auf eine besondere schonende Herstellungsart des Öles hin, bei der die Ölfrüchte nicht raffiniert, sondern im Naturzustand kalt gepreßt werden. Als dieses Verfahren noch nicht maschinell ablief, wurde in früheren Jahren ein Handverfahren angewandt, bei dem die Pressung mittels eines eingeschlagenen Keils in Gang gesetzt wurde. Daher noch die alte Bezeichnung: Schlagen von Öl.

Pizzagewürz, ohne Salz: Mischung u. a. aus Oregano, Basilikum, Petersilie, Zwiebel, Karotten, Senfkörner, Pfeffer, Koriander, Kümmel, Porree, Chillies, Sellerie, Wacholderbeeren, Piment.

Rohmilch: Ist unpasteurisierte Milch. Daraus kann Dickmilch hergestellt werden.

Salate, gekocht: Darunter sind Salate mit gekochten Hauptbestandteilen wie Kartoffel-, Bohnen-, Spargelsalate zu verstehen.

Salatgewürz: Eine Mischung verschiedenster getrockneter, pulverisierter Gartenkräuter wie Basilikum, Bohnenkraut, Dill, Estragon, Kerbel, Liebstöckel, Majoran, Melisse, Petersilie, Salbei, Thymian.

Schichtkäse: Ist frischer, nicht reifender Käse, in oft handgeschöpften Schichten mit 20% Fett i.T. hergestellt (= fester Quark).

Selleriesalz: Gewürzmischung aus Salz und gemahlenem Selleriesamen.

Senf, körniger: Hauptzutaten sind Wasser, Essig, Senfkörner, Salz und Gewürze.
Wichtig ist das Fehlen von Zucker jeder Art.

Sojasauce: Aus Sojabohnen, Weizen, Salz und Wasser hergestellte aromaintensive Würzsauce mit mehrjähriger Fermentationszeit.

Suppengrün: Zum Würzen von Suppen und Brühen geeignete Gemüsezusammenstellung aus Karotten, Knollensellerie, Wurzelpetersilie, Porree.

Teigschluß: Die beim Wirken von Teigstücken entstehende Naht in der Oberfläche.

Tomatenwürzsauce: Eine aus Tomatenmark unter Zusatz von Apfelessig, Honig, Meersalz und Kräutern zubereitete Würzsauce.

Verzeichnis der Rezepte und Zutaten

Cora Besser-Siegmund

Easy Weight

Der mentale Weg zum natürlichen Schlanksein

192 Seiten, TB 20458-0

Überarbeitete Neuauflage

Wie ungesund Übergewicht ist, weiß jeder. Wie schwer es ist, durch schiere Willensanstrengung schlank zu werden und zu bleiben, wissen alle, die sich mit Kalorienzählen und »Wunderdiäten« abgeplagt haben. Easy Weight bietet einen völlig neuen Ansatz. Die Autorin zeigt systematische Übungen zur Selbsthilfe und erklärt an vielen Fallbeispielen, wie jeder sein wahres Gewicht erreichen kann.